Pour tous ceux
qui pensaient
que c'était EUX
le problème

64 rue Tiquetonne
75002 Paris

Direction éditoriale : Christophe Lagrange
Traduction et Adaptation : Cosimo Campa et Axel Delmotte
Réalisation de la version française : Christel Durantin et Sébastien Gauvin

Socio Unico Giangiacomo Feltrinelli Editore srl
Via Natale Battaglia, 12 - Milano
e-mail: info@gribaudo.it - www.gribaudo.it

FSC
www.fsc.org
MIXTE
Papier issu de sources responsables
FSC® C101934

Impression et conditionnement : Grafiche Busti srl, Colognola ai Colli (VR), entreprise certifiée FSC®-COC avec code de license CQ-COC-000104

ISBN 978-2-36808-030-6

JOHN PETER SLOAN

INSTANT ENGLISH

LA MÉTHODE SLOAN

« FACILE et RAPIDE pour s'en sortir en toutes circonstances »

Parler, voyager, travailler, s'amuser...

Kimane Editions

SUMMARY

INSTRUCTIONS

L'organisation de cette méthode est à l'image de la langue anglaise. Elle se base sur les différentes caractéristiques et les différents concepts qui la constituent. J'ai mis l'accent sur ce qui me semblait vraiment essentiel de sorte à ce que chacun détienne les clés de la réussite et puisse ainsi s'exprimer dans un anglais parfait le plus rapidement possible. Tout n'y est pas traduit, certains passages sont donnés dans les deux langues, d'autres uniquement en anglais. Dans ce livre, j'ai partagé tout mon savoir et toute mon expérience professionnelle d'enseignant à l'étranger pour te permettre de bien communiquer en anglais. Il va falloir me faire confiance !

Une chose très importante ! J'ai tout mis en œuvre pour t'aider au mieux à "improve your english", c'est-à-dire à progresser et à parfaire ton anglais. J'ai par exemple mentionné entre parenthèses la prononciation de certains mots, sans avoir recours à l'alphabet phonétique, ce qui t'aurait grandement compliqué la vie.
Voici donc les différents symboles que tu rencontreras dans ce livre :

- si une lettre est soulignée, cela signifie qu'elle s'écrit mais ne se prononce pas, comme par exemple : could (coud).
- une double lettre (voyelle ou consonne) signifie qu'il faut faire durer un peu le son qu'elle produit, par exemple : sleep (ssliip).
- **th*** permet d'indiquer ce son propre à l'anglais, celui de thank (th*ank) par exemple. Si tu le prononces comme un "z", les Anglais entendront tout de suite que tu es Français ! Pour bien le prononcer, pose le bout de la langue contre tes dents de devant (un peu comme si tu avais un cheveu sur la langue, mais juste un !) et souffle légèrement !
- **th-** indique un son proche du "d", celui de then (th-en).
- **h*** sert à indiquer le "h" aspiré, comme dans behind (bih*aind). En fait, l'adjectif "aspiré" n'est pas très logique car tu le prononceras mieux en soufflant qu'en aspirant.
- Quand les mots ont plusieurs syllabes, une apostrophe sera placée devant la syllabe qu'il faut accentuer, c'est-à-dire prononcer plus fort.

INTRODUCTION

Ce livre est dédié à tous les Français qui pensaient que le problème venait d'eux.

En tant que professeur d'anglais à l'étranger, je me suis vite aperçu que les méthodes utilisées se révélaient non seulement inefficaces, mais surtout difficiles d'accès pour mes étudiants. Ainsi certaines expressions anglaises ne trouvent pas leur équivalent dans les autres langues : les expliquer seulement en anglais était souvent voué à l'échec. J'ai donc pris le parti d'expliquer leur sens dans la langue de mes étudiants et crois-moi, cela leur a vite permis de voler de leurs **propres ailes**...
Dès le premier cours, pour qu'ils soient capables de formuler des phrases correctes en anglais, je ne leur donnais que quelques mots et quelques verbes, selon la méthode des **BUILDING BLOCKS**, en prenant soin de choisir des exemples humoristiques pour une raison simple : on apprend bien plus facilement, et plus rapidement en s'amusant ! Après des années, tous mes étudiants se souviennent encore des histoires insolites que j'avais inventées pour leur apprendre les règles de grammaire qu'ils n'oublieront jamais.
Ma méthode se fonde sur **la simplicité**, **la logique** et le bon sens. Elle est devenue tellement populaire que j'ai décidé d'en faire un livre. Parce qu'apprendre l'anglais peut vraiment être amusant si l'on aborde chaque exercice comme s'il s'agissait d'un jeu, ou d'un puzzle. Aussi, l'apprentissage des règles fondamentales te motivera d'autant plus que tu te sentiras capable de les utiliser très vite **en voyage comme au bureau**. Tu découvriras aussi toutes les petites surprises que te réserve l'anglais, grâce aux **tournures idiomatiques** et aux expressions, les idioms. Cette méthode te donnera, j'en suis certain, et ce en très peu de temps, entière satisfaction et t'offrira un sacré avantage, parce que tout le monde sait que l'anglais est devenu indispensable !

INSTANTENGLISH

GRAMMAR

STEP **1**

STEP **2**

STEP **3**

STEP **4**

STEP **5**

STEP 1

VERBE **ÊTRE** (*TO BE*) 1.1.1

VOYONS (LET'S SEE) AVANT TOUT LES PRONOMS SUJETS

I (aï)	je
you (iou)	tu
he (hi)	il
she (chi)	elle
it (it)	il/elle (se réfère aux objets)
we (oui)	nous
you (iou)	vous (tu et vous en anglais est toujours *you*)
they (th*ei)	ils/elles

"H"

Pour bien commencer, il faut apprendre la prononciation de la lettre "H" en anglais. C'est très important, parce que si tu ne prononces pas correctement la lettre "H", tu risques de commettre un contresens – parfois fâcheux !
I hate my teacher. Je déteste mon professeur.
I ate my teacher. J'ai mangé mon professeur.
Si tu appartiens à une tribu primitive, la seconde hypothèse peut être valable, mais en Grande-Bretagne il est assez rare de pratiquer le cannibalisme.
Comment peux-tu savoir si tu as bien prononcé le "H" ?
Comme je le disais, le H "aspiré" est en fait expiré. Pour bien le prononcer, n'aspire pas mais souffle du fond de la bouche. Tu sais, comme quand tes lunettes sont sales et que tu souffles sur les verres, la bouche ouverte, pour les nettoyer. Voilà, c'est ça le "H" anglais !

1. **FORME AFFIRMATIVE**

Voyons le verbe être conjugué au présent de l'indicatif.

VERBE **ÊTRE** (*TO BE*)

	FORME PLEINE	FORME CONTRACTÉE
Je suis	I am	I'm
Tu es	you are	you're
Il/elle est	he/she/it is	he's/she's/it's
Nous sommes	we are	we're
Vous êtes	you are	you're
Ils/elles sont	they are	they're

La FORME AFFIRMATIVE est la même qu'en français :

sujet + verbe + complément

I am John/I'm John. Je suis John
You are Julie/You're Julie. Tu es Julie;
He is nice/He's nice (naïss). Il est sympathique.
She is drunk/She's drunk. Elle est ivre.
It is beautiful/It's beautiful ('bioutifoul). C'est beau.
We are young/We're young (iang). Nous sommes jeunes.
You are old/You're old. Vous êtes vieux.
They are sad/They're sad. Ils sont tristes;

À présent, pour tenter de faire quelques phrases, je te donne des mots qui te seront de toute façon utiles. N'oublie pas qu'une lettre soulignée veut dire qu'elle est écrite mais qu'elle ne se prononce pas.

ti<u>r</u>ed (taied)	fatigué
ugly (eugli)	laid/moche
gener<u>o</u>us ('djenereus)	généreux
drunk (dreunk)	ivre
old (old)	vieux
sad (sad)	triste
happy (h*appi)	heureux
slow (slo)	lent
fast (fast)	rapide
fat (fat)	gras/gros
thin (th*in et pas zin) !	maigre

big (big)	gros
small (smol)	petit
serious ('sirious)	sérieux
elegant ('elegant)	élégant
beautiful ('bioutifoul)	beau
young (iang)	jeune
honest (onest)	honnête

NICE

C'est un adjectif très utilisé en anglais, parce que c'est un terme positif qui peut se référer à TOUT ce qui est agréable à voir, à manger, à rencontrer… Par exemple :

He is nice. Il est sympathique.
The chicken is nice. Le poulet est bon.
The weather is nice. Le temps est beau.
His car is nice. Sa voiture est belle.
John is nice. John est mignon.

Il est important de savoir que, en anglais, les adjectifs ne s'accordent pas au masculin ou au féminin, au singulier ou au pluriel, peu importe le substantif qu'ils accompagnent (un problème évité !).

Autre chose importante : l'adjectif anglais se place AVANT le nom auquel il se réfère. En français, c'est souvent le contraire.

He is a nice man. C'est un homme sympa.
(Traduit littéralement, ça donnerait : "Il est un sympathique homme.")

VERBE **ÊTRE** (*TO BE*)

Maintenant essayons les premiers exemples : traduis les phrases ci-dessous. Les corrigés des exercices se trouvent à la fin du livre mais interdiction d'aller vérifier avant d'avoir terminé !

Ne t'inquiète pas si tu t'es trompé par moment : on apprend toujours de ses erreurs. L'important, néanmoins, est de comprendre la raison pour laquelle tu as fait une faute.

Une autre chose utile : quand tu lis les exemples, lis-les toujours à voix haute. La mémoire ne siège pas dans une seule partie du cerveau ! Toutes ses composantes participent au processus de mémorisation et il existe différentes routes qui apportent les informations à la mémoire : en lisant, l'information t'arrive par les yeux, mais si, en plus, tu prononces une phrase, en la répétant plusieurs fois à voix haute, l'information arrive aussi par les oreilles. Il s'agit d'une autre route, qui facilite la mémorisation. C'est la raison pour laquelle beaucoup affirment qu'ils apprennent beaucoup mieux l'anglais en parlant, justement parce qu'ils écoutent aussi.
Tu sais, quand tu as un problème en tête et que tu y penses sans cesse, sans trouver la solution ? Tu en parles à un ami, et en en parlant, tout devient plus clair. Tu t'es en fait écouté en parler et tout est devenu plus clair. C'est la même raison pour laquelle tu parles parfois tout seul : non, tu n'es pas fou, tu t'entends et tu comprends mieux de quoi tu parles…

EXERCICE n. 1

1. Je suis maigre. ....
2. Nous sommes vieux et fatigués. ....
3. Ils sont ivres. ....
4. Tu es généreux. ....
5. Elle est grasse. ....
6. Nous sommes heureux. ....
7. La voiture est rapide. ....
8. Il est généreux. ....
9. Je suis gros. ....
10. Nous sommes tristes. ....

2. **FORME NÉGATIVE**

Étudions le verbe être au présent de l'indicatif, à la forme négative. Pour ce faire, il est nécessaire d'introduire un mot, tout petit certes, mais très important, qui va complètement changer le sens de la phrase : NOT. Il transforme le verbe à la forme négative et se place tout de suite après le verbe, à l'intérieur même de la phrase.

	FORME PLEINE	FORME CONTRACTÉE
Je ne suis pas	I am not	I'm not
Tu n'es pas	you are not	you're not
Il/Elle n'est pas	he/she/it is not	he/she/it isn't (iseunt)
Nous ne sommes pas	we are not	we aren't (ant)
Vous n'êtes pas	you are not	you aren't (ant)
Ils/Elles ne sont pas	they are not	they aren't (ant)

La FORME NÉGATIVE est ainsi structurée :

Sujet + verbe + *not* + complément

I am not John/I'm not John. Je ne suis pas John.
You are not Julie/You're not Julie. Tu n'es pas Julie.
He is not nice/He's not nice (naïss). Il n'est pas sympathique.
She is not drunk/She's not drunk (dreunk). Elle n'est pas ivre.
It is not beautiful/It's not beautiful ('bioutiful). Ce n'est pas beau.
We are not young/We're not young (iang). Nous ne sommes pas jeunes.
You are not old/You're not old. Vous n'êtes pas vieux.
They are not sad/They're not sad. Ils ne sont pas tristes.

3. **FORME INTERROGATIVE**

Pour compléter la partie consacrée à la structure de la phrase anglaise, il nous reste à voir la forme interrogative qui est expliquée ici avec le verbe être, *to be*, mais tu peux l'appliquer à n'importe quel verbe.

VERBE **ÊTRE** (*TO BE*)

En français, pour faire la différence entre une affirmation et une question, il faut se fier à l'intonation à l'oral et au point d'interrogation à l'écrit, ou procéder à l'inversion sujet/verbe, comme en anglais.
En anglais, tout est dans l'organisation de la phrase : dans une affirmative, on met le sujet avant le verbe ; dans une question, on fait le contraire, d'abord le verbe et puis le sujet. C'est plutôt simple, non ?

FORME AFFIRMATIVE	FORME INTERROGATIVE
I am	am I?
you are	are you?
he/she/it is	is he/she/it?
we are	are we?
you are	are you?
they are	are they?

Avec un complément, être passe devant et le complément reste à sa place. La FORME INTERROGATIVE AFFIRMATIVE est donc structurée ainsi :

Verbe + sujet + complément

FORME AFFIRMATIVE	FORME INTERROGATIVE
She is beautiful.	Is she beautiful?
They are tired.	Are they tired?
I am drunk.	Am I drunk?
He is old.	Is he old?
We are young.	Are we young?
You are English.	Are you English?
You and Mary are happy.	Are you and Mary happy?
The man is fat.	Is the man fat?

SHORT ANSWER

Les réponses aux questions, exprimées ci-dessus, s'appellent SHORT ANSWERS (réponses brèves). Elles permettent d'éviter la répétition de l'adjectif et se construisent sur le modèle suivant :

Forme affirmative : ***YES*, SUJET + VERBE** (Yes, she is/Yes, I am)
Forme négative : ***NO*, SUJET + VERBE + *NOT*** (No, they are not)

Lisa: John, are you drunk? John, es-tu ivre ?
John: No, I am not, my little wife! Non, je ne suis pas ivre, ma petite femme !
Lisa: I am not your wife, I am your mother! Je ne suis pas ta femme, je suis ta mère !
John: Oh, sorry. Ok, yes! I am. Oh, désolé. Ok, d'accord ! Je suis ivre.
(En réalité, quand je suis ivre, je n'arrive pas à dire cette phrase, tout ce que je peux faire c'est m'écrouler !)

J'aimerais évoquer rapidement la forme interrogative négative qui est utilisée pour confirmer une idée dont on est presque sûr.

La FORME INTERROGATIVE NÉGATIVE est structurée ainsi :

Verbe + *not* + sujet + complément

Isn't she beautiful?	N'est-elle pas belle ?
Aren't you tired?	N'es-tu pas fatigué ?
Isn't he stupid? ('stioupid)	N'est-il pas stupide ?
Aren't they drunk?	Ne sont-ils pas ivres ?

LES ARTICLES 1.1.2

Après avoir vu le verbe principal anglais *to be*, il est temps de commencer à regarder les noms. Et pour introduire des noms, il faut des articles. En anglais, il n'existe qu'un seul article défini, et il ne s'accorde jamais, ni au féminin, ni au pluriel.
Cette merveille n'est autre que THE, qui traduit "le", "la", "les" ! Tu ne me crois pas ? Regarde :

Le chat	THE cat
Les chats	THE cats
La main	THE hand
Les mains	THE hands
Le scorpion	THE scorpion
Les scorpions	THE scorpions

L'article indéfini n'est pas mal non plus !
"Un", "Une" se traduisent tous les deux par A ou AN.
A est utilisé devant les substantifs qui commencent par une consonne, et AN se met devant ceux qui commencent par une voyelle. Stupéfiant de simplicité non ? Il faut le voir pour le croire :

Un chien	A dog
Un chat	A cat
Une moto	A bike
Une pomme	AN apple ('apeul)
Une orange	AN orange ('orandje)

LE **PLURIEL** 1.1.3

Comme tu as pu le constater avec les exemples que je t'ai donnés jusqu'ici, un S s'est ajouté à la fin de certains mots pour les faire passer du singulier au pluriel. C'est la règle du pluriel en anglais, comme en français.
Quand tu rencontreras des substantifs qui se terminent par S, SS, SH, CH ou Z au singulier, tu devras ajouter ES pour former le pluriel.

	SINGULIER	PLURIEL
Autobus	bus (beuss)	buses (bassiz)
Classe	class (class)	classes (classiz)
Sourcil	lash	lashes (lachiz)
Église	church ('tcheurch)	churches ('tcheurchiz)

Quand tu rencontreras des termes se terminant par Y, tu devras ajouter un S si le Y est précédé d'une voyelle. En revanche, si le Y est précédé d'une consonne, il faudra alors ajouter ES. N'oublie pas que dans ce cas le Y se transformera en I.

	SINGULIER	PLURIEL
Garçon	boy (boille)	boys
Jouet	toy (toille)	toys
Dame	lady ('leidi)	ladies
Étude	study (stadi)	studies

Mais il ne serait pas juste que l'anglais ne connaisse pas quelques exceptions, n'est-ce pas ? En voici quelques unes :

	SINGULIER	PLURIEL
Souris	mouse (maouss)	mice (maïce)
Oie	goose (gouze)	geese (guise)

BECAUSE, BUT, AND

Je te donne quelques ÉLÉMENTS INDISPENSABLES : deux précieux adverbes et la conjonction la plus importante en anglais pour te permettre d'exprimer d'autres idées, pour formuler des phrases plus riches de sens, et surtout, pour bien saisir le sens de mes exemples…

because (bicoz) signifie "parce que"

but (beut) pour dire "mais"

and pour traduire la conjonction "et"

EXERCICE n. 2

1 Elle est généreuse parce qu'elle est ivre. ....

2. Il est fatigué parce qu'il est vieux. ....

3. Ils sont rapides parce qu'ils sont jeunes. ....

4. Nous sommes lents parce que nous sommes gros et fatigués. ....

5. Je suis sympathique mais il est jeune et beau. ....

6. Elle est belle, mais elle n'est pas élégante. ....

7. Nous sommes gros, mais nous sommes rapides. ....

8. Tu es maigre et jeune, mais tu es lent. ....

9. Ils sont honnêtes et généreux. ....

10. Nous sommes beaux et sympathiques, mais nous ne sommes pas élégants. ....

PRONOMS **PERSONNELS** 1.1.4

Les pronoms personnels compléments te seront très utiles, parce que tu pourras ainsi t'adresser aux personnes non seulement en les utilisant comme des sujets de phrases, mais aussi comme des compléments d'objet, (de verbes par exemple), et même avec les prépositions que, petit à petit, tu apprendras.

SUJET	PRONOM PERSONNEL COMPLÉMENT
I	me (mi)
you	you (iou)
he	him
she	her (heur)
it	it (it)
we	us (ass)
you	you (iou)
they	them (th*èm)

WITH(OUT)

Pour faire face aux prochains exercices, je t'offre deux prépositions :

WITH (ouith*) qui signifie "avec"
WITHOUT (ouith*aout) pour dire "sans".

Tu ne peux pas ne pas connaître le tube de U2 With or Without you !
Le titre ne signifie rien d'autre que "Avec ou sans toi".
Bono chantait "Je ne peux vivre avec ou sans toi" ; c'était la chanson que ma femme me chantait dans les karaokés avant notre mariage, maintenant elle me chante I will survive, c'est-à-dire "je survivrai"...

Je te donne tout de suite quelques exemples dans lesquels j'utilise les pronoms personnels, mais aussi les deux prépositions que je viens de te présenter et que, grâce à U2, tu connais déjà.

PRONOMS **PERSONELS**

FORME AFFIRMATIVE	FORME NÉGATIVE	FORME INTERROGATIVE
Elle est avec lui She is with **him**.	Elle n'est pas avec lui She is not (isn't) with **him**.	Est-elle avec lui ? Is she with **him**?
Il est avec elle He is with **her**.	Il n'est pas avec elle He is not (isn't) with **her**.	Est-il avec elle ? Is he with **her**?
Ils sont avec moi They are with **me**.	Ils ne sont pas avec moi They are not (aren't) with **me**.	Sont-ils avec moi ? Are they with **me**?

Je te propose un nouvel exercice. Faut-il que je te répète qu'on ne regarde les solutions qu'à la fin ? Qu'en dis-tu ? Non ? Bien ! Je n'en avais aucune envie…

EXERCICE n. 3

1. Nous sommes avec toi. ………………………………………………………………
2. Es-tu avec lui ? ………………………………………………………………
3. Elle et lui sont avec moi. ………………………………………………………………
4. Elle et lui sont-ils avec moi ? ………………………………………………………………
5. Vous êtes avec eux. ………………………………………………………………
6. Vous n'êtes pas avec elle. ………………………………………………………………
7. Je ne suis pas avec eux. ………………………………………………………………
8. Es-tu avec moi ? ………………………………………………………………
9. N'es-tu pas avec lui ? ………………………………………………………………
10. Nous ne sommes pas avec toi. ………………………………………………………………

VERBE **AVOIR** (*TO HAVE*) 1.1.5

Nous avons déjà vu le verbe le plus important, à savoir le verbe ÊTRE, TO BE. Par ordre d'importance, le verbe AVOIR, TO HAVE (tou h*av) arrive tout de suite après.

1. FORME AFFIRMATIVE

Voyons le verbe AVOIR conjugué au présent de l'indicatif.

	FORME PLEINE	FORME CONTRACTÉE
J'ai	I have	I've
Tu as	you have	you've
Il/Elle a	he/she/it has	he's/she's/it's
Nous avons	we have	we've
Vous avez	you have	you've
Ils/ Elles ont	they have	they've

La FORME AFFIRMATIVE est structurée ainsi :

sujet + verbe + complement

Comme tu le constates, le verbe *TO HAVE* se conjugue *HAVE* à toutes les personnes sauf à la troisième du singulier *(he/she/it)* où il devient *HAS*.

You have a nice house. Tu as une jolie maison.
They have a big house. Ils ont une grande maison.
I have an ugly friend. J'ai un ami moche.
She has a small nose. Elle a un petit nez.
We have an old dog. Nous avons un vieux chien.

Garden ('gaaden)	jardin
dog	chien
brother ('broth*er)	frère
mother ('moth*er)	mère
wife (waïf)	femme/épouse
sister	sœur

pool	piscine
car	automobile/voiture
boyfriend	petit ami/fiancé

En utilisant tout ce que tu as vu auparavant et les mots que je t'ai donnés ci-dessus, traduis ces phrases et n'oublie jamais que l'adjectif se place devant le nom.

EXERCICE n. 4

1. Nous avons un petit jardin. ....
2. J'ai un gros chien. ....
3. Elle a un frère moche. ....
4. Ils ont une mère maigre. ....
5. Il a une épouse belle. ....
6. Il a une sœur belle, mais triste. ....
7. Avez-vous une piscine ? ....
8. Je suis jeune, mais j'ai une grosse voiture. ....
9. Je ne suis pas belle, mais j'ai un petit ami beau. ....
10. Elle a deux frères et une sœur. ....

2. LA FORME INTERROGATIVE

La plupart du temps, la forme interrogative du verbe AVOIR se fait avec l'auxiliaire DO. Néanmoins, on utilise aussi souvent le passé du verbe TO GET (qui donne **HAVE GOT**) pour exprimer avec plus de force la possession. Comme pour le verbe ÊTRE, on inverse le verbe et le sujet et on ajoute *GOT*.

FORME AFFIRMATIVE	FORME INTERROGATIVE
I have	have I (got)?
you have	have you (got)?
he/she/it has	has he/she/it (got)?
we have	have we (got)?
you have	have you (got)?
they have	have they (got)?

La FORME INTERROGATIVE AFFIRMATIVE est structurée ainsi :

verbe + sujet + *got* + complément

FORME AFFIRMATIVE	FORME INTERROGATIVE
You have a car	Have you got a car?
They have time	Have they got time?
She has a big house	Has she got a big house?

3. **FORME NÉGATIVE**

Voyons de plus près le verbe AVOIR comme auxiliaire de TO GET à la forme négative. Pour bien conjuguer TO HAVE, tu devras une fois de plus utiliser le petit mot magique NOT, placé après le verbe à l'intérieur de la phrase.

	FORME AFFIRMATIVE	FORME NÉGATIVE
I have	I have not	I haven't
you have	you have not	you haven't
he/she/it has	he/she/it has not	he/she/it hasn't
we have	we have not	we haven't
you have	you have not	you haven't
they have	they have not	they haven't

La FORME NÉGATIVE est structurée ainsi :

Sujet + verbe + *not* + *got* + complément

You have not got a car. Tu n'as pas de voiture.
They have not got time. Ils n'ont pas le temps.
She has not got a big house. Elle n'a pas une grande maison.
I have not got an ugly brother. Je n'ai pas un frère laid.
He has not got an old bike (baïk). Il n'a pas une vieille bicyclette.

SHORT ANSWER

Comme tu vois, même avec le verbe AVOIR la structure de la phrase ne change pas. Les réponses aux questions sont elles aussi des ***SHORT ANSWERS***.

Forme affirmative : ***YES*, SUJET + VERBE** (Yes, I have/Yes, she has)
Forme négative : ***NO*, SUJET + VERBE + *NOT*** (No, they have not)

Tom: Have you got a dog?
Sally: Yes, I have/No, I haven't.

Wife: Have you got time for me?
John: No, I haven't.
Wife: Have you got time for The Simpsons?
John: Yes, I have.
Wife: Have you got time for the pub?
John: Always!

VOCABULAIRE **DE BASE** 1.1.6

Avant de continuer, il est nécessaire d'apprendre du vocabulaire de base pour te permettre de composer des phrases plus complètes. Pour ce faire, et dans le but de t'aider à mémoriser plus aisément les nouveaux mots, j'ai décidé de les classer par thèmes De cette façon, il te sera plus facile de les utiliser, peu importe le contexte dans lequel tu les rencontreras, et de vite comprendre leur sens.

1. LES COULEURS

Let's start with colours! Les couleurs sont joyeuses et amusantes, elles pourraient même te porter bonheur si tu les assimiles…

red (rèd)	rouge
green (griin)	vert
yellow ('iello)	jaune
blue (blou)	bleu
pink (pin'k)	rose
black (blak)	noir
white (ouaït)	blanc
grey (grei)	gris
brown (braon)	marron

car	automobile/voiture
house (haouss)	maison
dog	chien
eye (aïe)	œil
hat	chapeau
bike	bicyclette
television	télévision
pen	stylo
money ('moni)	argent

En utilisant ce nouveau vocabulaire, traduis à présent ces quelques phrases, fais attention à l'adjectif et efforce toi de faire l'exercice avant d'aller consulter les corrigés !

EXERCICE n. 5

1. Il a une voiture rouge et rapide. ....
2. J'ai une grande maison blanche. ....
3. Ils ont un chien noir et lent. ....
4. Il a un œil noir. ....
5. Elle a un chapeau orange. ....
6. Nous avons une bicyclette marron. ....
7. Avez-vous une télévision en noir et blanc ? ....
8. As-tu un chat gris ? ....
9. As-tu un stylo noir ? ....
10. J'ai une pomme verte. ....
11. Je n'ai pas le temps. ....
12. Elle n'a pas d'argent pour moi. ....
13. Nous n'avons pas une belle maison. ....
14. Nous n'avons pas une belle voiture. ....
15. Vous n'avez pas de temps pour moi ! ....

2. LA FAMILLE ET LA MAISON

Commençons par les termes les plus importants qui se réfèrent à la famille et à la maison.

mother/mom	mère/maman
father/dad	père/papa
brother	frère
sister	sœur
son	fils
daughter ('do'teur)	fille
grandmother	grand-mère
grandfather	grand-père
uncle	oncle
aunt	tante

grandchild (grantchaïld)	petit-enfant
nephew (nefiou)	neveu
niece (nice)	nièce
parents	parents
relatives	membres de la famille
cousin	cousin
friend	ami

room	pièce (de la maison)
living room	séjour
bedroom	chambre
bathroom	salle de bain
kitchen	cuisine
cellar	cave
garage	garage
attic	grenier
garden	jardin
roof	toit
under	sous/en dessous
book	livre
cool	frais
near	près/près de

HOUSE or HOME

DIFFÉRENCE ENTRE *HOUSE* ET *HOME*

HOUSE renvoie à l'édifice, c'est-à-dire à la maison physique, tandis que *HOME* est un terme à connotation affective.
C'est aussi valable pour les pays : France is now my home.

VOCABULAIRE **DE BASE**

À présent, concentre-toi sur ta famille et sur ta maison et essaie de te souvenir de tous les nouveaux mots que tu viens d'apprendre. Fais les exercices suivants : traduis les phrases du premier et complète celles du second avec les verbes manquants.

EXERCICE n. 6

1. Mon père est sous la voiture dans le garage. ....
2. Ma grand-mère est dans sa chambre avec son livre. ....
3. Le chat noir est dans la cave parce qu'il fait frais. ....
4. La chambre est près de la salle de bain. ....
5. Mon frère est dans le séjour avec son ami, mais sans le chien. ....
   ....
6. Ma sœur est dans le jardin. ....
7. Ma maman est dans la cuisine. ....
8. Mon grand-père est dans son lit et le chat est sous le lit. ....
9. Mon cousin est dans la voiture au garage. ....
10. Mes parents sont dans la cave. ....

EXERCICE n. 7

1. My mother ____ in the garden.
2. ____ my mother in the garden?
3. ____ the boys playing in the cellar?
4. ____ Tommy got a big garage?
5. He ____ got a fat, black cat.
6. She ____ from Germany.
7. ____ he from England?
8. ____ you got my yellow ball?
9. Joe ____ not in the house.
10. We ____ not got a car. I ____ sorry!
11. The apple ____ green.
12. The apples ____ green.
13. I ____ a brown bike.
14. David ____ a red bike.

15. We ____ in the garage with Michael.
16. Michael ____ in the garage with us.
17. They ____ with me and Tommy and the boys ____with their mother.
18. The black and white cat ____ green eyes.
19. The dogs ____ eating the cats.
20. You ____ not with me because you ____ not got a car!

3. CHIFFRES ET NOMBRES

À présent, approfondissons notre vocabulaire avec les chiffres. Pour commencer aidons-nous de ce tableau :

LES CARDINAUX		LES ORDINAUX	
1	one (won)	premier	first
2	two (tou)	deuxième	second
3	three (th*ri)	troisième	third
4	four (for)	quatrième	fourth
5	five (faïv)	cinquième	fifth
6	six (sixe)	sixième	sixth
7	seven ('séveun)	septième	seventh
8	eight (eït)	huitième	eighth
9	nine (naïn)	neuvième	ninth
10	ten (tèn)	dixième	tenth
11	eleven (i'léveun)	onzième	eleventh
12	twelve (touelv)	douzième	twelfth
13	thirteen (th*eurtiin)	treizième	thirteenth
14	fourteen (fortiin)	quatorzième	fourteenth
15	fifteen (fiftiin)	quinzième	fifteenth
16	sixteen (sixtiin)	seizième	sixteenth
17	seventeen (séveuntiin)	dix-septième	seventeenth
18	eighteen (eïtiin)	dix-huitième	eighteenth
19	nineteen (naïntiin)	dix-neuvième	nineteenth
20	twenty (touenti)	vingtième	twentieth
21	twenty one (touentiwon)	vingt-et-unième	twenty first...

et ainsi de suite, en ajoutant les unités !

VOCABULAIRE **DE BASE**

Créons quelques exemples d'utilisation des ordinaux, qui sont certainement plus difficiles à utiliser que les cardinaux.

Neil Amstrong was the first person to walk on the Moon. Neil Amstrong fut le premier homme à marcher sur la lune.

I am drinking my second glass of wine. Je suis en train de boire mon deuxième verre de vin.

Schumacher arrived third today. Schumacher est arrivé troisième aujourd'hui.

Italy won the World Cup for the fourth time. L'Italie a remporté la Coupe du Monde pour la quatrième fois.

This is my fifth day at University! C'est mon cinquième jour à l'université !

Comme nous nous sommes bien amusés avec les 21 premiers, continuons avec quelques autres chiffres, pour arriver jusqu'à 100 !

30	thirty (theurti)
40	forty (forti)
50	fifty (fifti)
60	sixty (sixti)
70	seventy (seveunti)
80	eighty (eïti)
90	ninety (naïnti)
100	hundred (heundrèd)

À présent nous avons suffisamment de matériel pour faire un nouvel exercice, mais avant quelques nouveaux termes utiles…

work	travail
chicken	poulet
good	bon
rabbit	lapin
children	enfant
leg	jambe

Tout y est. Plus rien ne manque pour traduire les phrases du prochain exercice !

EXERCICE n. 8

1. Elle a deux chiens gros et moches...
2. Il n'a pas de bicyclette noire..
3. As-tu quatre euros ? Je n'ai pas d'argent. ....
4. Non, je n'ai pas quatre euros parce que je n'ai pas de travail. ....
   ....
5. Il a deux gros yeux rouges parce qu'il est fatigué. ....
6. Nous avons quarante poulets dans le jardin. ....
7. Avez-vous un gros poulet blanc ? ....
8. Ils n'ont pas un gros poulet blanc, mais ils ont un joli lapin gris. ....
   ....
9. Ils ont sept enfants petits parce qu'ils n'ont pas la télé.............................
10. Tu n'as pas deux jambes rapides parce que tu es vieille et ivre. ....
   ....

À ce stade, je voudrais t'encourager à créer toi-même de nouveaux exemples avec tous les moyens que je t'ai fournis jusqu'ici (verbes, mots, prépositions et règles). Parfois mes étudiants me disent : "Mais je n'ai pas d'imagination !" C'est inacceptable ! Ce que je veux dire, c'est que si tu te retrouves dans un pub londonien, que fais-tu ? Tu ouvres ton livre d'anglais ou tu te lances et tu réussis à dire quelque chose ? Non, tu ne sors certainement pas le livre ! Il faut formuler des phrases pour mener une conversation. Tu es déjà capable de le faire. Prends ça comme un jeu, amuse-toi à créer des phrases avec ce que tu sais…
C'est la même chose au TRAVAIL !
N'aie jamais peur de te tromper, l'important est de communiquer, d'essayer de se faire comprendre. Aucun Anglais ne se moquera de toi, surtout s'il comprend que tu fais des efforts pour parler dans sa langue.
Tu verras qu'à present, avec cette nouvelle étape consacrée aux adjectifs et aux pronoms possessifs, tu parviendras plus rapidement à formuler des phrases plus longues et plus détaillées.

ADJECTIFS ET PRONOMS POSSESSIFS 1.1.7

PRONOMS PERSONNELS SUJETS	PRONOMS PERSONNELS COMPLÉMENTS	ADJECTIFS POSSESSIFS	PRONOMS POSSESSIFS
I	me	my	mine
you	you	your	yours
he	him	his	his
she	her	her	hers
it	it	its	its
we	us	our	ours
you	you	your	yours
they	them	their	theirs

N'OUBLIE jamais que :

- Comme en français, devant le pronom possessif, on ne met JAMAIS l'article (THE) : on ne dit jamais "Où est le mon verre ?"
- Et comme en français, le pronom possessif N'EST JAMAIS suivi du NOM, parce qu'il le remplace : on ne dit jamais "C'est la mienne bière !"

Continuons à construire des phrases :

I am with Paul and his brother. Je suis avec Paul et son frère.
They are with Sarah and her brother. Ils sont avec Sarah et son frère.
My mother and her dog are in the garden. Ma mère et son chien sont dans le jardin.

ADJECTIFS ET **PRONOMS POSSESSIFS**

Maintenant, avant de traduire les phrases suivantes, et puisque ça fait un moment que je ne te l'ai pas rappelé, laisse-moi te dire que tu ne dois consulter les corrigés, à la fin du livre, qu'après avoir fini !

Exercice n. 9

1. Je vais à la maison avec ma voiture jaune. ....
   ....
2. Ma femme et sa mère font du shopping avec mon argent ! ....
   ....
3. Je suis dans le jardin avec mon chien et mon chat qui sont vieux et fatigués
   ....
4. Sarah a ma voiture rouge parce que sa bicyclette verte est cassée. ....
   ....
5. Ils sont dans leur voiture avec mon frère et son ami. ....
   ....
6. Mon livre est sur la table, le tien est dans la chambre. ....
   ....
7. Son père est vieux et maigre, le mien est gros. ....
   ....
8. Nos parents sont vieux, les leurs sont jeunes. ....
   ....
9. Son sac est gros et neuf, mais le vôtre est vieux et sale. ....
   ....
10. Sa maman est anglaise, la leur est américaine. ....
    ....

DOUBLE **OBJECT** 1.1.8

À ce stade, il faut que je t'apprenne la règle des deux compléments (en anglais *DOUBLE OBJECT*). Quand un verbe est suivi de deux compléments, l'un direct (c'est-à-dire qui répond aux questions "qui ? quoi ?"), l'autre indirect (qui répond aux questions "à qui ? à quoi ?"), on utilise en anglais la construction du *DOUBLE OBJECT*. Le complément d'objet indirect est placé tout de suite après le verbe, sans la particule *TO* et sans ajouter de préposition, suivi ensuite du complément direct.

Ne t'en fais pas, c'est plus facile à faire qu'à expliquer ! Je te donne un exemple :

On ne dit pas *GIVE A PEN TO ME* mais *GIVE ME A PEN*.

address	adresse
job	travail
present	cadeau
joke	plaisanterie
letter	lettre
story	histoire

Il y a certains verbes qui répondent toujours à cette règle :

to give	donner	Give me your money.
to send	envoyer	Send them your address.
to offer	offrir	John, please offer your friends jobs!
to buy	acheter	Buy Lucy a present!
to sell	vendre	Sell Tom your car.
to show	montrer	He shows Julie his dog.
to tell	dire	Tell them a joke.
to find	trouver	Find me an umbrella.
to write	écrire	Write Kevin a letter.
to read	lire	Please, read me a story.

Mais ceci n'est valable que si le complément direct est un nom. Si les deux compléments sont des pronoms, alors on change d'ordre : le complément direct vient d'abord et le complément indirect est introduit par la préposition *TO* :

Give it to me.
Send it to them.
John, please, offer them to them.

LE GÉNITIF **SAXON** 1.1.9

Quand, en anglais, le possessif n'est pas exprimé par un adjectif possessif (mon, ton, son…) ou par un pronom possessif (le mien, le tien, le sien…), il se présente sous la forme d'une apostrophe suivie d'un S que l'on ajoute tout de suite après la personne ou la chose qui possède :

Si c'est UNE PERSONNE qui possède :

Le chien de Bob ne se traduit pas par the dog of Bob, mais par Bob's dog.

La maison de Charles ne se traduit pas par the house of Charles, mais par Charles's house.

L'ordinateur de ma sœur ne se traduit pas par the computer of my sister, mais par my sister's computer.

Si c'est UN ANIMAL qui possède :

L'os du chien ne se traduit pas par the bone of the dog, mais par the dog's bone.

La queue de la souris ne se traduit pas par the tail of the mouse, mais par the mouse's tail.

Le génitif saxon peut aussi avoir une valeur TEMPORELLE :

Le journal du jour ne se traduit pas par the newspaper of today, mais par today's newspaper.

La fête de demain ne se traduit pas par the party of tomorrow, mais par tomorrow's party.

Le repas de lundi ne se traduit pas par the lunch of Monday, mais par Monday's lunch.

Le génitif saxon s'utilise aussi avec les PAYS et les VILLES (*COUNTRIES and CITIES*) :

Les musées de Londres ne se traduit pas par the museums of London, mais par London's museums.

Les fleuves d'Angleterre ne se traduit pas par the rivers of England, mais par England's rivers.

Les villes de France ne se traduit pas par the cities of France, mais par France's cities.

Au PLURIEL :

Quand le possesseur est au pluriel, on ne lui ajoute que l'apostrophe (à moins que ce soit un pluriel irrégulier) :

La nourriture des chats ne se traduit pas par the food of the cats, mais par the cats' food.

De cette façon, à l'écrit, on peut comprendre exactement s'il s'agit d'un chat ou de plusieurs chats ; voici les deux cas de figure :

The cat's food (la nourriture du chat)
The cats' food (la nourriture des chats)

Quand tu veux utiliser l'adjectif possessif de it, tu ne mets pas l'apostrophe, sinon il s'agirait de la forme contractée de it is. Tu écris its, sans apostrophe :
its food is in its bowl sa nourriture est dans son bol

son	fils
husband	mari
cook	cuisinier/cuisinière
mountain	montagne
canteen	cantine
worker	travailleur
guide	guide
reader	lecteur
open	ouvert
on	sur

Voici quelques exemples à traduire en utilisant le génitif saxon et le vocabulaire ci-dessus :

EXERCICE n. 10

1. Je suis le fils de ma mère. ....
2. Il est le mari de Marie. ....
3. Le chapeau des cuisiniers est blanc. ....
4. Les montagnes du Pérou sont belles. ....
5. Le journal de mon grand-père est sur la table. ....
6. Le journal de demain. ....
7. J'ai la radio de mon frère. ....
8. Il a la voiture de mon père. ....
9. La cantine des travailleurs est ouverte. ....
10. Je suis le guide de mes lecteurs. ....

LES **PRÉPOSITIONS** 1.1.10

À présent ajoutons d'autres prépositions ; les prépositions fonctionnent comme une colle dans la phrase. Grâce à elles, on peut faire des phrases plus complètes et plus riches de sens.

Allez, c'est le moment, je suis arrivé à la page 39 de mon livre et je ne t'ai pas encore donné l'exemple le plus banal :

The pen is ON the table

Le stylo est sur la table (comme en français, on a besoin de l'article, et c'est la même construction)

Les PRÉPOSITIONS DE LIEU les plus importantes et les plus courantes sont :

On (on)	sur (implique un contact)	the pen is on the table
Above (abov)	au-dessus (sans contact)	the sun is above the hill
Under (eunder)	sous/en dessous	the cat is under the table
in (in)	dans/en	the dog is in John's garden
out of (aout of)	en dehors de	the car is out of the garage
behind (bih*aïnd)	derrière	the cat is behind the sofa
in front of	devant/face à	the house is in front of the school
between (bitouin)	entre (deux éléments)	I am between Paul's two cars
among (eumong)	parmi	the grandfather is among the children
inside (insaïd)	dans/à l'intérieur	the car key is inside my bag
outside (aoutsaïd)	dehors/au dehors	the umbrella is outside the door
beside (bi'saïd)	à côté de	I am beside you
near (nir')	près de	the pen is near the book
far	loin	Australia is far from here
from	de (provenance)	I come from London

mouse	souris
tree	arbre

Maintenant nous pouvons vraiment formuler et donner forme à des phrases très très longues !
Il ne reste plus qu'à traduire !

LES PRÉPOSITIONS

EXERCICE n. 11

1. Mon père est sous la voiture jaune dans le garage avec ma sœur. ....
   ....
2. Je suis face à une personne ivre et stupide dans le miroir. ....
   ....
3. Près du lit, il y a un livre noir sur la table. ....
   ....
4. Devant ma maison il y a une maison avec une piscine et une grosse voiture.
   ....
5. Je suis derrière toi, ne va pas vite parce que je suis en bicyclette..............
   ....
6. Dans ma maison, dans la cuisine sous la table, il y a une souris................
   ....
7. Grand-mère est dehors (hors de la maison), elle est dans le jardin et lit sous un arbre...
8. Je dors entre mon frère et ma sœur dans un petit lit et sous le lit dort mon grand-père. ....
9. Ils sont près de Lyon, mais loin de ma maison. ....
   ....
10. Près d'ici, il y a un cinéma et à l'intérieur, parmi cent personnes, il y a mon ami, il est allé là pour voir un film..
    ....

LES PRÉPOSITIONS DE CAUSE ET DE BUT

TO ou *FOR*
Ces deux prépositions peuvent se traduire en français par POUR (dans le BUT de), mais apprenons à en saisir les nuances.

TO

TO + verbe = BUT

LES PRÉPOSITIONS

(il va au parc dans le but de marcher)
Il va au parc pour marcher. He goes to the park to walk.

Je vais au pub pour boire. I go to the pub to drink.

Je vais au parc pour penser. I go to the park to think.

Je vais dans le centre pour travailler. I go to the centre to work.

Je vais à l'école pour apprendre. I go to school to learn.

FOR

FOR + substantif= BUT

(je vais au pub dans le but de trouver la tranquillité)
Je vais au pub pour la tranquillité. I go to the pub for tranquillity.

Je vais au parc pour le déjeuner. I go to the park for lunch.

Je vais au magasin pour la nourriture. I go to the shop for food.

Je vais à Londres pour les vacances. I go to London for holiday.

church	église
peace	paix
clothes	vêtements
holiday	vacances
clean	propre
bank	banc
jungle	jungle

VERBS

to paint	peindre
to relax	se détendre
to wash	laver
to learn	apprendre
to explore	explorer

LES PRÉPOSITIONS

Maintenant, complète les phrases suivantes à l'aide de for ou de to.

EXERCICE n. 12

1. He goes to the church ____ peace.
2. She goes to the cinema ____ watch films.
3. He goes to art school ____ paint.
4. They go shopping ____ clothes.
5. I go to the mountains ____ relax.
6. I go to the mountains ____ my holiday.
7. She washes ____ be clean.
8. We need the bank ____ money.
9. I go to school ____ learn.
10. We went to the jungle ____ explore.

ADJECTIFS ET PRONOMS DÉMONSTRATIFS 1.1.11

Les adjectifs et les pronoms démonstratifs anglais sont :

singulier	pluriel
THIS (th*iss) ce/celui-ci	THESE (th*iis) ces/ceux-ci
THAT (th*at) celui-là	THOSE (th*oz) ceux-là

Les adjectifs démonstratifs, comme tous les adjectifs dans la phrase anglaise, se placent avant le nom. La structure de la phrase que nous avons vue précédemment ne change pas.

La FORME AFFIRMATIVE est structurée ainsi :

Adjectif démonstratif + sujet + verbe + complément

This cat is black. Ce chat est noir.

La FORME INTERROGATIVE est structurée ainsi :

Verbe + adjectif démonstratif + sujet + complément

Is this cat black? Ce chat est-il noir ?

La FORME NÉGATIVE est structurée ainsi :

Adjectif démonstratif + sujet + verbe + *not* + complément

This cat is not black. Ce chat n'est pas noir.

Les pronoms démonstratifs remplacent les noms et donc prennent la place du sujet. Même avec les pronoms démonstratifs, tu es capables de créer des phrases, car la structure ne change pas !

La FORME AFFIRMATIVE est structurée ainsi :

Sujet (pronom démonstratif) + verbe + complément

This is my cat. Celui-ci est mon chat.

ADJECTIFS ET **PRONOMS DÉMONSTRATIFS**

La FORME INTERROGATIVE est structurée ainsi :

Verbe + sujet (pronom démonstratif) + complément

Is this my cat? Est-ce celui-ci mon chat ?

La FORME NÉGATIVE se construit ainsi :

Sujet (pronom démonstratif) + verbe + *not* + complément

This is not my cat. Celui-ci n'est pas mon chat.

sweet	bonbon
cup	tasse
jacket	veste

Devine un peu ce que tu dois faire maintenant, en utilisant ces nouveaux mots et les adjectifs et pronoms démonstratifs ? Bravo ! Traduis...

EXERCICE n. 13

1. Ces bonbons-là sont à toi..
2. Ces tasses sont grandes. ....
3. Cet homme-là est sympathique. ....
4. Ce bar est moche..
5. Ce bar-là est beau. ....
6. Ces hommes-là sont honnêtes. ....
7. Ces enfants sont rapides. ....
8. Ce café est à moi. ....
9. Ces voitures sont lentes..
10. Cette fille-là est avec cet homme-là, avec la veste verte ; celle avec les yeux bleus est avec cette fille-ci. ....
....

QUI, COMMENT, **QUOI, QUAND et OÙ ?** 1.1.12

Tous ces interrogatifs ! Tu dois te demander ce qui me prend ! N'aie pas peur, au contraire, prépare-toi pour un cours qui te sera vraiment d'une grande utilité !

WHO (hou) QUI – se réfère à quelqu'un.

WHO are you? Qui es-tu ?
WHO are they? Qui sont-ils ?
WHO is this boy? Qui est ce garçon ?
WHO are these men? Qui sont ces hommes ?
WHO is that man? Qui est cet homme-là ?

WHO est un terme qui permet d'introduire une phrase interrogative. Pour l'utiliser, il faut simplement respecter la structure de la phrase interrogative.

La PHRASE AVEC WHO est structurée ainsi :

who + verbe + ...

skirt	jupe
road	route
mad	fou
tall	grand
thing	chose
bag	sac
that	que (conjonction)
money	argent
shop	magasin

VERBS

to give (the orders)	donner (des ordres)
to know	savoir/connaître
to ask	demander
to eat	manger
to live	vivre
to play	jouer
to go	aller
to cook	cuisiner

Maintenant essaie de traduire les phrases suivantes en utilisant WHO.

QUI, COMMENT, **QUOI, QUAND et OÙ ?**

EXERCICE n. 14

1. Qui est la femme avec la jupe rouge et les yeux verts ?............................
2. Qui est cet homme fou dans la rue ? ....
3. Qui es-tu pour me demander qui je suis ....
4. Qui sont ces enfants dans le pub ?...
5. Qui donne les ordres dans cette maison ? ....
6. Qui sont ces hommes en noir ? ....
7. Qui est la grande fille ?..
8. Qui est gros et stupide ?...
9. Qui sait qui sont ces vieux hommes dans mon garage ?...........................
10. Qui êtes-vous pour demander qui je suis ? ....

WHAT (ouat) QUOI/ QUEL/QUE/QU'EST-CE QUE – se réfère à quelque chose.

WHAT aussi est utilisé dans les phrases interrogatives, pour demander le nom ou des informations au sujet d'une personne.

La PHRASE AVEC WHAT est structurée ainsi :

what + verbe + ...

What is* your name? Quel est ton nom ? Comment t'appelles-tu ?
What are they? Que sont-ils ?
What do you do?** Que fais-tu ? Quel travail fais-tu ?

* what's est la forme contractée
**Par what do you do ? on demande implicitement des informations concernant le travail.

À présent essaie de traduire ces phrases en utilisant WHAT.

EXERCICE n. 15

1. Qu'est-ce qu'"un plouc" ? ....
2. Que sont ces choses vertes dans mon assiette ? ....
3. Que manges-tu à Londres ? ....
4. Quoi ? ....
5. Que sommes-nous ? ....
6. Qu'es-tu ? ....
7. Qu'est-ce que c'est ? ....
8. Qu'est-ce que tu as ? ....
9. Qu'ai-je dans mon sac ? ....
10. Qu'est-ce qu'il a que je n'ai pas ? ....

WHERE (wuer) OÙ – se réfère à un lieu.

WHERE, comme *WHO* et *WHAT*, introduit une phrase interrogative..

LA PHRASE AVEC WHERE est structurée ainsi :

where + verbe + ...

WHERE IS/WHERE ARE
Servent a demander des informations sur la présence de personnes ou de choses.

Where is Bob? Où est Bob ?
Where are the cats? Où sont les chats ?

WHERE + FROM
Sert à demander des informations sur le lieu d'origine.

Where are you from? D'où venez-vous ?
Where is this boy from? D'où vient ce garçon ?

QUI, COMMENT, **QUOI, QUAND et OÙ ?**

À présent, essaie de traduire ces phrases en utilisant WHERE.

EXERCICE n. 16

1. Où est le cinéma ?..
2. Où sont mes belles chaussures noires ?..
3. Elle habite près de la maison où habite James. ....
4. Où est mon argent ?...
5. Où joue-t-il ?...
6. Où es-tu ? ....
7. Où suis-je ? ....
8. Où est-ce ? ....
9. Où est le magasin ?...
10. Où vais-je ? ....

HOW (ao) **COMMENT** – se réfère à la manière.

HOW aussi s'utilise pour introduire des phrases interrogatives, pour demander des informations sur l'état de santé de quelqu'un, même si nous verrons plus loin qu'il a d'autres utilisations…

LA PHRASE AVEC HOW se construit ainsi :

how + verbe + …

How are you? Comment vas-tu ?
How is she? Comment va-t-elle ?
How are they? Comment vont-ils ?
How is your father? Comment va ton père ?

HOW OLD

On utilise HOW OLD pour demander l'âge de quelqu'un. En anglais, on ne dit pas comme en français : "Quel âge as-tu ?" mais "Combien vieux es-tu ?", c'est pourquoi :

How old are you? Quel âge as-tu ?
How old is she? Quel âge a-t-elle ?

Comme on utilise le verbe ÊTRE dans la question, on doit nécessairement utiliser le même verbe dans la réponse et SURTOUT PAS le verbe avoir comme en français. Donc retiens ce qui suit :

I am thirty-five. J'ai 35 ans.
She is twenty. Elle a 20 ans.

Et maintenant, essaie de traduire ces phrases en utilisant HOW.

EXERCICE n. 17

1. Comment vont les enfants ? ....
2. Comment puis-je *(How can I)* cuisiner sans cuisine ? ....
....
3. Comment peux-tu (*how can you*) lui résister ? ....
4. Comment suis-je avec ce chapeau rouge ? ....
5. Comment fais-tu pour connaître mon nom ? ....
6. Comment aimes-tu (*do you like*) la viande ? ....
7. Comment puis-je le savoir ? ....
8. Comment sont les enfants où tu travailles ? ....
9. Comment allez-vous ? ....
10. Comment suis-je ? Belle ou moche ? ....

THERE IS /THERE ARE

1.1.13

Ils servent à donner des informations sur la présence de personnes ou de choses : "Il y a". Attention, en anglais, "il y a" s'accorde avec ce qui suit.

There is (th*er is) + singulier	il y a
There are (th*er ar) + pluriel	il y a

There is a cat on the roof. Il y a un chat sur le toit.
There is a car in the garage. Il y a une voiture dans le garage.

There are two dogs in the garden. Il y a deux chiens dans le jardin.
There are three boys in the sitting room. Il y a trois garçons dans le salon.

À la forme interrogative, le verbe se place devant THERE.

Is there a cat on the roof? Y a-t-il un chat sur le toit ?
Yes, there is/No, there is not (isn't). Oui, il y a/Non il n'y a pas.

Are there two dogs in the garden? Y a-t-il deux chiens dans le jardin ?
Yes, there are/No, there are not (aren't). Oui, il y a/Non il n'y a pas.

À la forme négative, on ne fait rien d'autre que d'ajouter *NOT* après le verbe.

There is not a cat on the roof. Il n'y a pas de chat sur le toit.
There is not a car in the garage. Il n'y pas de voiture dans le garage.

There are not two dogs in the garden. Il n'y a pas deux chiens dans le jardin.
There are not three boys in the sitting room. Il n'y a pas trois garçons dans le salon.

holiday	vacances
hope	espoir
team	équipe
horse	cheval
stable	étable
men	hommes

THERE IS / THERE ARE

Je t'ai donné la règle et de nouveaux mots… Traduis ces phrases en utilisant THERE IS et THERE ARE.

EXERCICE n. 18

1. Il y a deux grosses filles au bar. ....
2. Il n'y a pas d'hommes au bar aujourd'hui, parce qu'il y a le match de foot.
   ....
3. Cette fille là n'est pas là ce soir. ....
4. Il y a ces bonbons dans la cuisine. ....
5. Il n'y a pas d'argent pour les vacances. ....
6. Il n'y a pas d'espoir avec cette équipe. ....
7. Il y a deux chevaux dans l'étable. ....
8. Il n'y a pas deux garçons indiens dans ma classe. ....
9. Il y a du temps. ....
10. Il y a deux chats rouges sur le toit de ma maison. ....
    ....

LES JOURS DE LA SEMAINE **ET LES MOMENTS DE LA JOURNÉE** 1.1.14

En anglais, contrairement au français, les jours de la semaine s'écrivent toujours avec une majuscule, comme un nom propre :

Monday	lundi
Tuesday	mardi
Wednesday	mercredi
Thursday	jeudi
Friday	vendredi
Saturday	samedi
Sunday	dimanche

… et on les introduit toujours avec la préposition *ON* :

On Saturday, I will be with my wife. Samedi je serai avec ma femme.
On Monday, I go to the cinema. Lundi je vais au cinéma.

Si tu parles d'un action habituelle et régulière, que tu fais par exemple chaque dimanche, tu dois ajouter un **S** à la fin du jour de la semaine :

On Sundays, I wash my dog. Chaque dimanche je lave mon chien (ouaf !).

À présent voyons les différents moments de la journée. Entre parenthèses sont indiqués les prépositions et articles à ne pas oublier quand tu voudras les employer :

dawn	(AT)	aube
morning	(IN the)	matin
afternoon	(IN the)	après-midi
midday	(AT)	midi
evening	(IN the)	soir
night	(AT)	nuit
midnight	(AT)	minuit

LES MOIS ET **LES SAISONS** 1.1.15

En anglais, contrairement au français, les mois s'écrivent toujours avec une majuscule :

January	janvier
February	février
March	mars
April	avril
May	mai
June	juin
July	juillet
August	août
September	septembre
October	octobre
November	novembre
December	décembre

... et on les introduit avec la préposition *IN*. Mais quand il s'agit d'une date précise, il faut utiliser la préposition *ON* :

I will start school **in** September. Je commence l'école en septembre.
I will start school **on** September 14th. Je commence l'école le 14 septembre.

Exactement comme pour le mois, l'année aussi est introduite par la préposition *IN*, sauf lorsque le jour est indiqué, dans ce cas il faut *ON* :

The war started **in** October 1939. La guerre commença en octobre 1939.
The war started **on** October 14th, 1939. La guerre commença le 14 octobre 1939.

Voyons enfin les saisons, qui s'écrivent humblement avec une minuscule. On les introduit avec la préposition *IN* :

summer	été
spring	printemps
autumn	automne
winter	hiver

L'HEURE 1.1.16

Commençons par le B.A.-BA et voyons les principales expressions :

quarter	quart d'heure
a quarter to + HEURE	moins le quart
a quarter past + HEURE	il est HEURE et quart
half	demi-heure
half past + HEURE	il est HEURE et demie
o'clock	précise (se réfère uniquement à une heure exacte !)

La phrase que l'on utilise pour demander l'heure est :
What time is it/What's the time?

Puis tout ce qui se trouve à droite de l'horloge est *PAST*, tout ce qui est à gauche est *TO*. Attention : tandis que le quart d'heure peut être aussi bien *PAST* que *TO*, la demi-heure est seulement *PAST* !
Cela signifie que jusqu'à ce que la grande aiguille atteigne les 30 minutes sur l'horloge, on l'exprime avec *PAST* en anglais. Dès que la grande aiguille dépasse les 30 minutes, on commence à parler de *TO*...

En anglais, les 24 heures n'existent pas, il n'y en a que 12 que l'on répète 2 fois. Donc pour indiquer tout ce qui arrive APRÈS MIDI on utilise **P.M (Post Meridien)**, tandis que **A.M. (Ante Meridien)** s'utilise pour tout ce qui arrive AVANT MIDI.
Mais on utilise seulement *A.M.* ou *P.M.* à l'écrit, puisque nous disons plus simplement *in the morning* dans le premier cas, et *in the afternoon* ou *in the evening*, dans le second.

ÉCRIT		ORAL
10.00	(10.00 A.M.)	*It is* **ten o'clock** *in the morning.*
18.15	(06.15 P.M.)	They will arrive at **a quarter past six** in the afternoon.
22.30	(10.30 P.M.)	It's **half past ten** in the evening.
12.35	(12.35 P.M.)	It's **twenty five to one** in the afternoon.

L'HEURE

05.05 (05.05 A.M.) I arrived at **five past five** in the morning.

08.10 (08.10 A.M.) It's **ten past eight** in the morning.

J'allais oublier : quand il n'y a pas *a quarter past/to*, *half past* ou un multiple de cinq, tu dois toujours ajouter *minutes*.

20.28 (08.28 P.M.) They will arrive **at twenty eight minutes past eight** in the evening.

Et, si à présent tu as compris, tu devrais être capable de comprendre ces phrases :

I will be at school at a quarter past three (P.M. or in the afternoon). (15.15)
Did you call me at twenty five to two (A.M. or in the morning)? (01.35)
Dinner will be ready at half past one. (13.30)
Can I call you at seven o'clock (P.M. or in the evening)? (19.00)
It's five to five (P.M. or in the afternoon); we must run! (16.55)
The game started at three o'clock and finished at a quarter past four (P.M. or in the afternoon). (15.00 - 16.15)
I wake up at six o'clock every morning. (06.00)
I will be at the office at nine in the morning. (09.00)
I will be at the bar at nine in the evening. (21.00)
I was born at twenty two minutes to three in the afternoon. (14.38)

STEP 2

COUNTABLES AND UNCOUNTABLES 1.2.1

Commençons tout de suite à nous creuser la tête en "faisant le compte" des substantifs dénombrables et des indénombrables. Ce sont en effet dans ces deux ensembles que sont classés les substantifs anglais.

COUNTABLES

Ce sont les substantifs dits "dénombrables", c'est-à-dire ceux que l'on peut compter, devant lesquels on peut mettre un nombre…

Pen (stylo) est *countable* ; en effet les stylos peuvent être comptés, je peux dire que sur ma table il y a un stylo et que j'ai pris deux stylos sur ta table…

Litre (litre) est *countable*, on peut compter les litres : un litre, deux litres, trois litres et ainsi de suite…
Devant les substantifs *countables* on peut mettre l'article indéfini singulier *a/an*.

a pen	un stylo
a litre of milk	un litre de lait

UNCOUNTABLES

Ce sont les substantifs "non dénombrables", c'est-à-dire ceux qui ne peuvent pas être comptés, devant lesquels on ne peut pas mettre un nombre…
Exactement comme en français, on retrouve parmi ces substantifs les différentes substances solides ou liquides, comme *wood, sugar, butter, milk, water…*

Milk (lait) est *uncountable*, en effet on ne peut pas le compter. On peut compter les litres de lait, les verres de lait, mais devant le mot *milk* on ne peut pas mettre un nombre.
Money (argent) est *uncountable*. Il est en effet possible de compter la monnaie, les billets et les pièces, mais devant le mot *money*, il n'est pas possible de mettre un nombre.

Devant les substantifs *uncountables*, on ne peut pas mettre l'article indéfini singulier *a/an*. Pour quantifier les substantifs indénombrables, on utilise des expressions comme :

a drop* of milk	une goutte de lait
a glass* of milk	un verre de lait
some milk	du lait

* *drop* et *glass* sont des substantifs *countables*.

COUNTABLES **AND UNCOUNTABLES**

advice*	des conseils
air	de l'air
collaboration	de la collaboration
equipment	des équipements
finance	la finance
food	de la nourriture
furniture	du mobilier
health	la santé
information	des informations
intelligence	des renseignements
justice	la justice
nature	la nature
news	des nouvelles
pollution	la pollution
power	le pouvoir
progress	des progrès
rain	la pluie
time	le temps
traffic	le trafic
transport	le transport
water	l'eau
work	le travail

* par exemple, comme pour tous les *uncountables* :
I need some advice. ET NON I need an advice.

Tu remarqueras que les noms *countables* et *uncountables* ne coïncident pas forcément en anglais et en français : si *intelligence* est *uncountable* en anglais, les renseignements sont dénombrables en français.

HOW MUCH /HOW MANY 1.2.2

HOW MUCH et HOW MANY signifient tous les deux "Combien de ?" et se réfèrent à la quantité. Utilisés dans une question, ils adoptent la construction de la phrase interrogative.

How much? est suivi du singulier et des substantifs *uncountables*.
How many? est suivi au contraire du pluriel et des *countables*.

Pour exprimer LA QUANTITÉ

How much sugar do you want? Combien de sucre veux-tu ?
How many books do you usually sell? Combien de livres vends-tu d'habitude ?

Pour exprimer LE PRIX

How much is this watch? Combien coûte cette montre ?
How much are these flowers? Combien coûtent ces fleurs ?

Observe les exemples ci-dessous et repère la façon de dire "combien de" en fonction des dénombrables ou des indénombrables :

Granny: Would you like a cup of tea?
Grandson: Yes, please.
Granny: How much sugar would you like?
Grandson: A little.
Granny: How much milk?
Grandson: How much have you got?
Granny: I haven't got much. How many biscuits would you like with your tea?
Grandson: How many biscuits are there?
Granny: Not many.
Grandson: Two, please.

MUCH, MANY, **A LOT OF** 1.2.3

Les mots MUCH et MANY et l'expression A LOT OF permettent tous de traduire "beaucoup/beaucoup de". Cependant, il faut avouer qu'il est relativement difficile de cerner la particularité de chacun pour les utiliser correctement.

MUCH

La plupart du temps MUCH s'emploie dans les phrases négatives et interrogatives avec les **substantifs** uncountables (indénombrables) donc singuliers.

Is there much hope? Y a-t-il beaucoup d'espoir ?
No, there isn't much hope. Non, il n'y a pas beaucoup d'espoir.
Is there much work? Y a-t-il beaucoup de travail ?
No, there isn't much work. Non, il n'y a pas beaucoup de travail..

MANY

MANY est employé dans les phrases négatives et interrogatives avec les **substantifs** countables (dénombrables) donc pluriels.

Have you got many problems? Avez-vous beaucoup de problèmes ?
No, we haven't got many problems. Non nous n'avons pas beaucoup de problèmes.
Are there many people at the party? Y a-t-il beaucoup de personnes à la fête ?
No, she hasn't got many friends. Non, elle n'a pas beaucoup d'amis.

A LOT OF

A LOT OF est, la plupart du temps, employé dans les phrases affirmatives, aussi bien avec les substantifs countables qu'avec les uncountables.
LOTS OF est moins utilisé mais revient presque au même, c'est simplement un peu plus formel donc… occupons-nous seulement de A LOT OF.

David gives me a lot of information (uncountable). David me donne beaucoup d'informations.
David has a lot of cars. David possède beaucoup de voitures.

MUCH, MANY, **A LOT OF**

À présent recommençons à faire des exercices. À toi de compléter les phrases ci-dessous avec *much/many/a lot of*.

EXERCICE n. 19

1. How______ information is there? (information is uncountable)
2. How_______children go to that school? (children are countables)
3. He has _______ time to think.
4. There are _______ people, today.
5. There isn't _______ time.
6. There aren't _____ opportunities in that company.
7. There isn't _____ hope for PSG this year (prrrr!).
8. We have ____ money to spend.
9. There isn't ____ air in the desert.
10. There aren't _____ trees in the desert.

VERY AND REALLY

1.2.4

Maintenant, je vais te présenter deux autres petits mots magiques, capables de conférer aux adjectifs d'importantes nuances et de rendre tes phrases encore plus pertinentes...

VERY traduit TRÈS et il est suivi d'un adjectif.
REALLY, mis devant un adjectif, le transforme en superlatif absolu.

I am tired. Je suis fatigué.
I am very tired. Je suis très fatigué.
I am really tired! Je suis extrêmement fatigué !

You are beautiful. Tu es belle.
You are very beautiful. Tu es très belle.
You are really beautiful! Tu es extrêmement belle !

It is cold. Il fait froid.
It is very cold. Il fait très froid.
It is really cold! Il fait extrêmement froid !

The road is long. La route est longue.
The road is very long. La route est très longue.
The road is really long! La route est extrêmement longue !

I am nervous. Je suis nerveux.
I am very nervous. Je suis très nerveux.
I am really nervous. Je suis extrêmement nerveux.

The house is big. La maison est grande.
The house is very big. La maison est très grande.
The house is really big. La maison est extrêmement grande.

London is nice. Londres est belle.
London is very nice. Londres est très belle.
London is really nice. Londres est extrêmement belle.

They are stupid. Ils sont stupides.
They are very stupid. Ils sont très stupides.
They are really stupid. Ils sont extrêmement stupides.

TOO MUCH, TOO MANY, TOO 1.2.5

TOO MUCH permet de traduire TROP, il est utilisé **devant les noms singuliers**.

There is too much false information on tv. Il y a trop de fausses informations à la télé.
There is too much traffic on the roads. Il y a trop de trafic sur les routes.
Don't use too much sugar! N'utilisez pas trop de sucre !
She puts too much furniture in the house. Elle met trop de meubles (trop de mobilier) dans sa maison.
Don't put too much milk in my coffee! Ne mets pas trop de lait dans mon café !

TOO MANY permet de traduire TROP, il est utilisé **devant les noms pluriels.**

She has too many ideas. Elle a trop d'idées.
We have too many children. Nous avons trop d'enfants.
There are too many cars in Paris. Il y a trop de voitures à Paris.
He has too many problems. Il a trop de problèmes.
She has too many cats in the house. Elle a trop de chats dans sa maison.

TOO permet de traduire TROP quand il est placé **avant un adjectif**, et il a un **sens négatif**.

I am too tired to work. Je suis trop fatigué pour travailler.
I am too fat! Je suis trop gros/grosse !
They are too late to come with us. Il sont trop en retard pour venir avec nous.
She is too good with her husband. Elle est trop bonne avec son mari.
My boss is too stupid to know I am stressed. Mon patron est trop stupide pour savoir que je suis stressé/stressée.

TOO

TROP : TOO OR SO?
Si on veut dire "trop chaud", l'expression *too hot* convient justement parce qu'elle a un sens négatif… il vaudrait mieux que la boisson soit plus fraîche !

Si au contraire on veut dire "trop beau", qui est un concept positif, on traduit avec *so beautiful*.
Est-ce que je peux te compliquer un peu la vie ? Juste un peu, allez…

TOO: AUSSI ET TROP
En anglais, *too* a deux sens : "trop" et "aussi", en fonction de la place qu'il occupe dans la phrase.
TOO + adjectif = TROP
… + TOO en fin de phrase = aussi/même

John: I love coffee. J'aime le café.
Hans: I love coffee, too. Moi aussi, j'aime le café.

John: My coffee is too hot. Mon café est trop chaud.
Hans: My coffee is too hot, too. Mon café aussi est trop chaud.

NOT ENOUGH

C'est le contraire de "trop" (*too much, too many, too*) et cela signifie "***pas assez***".

TOO MUCH, **TOO MANY, TOO**

C'est vraiment très simple donc : "Don't worry!" (Ne t'en fais pas !)

There are too many cars. Il y a trop de voitures.
There are not enough cars. Il n'y a pas assez de voitures.

There is too much sugar. Il y a trop de sucre.
There isn't enough sugar. Il n'y a pas assez de sucre.

Tu vois ? C'est vraiment simple !... *ARE* pour le pluriel, *IS* pour le singulier.

There is too much snow on the ground. I can't drive today. Il y a trop de neige sur le sol. Je ne peux pas conduire aujourd'hui.
There is not enough snow to build a snowman! I n'y a pas assez de neige pour faire un bonhomme de neige !

There are too many policemen; I will run nude in the street, tomorrow. Il y a trop de policiers, je courrai nu dans la rue demain.
There aren't enough policemen in this town! Il n'y a pas assez de policiers dans cette ville !

There is always too much food at an French wedding. Il y a toujours trop de nourriture dans un mariage français.
There is never enough food at an English wedding. Il n'y a jamais assez de nourriture dans un mariage anglais.

Maintenant c'est à toi ! Construis une phrase de sens contraire pour chacun des exemples ci-dessous !

EXERCICE n. 20

1. There is too much work to do. ....
2. There are too many people on the bus. ....
3. There is too much panic about the crisis! ....
4. We have too many rabbits in the garden. ....
5. There is too much interest in my sister! ....

QUESTION **WORDS** 1.2.6

QUESTION WORDS indique tous ces mots ou expressions qui servent à introduire une question. Voyons-les en détail. Nous en avons déjà rencontrés, mais ça vaut le coup de les réviser !

WHO signifie QUI ?

Il peut avoir la fonction de sujet (Who are you?) ou celle de complément d'objet (Who do you see in the picture?).

WHAT signifie QUOI/QUEL(LE)/QUE/QU'EST-CE QUE ?

(What are you drinking? What is your name? What do you do?)

WHERE signifie OÙ ?

(Where are you going? Where is the car?)

WHEN signifie QUAND ?

(When do you start school? When do you visit your grandmother?)

HOW signifie COMMENT ?

(How is your dog? How is the weather?)

WHICH signifie QUEL(LE)/LEQUEL(LE) ?

Quand on doit choisir parmi un nombre limité de choses. (Which one is your car? Which road do you take?)

WHY signifie POURQUOI ? (dans une question)
(Why are we here? Why doesn't he arrive?)

SIMPLE PRESENT /PRÉSENT SIMPLE 1.2.7

Le présent de l'indicatif est utilisé pour exprimer des actions habituelles ou pour parler de généralités, de vérités générales, c'est-à-dire qui sont ainsi et c'est tout ! Voyons en détail les deux utilisations de ce temps.

UTILISATION 1

Le *simple present* s'utilise pour exprimer des actions que l'on fait régulièrement, habituellement, ou qui se passent toujours de la même façon.

I **play** tennis. Je joue au tennis.
(Si on dit cette phrase, cela signifie que l'on joue au tennis assez régulièrement.)
She **works** in a bar. Elle travaille dans un bar.
(Elle travaille dans un bar et c'est son métier.)
I **eat** pasta. Je mange des pâtes.
The train **leaves** at 8 o'clock. Le train part à 8 heures précises (tous les jours).
The shop **closes** at 6 o'clock. Le magasin ferme à 6 heures précises (tous les jours).

UTILISATION 2

Le *simple present* s'utilise pour exprimer, généralement, des choses qui "sont ainsi et c'est tout !", des faits établis.

I **am** a man. Je suis un homme.
Cats **like** milk. Les chats aiment le lait.
The planet **is** round. La planète est ronde.
Men from Birmingham **are** incredibly handsome. Les hommes de Birmingham sont incroyablement élégants.
She **loves** you. (yeah, yeah, yeah) Elle t'aime.

La conjugaison du verbe ne change à aucune personne sauf à la troisième personne du singulier (*he/she/it*), à laquelle on ajoute un S.
Prenons l'exemple du verbe *to work* (travailler).

I work	je travaille
you work	tu travailles
he/she/it works	il/elle travaille
we work	nous travaillons
you work	vous travaillez
they work	ils/elles travaillent

SIMPLE PRESENT/**PRÉSENT SIMPLE**

L'ajout du S à la troisième personne du singulier suit la même règle que pour le S au pluriel : **attention** donc aux verbes qui se terminent par un S, SS, CH, Z ou encore O… et n'oublions pas ceux qui se terminent par Y (précédé d'une consonne, le Y se transforme en I auquel on ajoute ES ; s'il est précédé d'une voyelle, le Y reste tel quel et il suffit d'ajouter un S). Voici quelques exemples, juste pour réviser :

verbe	signification	troisième personne du singulier
to pass	passer	passes
to wash	laver	washes
to go	aller	goes
to play	jouer	plays
to study	étudier	studies

1. FORME AFFIRMATIVE

Maintenant que nous avons vu ses principales utilisations, commençons par étudier en détail comment se construit une phrase avec le *simple present*, à partir de la forme affirmative.

La PHRASE AFFIRMATIVE se construit :

sujet + verbe + complément

I work in a shop. Je travaille dans un magasin.
you work…
she/he/it works…
we work…
you work…
they work…

2. FORME INTERROGATIVE

À la forme interrogative, le *simple present* utilise le verbe auxiliaire *DO* (*DOES* pour la troisième personne du singulier), qui occupe la première place dans la phrase interrogative, avant le sujet. Ceci à condition que l'on n'utilise pas le verbe être ou le passé proche de *to get*, *HAVE GOT*. Dans ces cas précis, comme on l'a déjà dit, on retrouve l'inversion sujet/verbe..

La PHRASE INTERROGATIVE est structurée ainsi :

do/does + sujet + verbe + complément

Do you work in a shop? Travailles-tu dans un magasin ?
Does he/she/it work*?
Do you work?
Do they work?

* N'ajoute jamais un S au verbe à l'infinitif, parce que c'est précisément l'auxiliaire *TO DO* qui est conjugué à la troisième personne : en effet, nous avons *DOES* devant !

SHORT ANSWERS

Comme nous l'avons déjà vu pour les verbes être et avoir, les *short answers* sont des "réponses brèves" très utilisées avec le *simple present* aussi. Elles se forment sans utiliser le verbe principal des phrases interrogatives, mais avec *to do*.

Do you work in a sweet shop?
En anglais on ne dit pas : yes, I work
mais

yes, I do	no, I do not/I don't
yes, you do	no, you do not/you don't
yes, he/she/it does	no, he/she/it does not (doesn't)
yes, we do	no, we do not/don't
yes, you do	no, you do not/you don't
yes, they do	no, they do not/they don't

3. FORME NÉGATIVE

À la forme négative, on utilise toujours l'auxiliaire *to do*, en n'oubliant pas les exceptions que sont les verbes *to be* et *to have (got)*, comme je l'ai déjà expliqué et rappelé plus haut.

La PHRASE NÉGATIVE est structurée ainsi :

sujet + *do/does* + *not* + verbe + complément

I don't work in a shop. Je ne travaille pas dans un magasin.
you don't work...
he/she/it doesn't work...
we don't work...
you don't work...
they don't work...

4. USING IT!

Connais-tu le meilleur moyen de savoir si tu as compris une règle ou quelque chose ? En faisant des exercices pour mettre en pratique cette règle ! J'ai donc décidé de te mettre à l'épreuve avec quelques exemples et quelques exercices.

John: What do you do?* Que fais-tu dans la vie ?
Carol: I work in an office. Je travaille dans un bureau.
John: Do you like it? Tu aimes ?
Carol: No, I don't; do you like your job? Non ; aimes-tu ton travail ?
John: Yes, I do. Oui.

* La question *What do you do?*, si rien d'autre n'est précisé, s'utilise exclusivement pour demander des informations sur le travail/la profession... Nous l'avions déjà vu, tu t'en souviens ?

Et maintenant, pour te compliquer un peu la vie, j'ajoute quelques *question words*... Nous en avons parlé "il y a quelques pages". Retiens au moins les plus importants.

SIMPLE PRESENT/PRÉSENT SIMPLE

how? comment ?

Carol: Do you like meat? Tu aimes la viande ?
John: Yes, I do. Oui.
Carol: How do you like meat? Comment aimes-tu la viande ?
John: Hot. Chaude.

why? pourquoi ?

Carol: Do you like her? L'aimes-tu ?
John: No, I don't. Non.
Carol: Why don't you like her? Pourquoi ne l'aimes-tu pas ?
John: I don't know why I don't like her. Je ne sais pas pourquoi je ne l'aime pas.
Carol: Why do you live in France? Pourquoi vis-tu en France ?
John: Because* I like France. Parce que j'aime la France.
Carol: Don't you like England? N'aimes-tu pas l'Angleterre ?
John: Yes, I do, but I like France, too. Si, mais j'aime aussi la France.

* Souviens-toi que, comme on le remarque dans cet exemple, on utilise BECAUSE pour dire "parce que".

when? quand ?

Carol: Do you like beer? Tu aimes la bière ?
John: Yes, I do; I love it. Oui, je l'aime bien.
Carol: When do you drink beer? Quand bois-tu de la bière ?
John: I drink beer every Saturday evening. Je bois de la bière chaque samedi soir.
Carol: When does the shop open? Quand le magasin ouvre-t-il ?
John: I don't know. Je ne sais pas.
Carol: Do you go to that shop? Vas-tu dans ce magasin-là ?
John: No, I don't. Non.

what? quoi ?

Carol: What do you do? Quel travail fais-tu ?
John: I teach English. J'enseigne l'anglais.
Carol: What does your wife do? Quel travail fait ta femme ?
John: She does nothing. Elle ne fait rien.
Carol: What do you think of me? Que penses-tu de moi ?

John: I think you are nice. Je pense que tu es mignonne.
Carol: Do you really think so? Tu le penses vraiment ?
John: Yes, I do. Oui.

who? qui ?

Carol: Who do you work with? Avec qui travailles-tu ?
John: I work with Omar. Je travaille avec Omar.
Carol: Who does Omar work with? Avec qui travaille Omar?
John: With me! Avec moi !

where? où?

Carol: Where do you work? Où travailles-tu ?
John: In Lyon. À Lyon.
Carol: Where does Omar work? Où travaille Omar ?
John: Stop talking, please! Arrête de parler, s'il te plaît !

PREPOSITIONS

Quand, en français, il y a des prépositions à l'intérieur d'une phrase interrogative, elles introduisent les questions et occupent donc la première place dans la phrase. En anglais, au contraire, les prépositions sont placées à la fin et la question s'ouvre avec un des *question words* que nous venons de voir :

Pour qui travailles-tu ? Who do you work **for**?
Avec qui manges-tu ? Who do you eat **with**?
D'où viens-tu ? Where do you come **from**?
Avec quoi travailles-tu ? What are you working **with**?

À présent complète les phrases en utilisant *TO BE* ou *TO DO*… et fais attention parce que j'ai introduit un petit piège : il y a un exemple où tu devrais utiliser *TO HAVE*, trouve-le.

EXERCICE n. 21

1. ______ you love me?
2. ______ she with you?
3. ______ you smoke?
4. No, I ______ not smoke.
5. How ______ you? Well?
6. How ______ you know me?
7. How ______your mother?
8. Why ______ your brother smoke?
9. Why ______ you come here?
10. Why ______ she here?
11. When ______ you got time?
12. When ______ you work?
13. When ______ your birthday?
14. What ______ you want?
15. What ______ the problem?
16. What ______ I?
17. Who ______ you?
18. Who ______ you think you are?!
19. Who ______ you want? Me or him?
20. Who ______ the washing in this house?
21. Where ______ everybody?*
22. Where ______ you go at the weekend?
23. Where ______ your money come from?
24. Where ______ I?
25. Where ______ you want to go? ______ you sure?

* Retiens que *everybody* et *everything* demandent un verbe au singulier !

LES ADVERBES **DE FRÉQUENCE** 1.2.8

Comme leur nom l'indique, ils servent à indiquer la fréquence avec laquelle une action survient ou est réalisée.

usually	d'habitude/d'ordinaire
sometimes	parfois
always	toujours
never	jamais
often	souvent
rarely	rarement

Dans la phrase, l'adverbe de fréquence se place entre le sujet et le verbe, sauf dans les phrases avec le verbe ÊTRE (*to be*). Dans ce cas, l'adverbe de fréquence se place après le verbe.

She sometimes plays tennis. Elle joue parfois au tennis.
He never eats meat. Il ne mange jamais de viande.
I always help you. Je t'aide toujours.
Tom often comes with me to school. Tom vient souvent à l'école avec moi.
I never go to school. Je ne vais jamais à l'école.
She always forgets my birthday. Elle oublie toujours mon anniversaire.
mais :
She is usually late. D'habitude, elle est en retard.
He is often drunk. Il est souvent ivre.

À présent, je te propose quelques mots et verbes à utiliser et à reconnaître dans les exercices et dans les exemples qui vont suivre.

boss	chef/patron
telephone	téléphone
order (ordeur)	commande
client (claïent)	client
problem	problème
customer service (keustomeur serviss)	service client
reception (ressepcheun)	réception
on the telephone (on th*e telefon)	au téléphone
VERBS	
to swim	nager
to sleep (sliip)	dormir

to walk (wolk)	marcher
to eat (iit)	manger
to drink	boire
to write (wraït)	écrire
to answer (answa)	répondre
to talk (tolk)	parler
to send (sen'd)	envoyer
to call (col)	appeler
to work (weurk)	travailler
to understand (andeurstand)	comprendre

PARTICIPER

J'entends souvent *to participate* pour dire "participer". *To participate* est un verbe qui existe et qui signifie bien "participer", mais il n'est plus utilisé. On utilise plutôt le nom *participiant* pour désigner les personnes qui participent à un événement…

Pour dire "participer", il y a deux possibilités :

to attend (atend)
to take part (teik part')

To attend
Veut dire être à une réunion ou à un cours sans être actif, s'y trouver pour écouter ou apprendre, "assister à".

To take part
Veut dire être actif à une réunion, à un cours ou à une présentation ; s'y trouver et être partie prenante, donner des idées et son opinion, parler, discuter…

LES ADVERBES **DE FRÉQUENCE**

À présent faisons un peu de traduction, en utilisant aussi quelques adverbes de fréquence… Tu constateras aussi que le présent de l'indicatif (*present simple*) est vraiment simple !

EXERCICE n. 22

1. D'habitude je nage avec mon frère……………………………………………………
2. Elle ne dort jamais……………………………………………………………………
3. Je marche souvent. ……………………………………………………………………
4. Je ne mange jamais de viande.…………………………………………………………
5. D'habitude ils boivent du vin blanc.……………………………………………………
6. Nous allons toujours au cinéma le dimanche.…………………………………………
7. Ma mère va toujours faire les courses le lundi. ………………………………………
8. Georges va rarement chez le docteur.…………………………………………………
9. Je ne te réponds pas parce que tu es stupide. ……………………………………… ……………………………………………………………………………………………
10. Jeanne travaille dans un restaurant. …………………………………………………
11. J'écris souvent des mails.………………………………………………………………
12. Je parle toujours avec mon patron.……………………………………………………
13. D'ordinaire je réponds au téléphone.…………………………………………………
14. Chaque semaine j'envoie les commandes aux clients. ……………………………… ……………………………………………………………………………………………
15. J'appelle les clients quand il y a des problèmes. …………………………………… ……………………………………………………………………………………………
16. Je travaille au service client. …………………………………………………………
17. Je travaille à la réception.………………………………………………………………
18. Je n'appelle pas les clients. ……………………………………………………………
19. Je ne comprends pas quand mon patron me parle au téléphone.…………… ……………………………………………………………………………………………
20. Parfois je participe aux réunions………………………………………………………

PRESENT **CONTINUOUS** 1.2.9

Le présent progressif est un peu plus compliqué que le présent simple. Il a trois emplois différents, tous très importants.
Un petit exemple avec le présent progressif en français peut nous aider :

Je suis **en train** de cuisiner. I am cook**ing.**

Quand en français la phrase renferme la notion "en train de", nous sommes en présence du présent progressif, qui indique une action qui est "en train de" se passer au moment même où l'on parle.
Le présent progressif se construit avec le verbe ÊTRE, et le suffixe *-ING* doit être ajouté au verbe qui exprime l'action.

Cependant, il faut être très vigilant parce que de nombreux verbes changent avec l'ajout de *-ING*.

A. DOUBLEMENT DE LA CONSONNE FINALE

Les verbes à une seule syllabe qui se terminent par une consonne précédée d'une voyelle, et certains verbes à deux syllabes, doublent leur consonne finale.

to st**op** (arrêter) sto**pp**ing
to s**it** (s'asseoir) si**tt**ing
to p**ut** (mettre) pu**tt**ing

to pre-fer (préférer) prefe**rr**ing
to per-mit (permettre) permi**tt**ing

B. PERTE DU "E" FINAL AVANT *-ING*

Les verbes qui se terminent par un "E" le perdent lorsqu'on ajoute *-ING*.

to hav**e** (avoir) having
to com**e** (venir) coming

Des exceptions :

to b**e** (être) b**e**ing
to se**e** (voir) se**e**ing

C. "IE" DEVIENT "Y"

Les terminaisons des verbes en "IE" se transforment en "Y" lorsqu'on ajoute *-ING*.

to d**ie** (mourir)	d**y**ing
to l**ie** (mentir)	l**y**ing

D. "L" DEVIENT LL"

Les verbes qui se terminent par un "L" précédé d'une seule voyelle doublent le "L".

to trav**el** (voyager)	trave**ll**ing
to canc**el** (effacer)	cance**ll**ing

E. MAINTIEN DU -Y

Avec les verbes terminés par "Y", il suffit d'ajouter *-ING*.

to pla**y** (jouer)	pla**y**ing
to stud**y** (étudier)	stud**y**ing
to cr**y** (pleurer)	cr**y**ing
to bu**y** (acheter)	bu**y**ing

1. PHRASE AFFIRMATIVE

Voici, en détail, comment se construit une phrase à la forme affirmative avec le *present continuous*.

La PHRASE AFFIRMATIVE est structurée ainsi :

sujet + *to be* + verbe *-ing*

You are playing tennis. Tu joues au tennis/Tu es en train de jouer au tennis.
She is walking on the grass. Elle marche sur l'herbe/Elle est en train de marcher sur l'herbe.

2. PHRASE INTERROGATIVE

Comme le *present continuous* est fabriqué avec *TO BE*, il se comporte comme *TO BE* à la forme interrogative, en inversant sujet et verbe auxiliaire *to be*.

La PHRASE INTERROGATIVE se construit donc :

to be + sujet + verbe *-ing*

Are you playing tennis? Jouez-vous au tennis ?/Êtes-vous en train de jouer au tennis ?
Yes, I am*. Oui, je joue./Oui, je suis en train de jouer
Is she walking on the grass? Marche-t-elle sur l'herbe ?/Est-elle en train de marcher sur l'herbe ?
No, she isn't*. Non, elle ne marche pas sur l'herbe./Elle n'est pas en train de marcher (sur l'herbe).

* dans les *short answers*, il n'est pas nécessaire de répéter le verbe en *-ING*.

3. **PHRASE NÉGATIVE**

De la même façon, la forme négative du *present continuous* se fabrique à partir de la forme négative de *TO BE* et on ajoute *NOT* et le verbe *-ING* qui suit.

La PHRASE NÉGATIVE est structurée ainsi :

sujet + *to be* + *not* + verbe *-ing*

You are not playing tennis. Tu ne joues pas au tennis./Tu n'es pas en train de jouer au tennis.
She is not walking on the grass. Elle ne marche pas sur l'herbe./Elle n'est pas en train de marcher sur l'herbe

4. **USES**

Nous voici arrivés au moment d'expliquer les trois emplois du présent progressif.

1_INSTANT

J'appelle INSTANT ce premier emploi, parce qu'il indique une action "en train de" se passer. Il est presque toujours utilisé au téléphone. Pourquoi ? Parce que si tu es assis devant moi, tu ne me dirais jamais : *"Hey John! I'm eating a pizza."* Si je suis devant toi, je vois que tu es en train de manger une pizza ! Tandis que si je t'appelle et te demande *"What are you doing?"* (Qu'es-tu en train de faire ?), alors oui, tu peux répondre *"I'm eating a pizza"*.

Comme dans toute règle, il y a des exceptions :

Si une personne se trouve dans une autre pièce. Par exemple, ma femme est dans la salle de bain et nous sommes en retard pour une soirée :
John (hurlant de l'autre côté de la porte) : What are you doing? Come on! Qu'est-ce que tu fais ?/Qu'es-tu en train de faire ? Dépêche-toi !
Ma femme : I am coming! Five minutes! J'arrive ! Cinq minutes !
(De toute évidence, c'est faux… elle mettra au moins 15 minutes !)

Si tu te retrouves devant une personne qui est en train de mettre un glaçon dans un verre de vin rouge de grand cru, tu peux exprimer ta surprise en lui criant : *"What are you doing?"*, même si tu vois ce qu'elle est en train de faire !

TO MAKE/ TO DO

Ces deux verbes traduisent tous deux le verbe "faire", mais voyons quelles sont les différentes nuances de sens :

to make est essentiellement "faire, créer". C'est-à-dire obtenir un résultat par nos actions, créer quelque chose qui n'existait pas au départ.

to make a cake (faire un gâteau))
to make a presentation (faire une présentation dans le sens de l'écrire, la préparer)
to make a pact (faire un pacte)

to do renvoie au contraire à l'action de faire, mais sans rien préparer.

to do* homework (faire ses devoirs)
to do a presentation (faire une présentation qui a été écrite au préalable, avant)
to do exercises (faire des exercices)

* ATTENTION: The teacher makes the homework: the student does it.

tv (tivi)	télévision
hairdresser (hèrdresseur)	coiffeur
angry (an'gri)	en colère
VERBS	
to watch (wotch)	regarder*
to wait for (oueït for)	attendre
to miss	manquer (ressentir le manque)
to cry (craï)	pleurer
to make (meik)	faire
to get (guet)	devenir (ici)
to get ready (guet rédi)	se préparer
to listen (lissen)	écouter
to play (pleï)	jouer
to say (seï)	dire

* il existe deux verbes en anglais pour traduire "regarder" :

to watch signifie regarder quelque chose qui se passe (la télé, un concert, un match)
to look at signifie regarder comment est fait quelqu'un ou quelque chose, en dehors de ce qu'il (ou elle) fait, ou ne fait pas (une photo, un beau paysage, une fleur).

TO WAIT

Il faut faire très attention au verbe attendre en anglais !

to wait signifie "servir".
(En effet waiter, en anglais, signifie "serveur", celui qui sert à table, généralement dans un restaurant.)
to wait for signifie "attendre"

Ce verbe a été la cause d'un terrible malentendu entre ma femme et moi au début de notre relation.

Elle m'avait dit : *"Tonight, I will wait you."* (Ce soir, je serai à ton service.)
Et moi, je lui ai répondu : "Parfait, parce que j'ai mal aux pieds !"

Et c'est précisément à ce moment-là que les problèmes ont commencé…

PRESENT **CONTINUOUS**

Tous les exemples que je t'invite à traduire maintenant sont des échanges entre ma femme (M. comme Marie) et moi (J. de John), au téléphone.

EXERCICE n. 23

J : Bonjour, amour, où es-tu ? ....
M : Devant la télé, je suis en train de regarder un film. ....

M : Où es-tu? Je t'attends ! . ...
J: Pourquoi tu m'attends, amour ? ....
M : Je n'ai pas d'argent pour le coiffeur. ....

J: Bonjour, amour, je te manque ? ....
M : Oui, tu me manques… mais qui es-tu ? ....
J: Je suis en train de me mettre en colère ! ....
M : Ah, c'est toi ! ....

J: Amour, qu'es-tu en train de faire ? ....
M: Je pleure. ....
J: Ne pleure pas. J'arrive à la maison ! ....
M : C'est pour cela que je pleure. ....

J: Tu es à la maison ? ....
M : Oui, je suis en train de faire un gâteau avec beaucoup d'amour.................
J: Pour qui ? ....

M : Qu'est-ce que tu regardes à la télé ? ....
J: Je ne sais pas, je n'écoute pas. ....
M : Pourquoi n'écoutes-tu pas ? ....
J: Parce que tu es en train de me parler ! ....

material (matiriaul)	matériel
office (offiss)	bureau (pièce/lieu)
canteen (can'tiin)	cantine
employee (em'ployi)	employé
delivery (deliveri)	livraison

VERBS

to turn on (teurn on)	allumer quelque chose d'électrique ou de mécanique (télé, lumière, radio, robinet)
to turn off (teurn off)	éteindre quelque chose d'électrique ou de mécanique (télé, lumière, radio, robinet)
to know (noo)	savoir/connaître
to look into (louk intou)	s'informer/se renseigner
to deliver (deliver)	livrer
to finish (finich)	finir

Tous les exemples que je t'invite à traduire à présent renvoient à une conversation entre un patron (*B pour boss*) et un employé (*E pour employee*).

Boss : Faites-vous le travail requis ? Are you doing the work requested?

Employee : Oui, Monsieur ! Yes, Sir!

Maintenant c'est vraiment à toi…

PRESENT **CONTINUOUS**

EXERCICE n. 24

B: Quand envoyez-vous le matériel ? ....

E: Je l'envoie maintenant. ....

B: Êtes-vous au bureau ? ....

E: Oui, je suis en train d'allumer le PC. ....

B: Êtes-vous au bureau ? . ...

E: Oui, mais j'éteins le PC maintenant..

B: Durand est là ? ....

E: Non, il est en train de manger à la cantine. ....

B: Et que mange-t-il ? ....

E: Je ne sais pas ce que Durand est en train de manger !! ....

B: Que faites-vous ? ....

E: Je suis en train de parler avec Mr. Smith, vous le connaissez ? ....

B: À quelle heure arrive la livraison ? ....

E: Je me renseigne maintenant. ....

B: J'attends... ....

E: Ok, ils livrent maintenant. ....

B: Frank finit le projet? ....

E: Non, mais je l'aide. ....

B: Qu'est-il en train de faire maintenant? ....

E: Il m'attend. ....

PRESENT CONTINUOUS

ball (bol)	balle
client (claïent)	client
motorbike (motobaïk)	moto
desk (desk)	bureau (meuble)
coffee (kofi)	café
espresso	expresso
newspaper (niouspépeur)	journal
project (prodjekt)	projet
nobody (noobodi)	personne
there	là

VERBS

to do (dou)	faire
to try to (traï)	chercher à/essayer de
to find (faïnd)	trouver
to look (louk)	regarder
to look for (louk for)	chercher (aller à la recherche de)
to answer	répondre
to wait	attendre
to go (go)	aller
to happen (h*apen)	arriver/survenir
to eat	manger
to cook (couk)	cuisiner
to wash (wosh)	laver
to speak (spiik)	parler
to sleep	dormir
to drink	boire
to read (riid)	lire
to help (help)	aider
to sell (sel)	vendre
to buy (baï)	acheter

PRESENT **CONTINUOUS**

Cette fois, il faut traduire quelques *conversations* !

EXERCICE n. 25

1.
Mother: Que fait Timmy ? ....
Father: Il est en train de chercher sa balle. ....
Mother: Il regarde sous le lit ? Parce que la balle est là. ....

2.
Boss: Que faites-vous ? ....
Secretary: J'appelle le client. ....
Boss: Il ne répond pas ? ....
Secretary: Non, mais j'attends. ....
Boss: Je pars. ....
Secretary: Au revoir ! ....

3.
Karl: Que se passe-t-il ? ....
Lisa: Le chien est en train de manger, ma mère cuisine, mon père lave sa moto et moi, je te parle. ....
....

4.
Sales Manager: Que faites-vous ? ....
Lucy: J'envoie un mail, Tom dort sur son bureau, Jean boit un café et Hubert lit le journal. ....
....
Sales manager: Ah, donc tout est normal ! ....
....

2_ THESE DAYS

Le deuxième emploi du présent progressif est identique en français. Il renvoie au fait de parler d'une action, déjà commencée au moment où l'on parle, ou au moment de l'écriture, mais qui n'est pas encore terminée et qui s'achèvera dans un futur assez proche. Généralement, il s'agit d'actions provisoires.

Jean : Alors, que fais-tu en ce moment ? So, what are you doing these days?

Robert : Rien de spécial, j'étudie l'anglais. Nothing special. I'm studying English.

book (bouk)	livre
restaurant (rouest'rant)	restaurant
translation (translèscion)	traduction
project (prodjekt)	projet
hotel (hootel)	hôtel
colleague (coliigue)	collègue
product (prwodeuct)	produit

VERBS

to paint (païnt)	peindre
to read (riid)	lire
to go to (go tou)	aller à
to diet (daïett)	faire un régime
to study (steudi)	étudier
to try (traï)	essayer
to sell (sel)	vendre
to book (bouk)	réserver
to cover (coveur)	couvrir
to buy (baï)	acheter
to open (opeun)	ouvrir
to close (clooz)	fermer

PRESENT **CONTINUOUS**

Devine quoi ? Remettons-nous à traduire du français vers l'anglais, en utilisant les outils que je t'ai fournis avant.

EXERCICE n. 26

1. En ce moment je peins. . ...
2. Je lis un livre. ....
3. Ma femme va souvent au yoga en ce moment (enfin, c'est ce qu'elle dit !).
   ....
4. Je ne vais pas au restaurant parce que je fais régime. ....
   .
5. J'étudie l'anglais. ....
6. Où vas-tu ? Je vais chez le docteur, je suis malade. ....
7. Nous étudions, nous ne jouons pas ! ....
8. Vous faites la traduction française ? ....
9. Hé, salut ! Où allez-vous ? ....
10. Nous allons au concert de George Michael. ....
11. Je travaille sur le projet Star. ....
12. Je fais une conférence téléphonique. . ...
13. Nous essayons de vendre à la Russie. ....
14. Vous essayez un nouveau logiciel ? ....
15. Je ne vais pas au travail à 7 heures. ....
16. Elle réserve les hôtels pour le patron. ....
17. Je couvre ma collègue qui est chez elle. ....
18. Ils achètent nos produits ? ....
19. Nous n'ouvrons pas un nouveau bureau. ....
20. Nous fermons le bureau. ....

crisis (craïsis)	crise
idea (aïdiia)	idée
for less (for less)	pour moins/moins cher

VERBS

to lose (louz)	perdre
to pay (paï)	payer
to save (saïv')	économiser/épargner

Puisque l'exercice précédent était simple, augmentons un peu le niveau et traduisons, une fois de plus, depuis le français.

EXERCICE n. 27

Négociant : Nous perdons beaucoup d'argent avec cette crise. ....

Assistant : J'ai une idée : vendons moins cher. ....

Négociant : Non ! ....

Assistant : Mais tout le monde vend moins cher maintenant et ils travaillent.

....

PRESENT **CONTINUOUS**

Avant de découvrir le troisième emploi du *present continuous* (qui est en réalité utilisé comme un futur), je te propose deux exercices. Dans le premier, tu dois choisir entre le présent de l'indicatif (*simple present*) et le présent progressif (*present continuous*). Dans le deuxième, tu détermineras s'il faut ajouter *too much* ou *too many* aux phrases au *simple present* ou au *present continuous*.

Every Monday, Sally **walks** to school. (présent indicatif) Chaque lundi, Sally va à l'école à pieds.
Frank **is playing** football, today. (présent progressif) Frank joue au foot aujourd'hui.

Maintenant c'est à toi ! Complète les phrases ci-dessous :

EXERCICE n. 28

1. Usually I (work) ______ with my father, but not this month.
2. Don't shout! Lucy (sleep) ______.
3. Stay at home, it (rain) ______.
4. Sorry, I can't hear her (sing) ______ because everybody (talk) ______.
5. I (play) ______ football every Friday.
6. Jason (write) ______ a book. I want to read it when it is finished.
7. She (work) ______ at the school at the moment. She (cook) ______ for the children.
8. I never (swim) ______ in the sea.
9. She (take) ______ the bus every morning.
10. He sometimes (eat) ______ with us.
11. He is always (make) ______ mistakes!
12. She usually (come) ______ with us.
13. My wife never (give) ______ me a kiss.
14. We (give) ______ all her money to charity.
15. Joseph (work) ______ with me.
16. Karl is always (run) ______ to work, because he wakes up late.
17. The snow (fall) ______ , now.
18. We (love) ______ her.
19. I (study) ______ English these days.
20. His car is broken at the moment, so he (walk) ______ to the stadium.

vampire	vampire
toy	jouet
safely	en sécurité/sans risque
promise	promesse
secret	secret
factory	usine

VERBS	
to invest	investir
to spend	dépenser
to keep	garder

EXERCICE n. 29

1. She is working ______ in that factory.
2. She works ______ hours.
3. He is investing ______ money in that stupid company.
4. He sleeps ______, is he a vampire?
5. They are spending ______ money on stupid things.
6. Her son has ______ toys; his bedroom is full!
7. There are people drinking ______ to drive safely after the pub.
8. We are thinking about buying a house, but they cost ______.
9. He made ______ promises that he couldn't keep.
10. She knows ______ of my secrets!

3_ PRESENT CONTINUOUS FUTURE

Le dernier emploi du présent progressif renvoie à la possibilité d'exprimer le futur (j'ai toujours dit qu'en anglais il y a des aberrations monstrueuses qui prêtent considérablement à confusion !)

Le présent progressif futur est techniquement un présent, mais en réalité il n'a rien à voir avec le présent. C'est un futur que l'on utilise pour exprimer une action qui a déjà été programmée. On connaît l'heure, le jour, avec qui se déroulera l'action… On connaît tout ! D'ordinaire, il exprime un futur plutôt proche.

Tom: What are you doing, tomorrow? Que fais-tu ?/Que feras-tu demain ?
Fred: Tomorrow morning, I am taking the dog to the park. Demain matin j'emmène/j'emmènerai mon chien au parc.

This evening, I am eating pizza with my brother. Ce soir je mange/je mangerai une pizza avec mon frère.
Tomorrow morning, I am playing tennis with Paul. Demain matin je joue/je jouerai au tennis avec Paul.
At 7.15 in the morning, on Wednesday, we are going to Scotland. Mercredi, à 7 heures et quart du matin nous allons/nous irons en Écosse.
(Scotland? Are you sure? Bleeeur! Why?)

Traduisons !

EXERCICE n. 30

1. Demain matin je peins la cuisine. ....
2. Ce soir je vois ma mère...
3. Cette nuit je pars pour Londres...
4. Ce soir je dors chez mon ami. (dans la maison de mon ami) ....
5. Demain je quitte ma petite amie. ....
6. Je prends une douche..
7. Cet après-midi, je fais mes devoirs avec Alex. ....
8. Demain matin je lave la voiture. ....
9. Mercredi j'achète un chat...
10. Samedi j'achète les cadeaux de Noël. ....

PRESENT **CONTINUOUS**

meeting (miitingue)	réunion/rencontre
fax (fax)	fax
supplier (seuplaïeur)	fournisseur
lunch (leunch)	déjeuner
bill (bil)	note/addition
invoice (in'voiss)	facture
customer (keustomeur)	client
speech (spiitch)	discours
kind (kaïnd)	gentil

VERBS

to meet (miit)	rencontrer
to arrive (araïv)	arriver
to move (mouv)	déplacer/se déplacer/ émouvoir
to pay (paï)	payer
to protect (protekt)	protéger

Encore !

EXERCICE n. 31

1. Ce soir je quitte le bureau à 20 heures. ....
2. Nous faisons une réunion à 16 heures (to have a meeting). ....
   ....
3. Demain nous rencontrons tous les collègues de Londres. ....
   ....
4. Le nouveau patron arrive à 12 heures. ....
5. Nous nous déplaçons dans un nouveau bureau mardi ? ....
6. Cet après-midi le patron fera un discours émouvant. ....
7. Ils nous paient lundi matin. ....
8. J'envoie le fax à 14 heures. ....
9. Tu appelles le fournisseur après le déjeuner ? ....
10. Je ne vais pas au bureau avec eux. ....

PRESENT CONTINUOUS

everybody (ev'ribodi)	tout le monde
wedding (oueding)	mariage
so (so)	donc
mad (mad)	fou
violent (vaï'o'lant')	violent
sensitive (sens'zitiv)	sensible
birthday (beur'th*daï)	anniversaire
present (present)	cadeau
hope (h*op)	espoir

VERBS

to show (shoo)	montrer/ faire voir
to celebrate (celebraït)	célébrer/fêter
to bring (bring)	apporter (dans le cas présent)
to protect (protekt)	protéger

À présent je te propose des dialogues entre amis plutôt sympathiques. De cette façon, l'exercice de traduction te semblera plus amusant et plus facile.

EXERCICE n. 32

1.
Kevin: Que fais-tu ce soir ? ....
Lucas: Je regarde un film avec Mary. ....
Kevin: Mary ? ....
Lucas: Oui oui, je l'emmène au cinéma. ....
Kevin: Je viens aussi. ....
Lucas: Tu es fou ? Ils passent un film violent, tu es sensible. ....
Kevin: Ok, merci Rocco. Tu es gentil de me protéger ! ....
2.
Wendy: Ce soir nous fêtons mon anniversaire ! ....
Sarah: Qui vient ? ....
Wendy: Tout le monde vient ! ....
Sarah: Ils apportent des cadeaux ? ....
Wendy: J'espère ! ....

GOING **TO** 1.2.10

J'ai mentionné auparavant la présence d'aberrations dans la langue anglaise et en particulier dans certaines règles ! Je dois dire que celle que je vais te présenter en est le summum.

going to veut dire "aller à", MAIS PAS SEULEMENT…
going to est aussi utilisé pour indiquer le futur intentionnel.

I am going to Japan. Je vais/j'irai au Japon.

going to est suivi d'un LIEU, dans ce cas précis, il s'agit donc du *present continuous future* (Tu te souviens ? On vient juste de le voir !)

I am going to buy a car. J'ai l'intention de m'acheter une voiture.

going to est ici suivi d'un VERBE, c'est donc un futur intentionnel.

Mais qu'est-ce qu'un futur intentionnel ?
Il indique l'intention de faire quelque chose dans le futur, sans que ce soit nécessairement programmé précisément comme le *present continuous future !*

I am not going to buy the new Alfa Romeo. Je n'ai pas l'intention d'acheter la nouvelle Alfa Romeo (même si, en réalité, c'est mon portefeuille qui n'a pas l'intention de le faire !)
I am going to call my mother, when I have time. J'ai l'intention d'appeler ma mère quand j'aurai le temps.

Utiliser going to à la forme interrogative équivaut à demander : "Qu'as-tu l'intention de faire ?"

John a découvert que sa femme n'allait pas au yoga (ça par exemple !) mais qu'elle allait danser avec un "mec musclé". Il en parle à son ami Jimmy…

Jimmy: So, what are you going to do? Alors, qu'as-tu l'intention de faire ?
John: I'm going to find a muscular woman! J'ai l'intention de trouver une femme musclée !

SIMPLE **FUTURE** 1.2.11

Le futur de l'indicatif se reconnaît grâce à *will*, qui indique la forme verbale du *simple future*, le futur le plus important et le plus utilisé !
À la différence du *present continuous future* (qui indique une action déjà commencée) et de la forme *going to* (détermination à faire quelque chose bientôt), on utilise *will* au moment où on décide de faire une chose, si elle est faite volontairement.

Will exprime une chose que l'on décide de faire et qui se fera volontiers, comme aider quelqu'un…
Will est aussi utilisé pour exprimer une promesse.

1. PHRASE AFFIRMATIVE

À la forme affirmative, *WILL* précède le verbe et suit le sujet.

LA PHRASE AFFIRMATIVE est structurée ainsi :

sujet + *will* + verbe + complément

I will eat an apple. Je mangerai une pomme.

Je décide de manger une pomme.

2. PHRASE NÉGATIVE

À la forme négative, on utilise toujours *WILL* suivi de *NOT*, avant le verbe.

La PHRASE NÉGATIVE se construit :

sujet+ *will* + *not* + verbe + complément

I will not eat an apple. Je ne mangerai pas une pomme.

Je décide de NE PAS manger une pomme.

3. PHRASE INTERROGATIVE

À la forme interrogative, *WILL* précède le sujet et le verbe. Il introduit la question.

La PHRASE INTERROGATIVE est structurée ainsi :

will + sujet + verbe + complément

Will you eat an apple? Mangeras-tu une pomme ?

Dans le cas présent, je te demande de décider tout de suite si tu veux manger une pomme ou pas !

CHOOSING

WILL peut aussi être utilisé comme une forme de politesse, pour demander une faveur, tout en laissant le choix à l'autre personne : "Veux-tu... ?" ou "Voulez-vous... ?"

Voici quelques exemples (devinez pour quelle raison je me suis inspiré de ma femme ?)

1.
A: Tu me passes le stylo ?
B: Certainement !
A: Will you pass me the pen?
B: Of course!

2.
A: Ouvre la fenêtre, s'il te plaît ?
B. Non ! Ouvre-la toi-même !
A: Will you open the window, please?
B: No! You open it!

A: Tu me quittes, s'il te plaît ?
B: Non, Je ne te quitterai jamais ! (Ah, ah, ah! Comme le diable.)
A: Will you leave me, please?
B: No, I will never leave you! (Ah, ah, ah! Like the devil.)

SIMPLE **FUTURE**

Souvent, au lieu de dire *I WILL*, nous utilisons la forme abrégée *I'LL*.
Très souvent on croit que nous, les Anglais, nous abrégeons pour être plus rapides… MAIS ce n'est pas toujours vrai. Ici, *I will* est plus sérieux, c'est une promesse importante. Aussi, quand on parle de choses plus légères et banales, on utilise *I'LL.*

Waiter: What will you have, Sir? Que prenez-vous/Que prendrez-vous, Monsieur ?
(Le serveur me demande de choisir ce que je veux commander!)

Me: I'll have the fish, please. Je prends/je prendrai le poisson, merci.
(J'ai regardé le menu et j'ai choisi.)

Je ne me mets pas debout, au milieu du restaurant, pour annoncer à tout le monde : "*Listen everybody! I will have the fish!*" J'aurais l'air d'un fou.

Comme *will* s'utilise en réaction face à un événement, traduit une décision immédiat, c'est la forme de futur la plus fréquente. Quand on parle à quelqu'un, on réagit en direct, on utilise donc un futur simple.

John: This afternoon, I am cleaning my garage.
Jimmy: I'll help you!
(John avait programmé de nettoyer le garage, Jimmy ne savait pas que John devait nettoyer le garage, mais quand il l'apprend, il décide alors de l'aider.)

Paul: When are you going to call our mother? Quand as-tu l'intention d'appeler notre mère ?
John: I'll call her, now. Je décide de l'appeler maintenant.

Marie : I can't find the dog! Je ne trouve plus le chien !
John: I won't* help you find him**! Je ne t'aide pas/je ne t'aiderai pas à le trouver !

* **will not** ou alors **won't**
** J'entends souvent dire qu'on n'utilise pas *he* ou *she* pour les animaux, mais qu'on emploie seulement *it*. C'est faux ! Si tu connais le sexe de l'animal, tu peux utiliser *he* ou *she*. Si tu l'ignores, alors *it* peut convenir (ou alors lève sa queue et tu le découvriras !).

sofa (sofa)	divan
door (door)	porte
table (taïbeul)	table
flight (flaït)	vol
church (tchurtch)	église
secret (sikrèt')	secret

VERBS

to need (niid)	avoir besoin de
to lift (lift)	lever
to ask (ask)	demander
to return (riteurn)	revenir
to kiss (kiss)	embrasser
to check (tchek)	contrôler/vérifier
to marry (marri)	se marier
to come (com')	venir

La différence entre le futur construit avec *WILL* et les deux autres futurs est très importante. Il ne faut pas utiliser seulement le premier. À présent il est nécessaire de s'exercer !

EXERCICE n. 33

Chef : J'ai besoin du dossier X. ....

Jodie : Je te l'envoie maintenant. ....

John : Jean, tu m'aides à lever ce divan ? ....

Jean : J'essaie ! ....

Chef : Où est Monsieur Jones ? ....

Jodie : Je demande à Marthe. ....

SIMPLE **FUTURE**

Marie : Je reviens à trois heures. ....

John : Je n'ouvre pas la porte après minuit (après douze heures) ! ....
....

Chef : Vous me réservez une table au "Canard boiteux" pour ce soir ? ....
....

Jodie : Bien sûr, j'appelle immédiatement. ....

John : Tu m'embrasseras quand je dormirai ? ....

Marie : Non ! Je ne t'embrasserai pas. ....

John : Bien ! ....

Chef : Le vol est réservé ? ....

Jodie : Je vérifie maintenant. ....

Marie : Je vais au Bingo. ....

John : Je reste ici ....

Tommy : Ne mange pas le gâteau. C'est pour dimanche ! ....

Anne : Je ne le ferai pas. ....

Tommy : Je réserve l'hôtel maintenant. ....

Anne : Ok, je le dis maintenant à ma mère. ....

WILL, en tant que forme du futur, est aussi utilisé pour exprimer une opinion, une conviction, un vœu.

OM will win on Sunday. L'OM gagnera dimanche (d'après moi).

If she sees that film, she will cry. Si elle voit ce film, elle pleurera (je pense).

package (pakedge)	paquet/ colis
promotion (promoscheun)	promotion
idea (aïdiia)	idée
expenses (expensiiz)	dépenses
discount (discaount)	remise/réduction
soon (soun)	bientôt

VERBS

to lose (louz)	perdre
to take (teik)	emmener/prendre
to hate (heit)	haïr/ détester
to think (th*ink)	penser
to receive (rissiiv)	recevoir
to like (laïk)	aimer
to cut (keut)	couper/réduire

EXERCICE n. 34

1. L'OM perdra dimanche. ....
2. Elle te quittera pour cela. ....
3. Emmène Julie au cinéma et elle t'aimera. ....
4. John ne viendra pas avec nous. ....
5. Susy te détestera pour cela. ....
6. Le mail arrivera lundi. ....
7. Mes collègues seront contents qu'ils nous donneront plus d'argent maintenant. ....
8. Le colis arrivera aujourd'hui. ....
9. Je pense que Monsieur Baker le recevra bientôt. ....
10. Tu recevras une promotion pour ce projet. ....
11. Il parlera avec le chef de Londres pendant la conférence téléphonique. .....
12. Ton idée plaira ! ....
13. Ils détesteront ton idée. ....
14. Ils couperont les dépenses cette année. ....
15. Les clients seront contents de la réduction. ....

SIMPLE **FUTURE**

À présent je vais te raconter une petite histoire dans laquelle se trouvent les trois formes du futur que nous avons vues.
Un soir, Simon boit trop et décide de demander à Samantha, sa petite amie, de l'épouser.

Si: Samantha, veux-tu m'épouser ?
Souviens-toi qu'il lui demande de prendre une décision, comment va-t-il le dire en anglais ?
Si: Samantha, will you marry me?

Sa: Oui, je t'épouse.
Sa: Yes, I will marry you.

Puis Simon appelle sa mère pour lui apprendre la (enfin ?) bonne nouvelle.

Si: Maman, je me marie !
Souviens-toi que c'est une action déjà décidée, mais pas encore programmée : que vas-tu utiliser ?
Si: Mum, **I'm going** to get married!

À ce stade, Simon réserve l'église et appelle le prêtre. (Réfléchis bien à la façon dont il le dira au prêtre, puisque désormais le mariage est programmé.)

Si: I'm getting married! (présent progressif futur)

Et maintenant je te propose une conversation entre trois amis, et je te prie de remarquer que chaque interlocuteur utilise un futur différent dans chaque phrase du dialogue (présent progressif – futur intentionnel/going to – futur indicatif/will):

Brad: Ce soir je vois Julie (action programmée).
B: This evening I am seeing Julie.
Carl: Je viens avec toi ! (décidé sur le moment.)
C: I'll come with you!
David: Dès que je trouve du temps, je l'appelle (intentionnel, déjà décidé).
D: When I have time, I'm going to call her.

husband	mari
sister	sœur
VERBS	
to find	trouver
to eat	manger
to call	appeler

Maintenant faisons un exercice, en utilisant les différents futurs que nous venons de voir, comme dans l'exemple précédent. L'occasion nous est offerte par une conversation entre trois amies : Barbara, Marie et Christine.

EXERCICE n. 35

B: Mon mari m'emmène faire du shopping samedi ....

M: Je trouverai un mari comme le tien ! (intentionnel.) ....

....

C: Je te donne le mien si tu le veux ! ....

C: Demain soir je mange avec ma sœur chez elle (dans sa maison). Veux-tu venir, Marie ? ....

M: Oui ! J'appelle mon mari maintenant. ....

B: Elle fera un gâteau? ....

SIMPLE **PAST** 1.2.12

Pour apprendre à conjuguer les verbes au passé, il faut connaître la *REGULAR AND IRREGULAR VERBS RULE* (la règle des verbes réguliers et irréguliers).

Quelle est la différence entre ces deux types de verbes ? Les verbes réguliers sont tous les verbes auxquels il suffit d'ajouter **-ED** pour obtenir la forme passée. Les verbes irréguliers, quant à eux, n'ont aucune règle et encore moins de logique : il faut malheureusement les apprendre par cœur ! Voyons les verbes réguliers.

Présent : I want (je veux)
Passé : I wanted (je voulais/je voulus) traduit l'imparfait, le passé simple et souvent le passé composé.
Participe passé : wanted (voulu)

Ainsi la chaîne est la suivante : TO WANT-WANTED-WANTED

Il y a des règles à suivre quand on ajoute -ED, exactement comme pour le -S au pluriel :

On ajoute seulement un "D" aux verbes qui se terminent par un "E" :
to lov**e** lov**ed**
to smok**e** smok**ed**

Les verbes à une seule syllabe qui se terminent par une seule consonne suivie d'une seule voyelle doublent la consonne se trouvant avant -ED :

to stop stopped
MAIS PAS AVEC
to clean cleaned (deux voyelles précèdent la consonne !)

Les verbes à deux syllabes qui se terminent par une seule voyelle accentuée doublent leur consonne se trouvant avant -ED :
to pref**er** prefe**rr**ed (l'accent se trouve sur le deuxième E)
to perm**it** permi**tt**ed (l'accent se trouve sur le I)
MAIS PAS AVEC
to offer offered (l'accent se trouve sur le O de la première syllabe)

Les verbes qui se terminent par "L" précédé d'une seule voyelle doublent leur "L" se trouvant avant -ED :

To trav**el** trave**ll**ed
MAIS PAS AVEC
To boil boiled

Les verbes qui se terminent par "Y" le conservent s'il est précédé d'une voyelle, il se transforme en "I" s'il est précédé d'une consonne :

To pl**ay** pla**yed**
To stu**dy** stud**ied**

ATTENTION !

Contrairement aux autres cas, pour former le *simple past*, il ne faut pas traduire littéralement depuis le français ! Si en français nous disons "Hier je t'ai vu", en utilisant le passé composé au lieu du passé simple, en anglais nous NE POUVONS absolument PAS dire "*Yesterday I have seen you*". Pour exprimer le passé en anglais on dit "*Yesterday I saw you*". Avec le simple past IL N'Y A PAS *HAVE* (avoir) !
Le *simple past* est utilisé pour des actions achevées dans un passé révolu.
Comme pour le *simple present*, la formation de la phrase en anglais ne change pas et on utilise également ici l'auxiliaire *TO DO*, mais au passé (sous sa forme *DID*), dans les phrases affirmatives, négatives et interrogatives. On conjugue donc toujours *DO* au passé (en DID), mais pas le verbe qui indique l'action et qui reste à l'infinitif.
La chaîne à suivre est la suivante : *TO DO-DID-DONE*

1. PHRASE AFFIRMATIVE

Maintenant que nous avons vu ses principaux emplois, commençons à voir en détail comment se construit une phrase avec le *simple past*, à partir de la forme affirmative.

La PHRASE AFFIRMATIVE se construit ainsi :

sujet + verbe + complément

I saw a film yesterday. J'ai vu un film hier (irrégulier).
She washed her car. Elle a lavé sa voiture (régulier).

2. **PHRASE NÉGATIVE**

Pour la phrase négative, on ajoute la forme négative du passé de *DO* (donc *DID NOT* ou *DIDN'T* en forme contractée), et le verbe principal reste à l'infinitif !

La PHRASE NÉGATIVE se construit donc :

sujet + *did* + *not* + verbe + complément

I didn't see the film. (ET PAS I didn't saw the film.) Je n'ai pas vu le film.
Last year, I didn't go to Japan. L'année dernière, je ne suis pas allé au Japon.

3. **PHRASE INTERROGATIVE**

Pour la phrase interrogative, à partir de la forme affirmative, il suffit d'ajouter *DID* (*past* de *to do*) au début de la phrase, en laissant le verbe principal à l'infinitif.

La PHRASE INTERROGATIVE AFFIRMATIVE est structurée ainsi :

did + sujet + verbe + complément

Did you see the film? (ET PAS Did you saw the film?) As-tu vu le film ?
Did you have dinner last night? As-tu dîné hier soir ?

La PHRASE INTERROGATIVE NÉGATIVE est ainsi structurée :

did + *not* + sujet + verbe + complément

Didn't you see the film? (ET PAS Didn't you saw the film?) N'as-tu pas vu le film ?

4. **EXEMPLES**

Maintenant je vais t'apprendre quelque chose que personne n'enseigne en France. Je vais te montrer comment parler comme un Anglais et non comme un touriste. Souvent, j'entends des gens dire : "Si vous ne parlez pas parfaitement anglais, à Londres on fait semblant de ne pas vous comprendre !"

Non, ça ne se passe pas comme ça ! Parfois, l'Anglais ignore l'étranger parce qu'il est trop long et lent ! C'est dommage, mais c'est ainsi !

Imagine que tu habites à Londres, et qu'à chaque fois que tu vas à la pharmacie, des touristes t'arrêtent, le plan de la ville à la main, et te disent : "*Excuse me, Sir, I hope not to disturb you, but I am French and I want to know maybe if it's ok…*" etc.

Être exagérément prolixe en anglais est une erreur : un bon Anglais est économe, concis… Cette règle n'est peut être pas un mal pour un Français !
Si c'est moi qui devais demander mon chemin, voici ce que je dirais : "*Excuse me? Piccadilly?*"… et je crois qu'on m'aiderait !

Un autre exemple.
Imaginons que, hier soir, tu es sorti, tu as bu une bière, tu as dansé et puis tu es rentré.
Tu dirais :
"*I went out and then I drank a beer and then I danced and then I went home.*"

LONG, trop LONG !
Les vieux livres de grammaire anglaise te disent qu'on répète toujours le sujet. C'EST FAUX ! À leur décharge, il faut avouer qu'ils sont vieux…

Moi, je le dirais de cette façon :
"*I went out, drank a beer, danced, then went home.*"
Comme c'est beau, nest-ce pas !

Revoyons donc la phrase que tu aurais dite, en insistant sur les mots qu'il faut enlever, parce que inutiles.

I went out **and then I** drank a beer **and then I** danced **and** then **I** went home.

Ici tu as quatre actions :
1. I went out
2. drank a beer
3. danced
4. went home

Veille à dire clairement ces quatre actions, le reste est superflu !

AND/THEN

Les protagonistes de ce chapitre, *and* (et) et *then* (puis) sont plus ou moins interchangeables. La seule différence est que *then* occupe davantage une place finale dans la phrase, pour introduire la dernière action de la suite (*… and… and… then…*). Bien sûr, ça ne tue personne si, dans ce cas précis, on utilise *and* !

Il est important de se souvenir que chaque action, exprimée dans une période donnée, survient dans un ordre chronologique ; les actions ne se passent jamais au même moment, et construire une phrase signifie recréer une sorte de chaîne d'actions.
Cette chaîne peut couvrir la durée d'une soirée, mais aussi des laps de temps bien plus longs, des années. Et (c'est une règle) retiens qu'utiliser *and* ou une virgule permet de séparer les actions, jusqu'à la dernière annoncée par *then*.

Les cinq dernières minutes…

Boss/Patron : What did you do in the last five minutes? Qu'avez-vous fait dans les cinq dernières minutes ?

Robert: I called my mother, ate a sandwich, drank a coffee then you arrived! J'ai appelé ma mère, mangé un sandwich, bu un café et puis vous êtes arrivé !

L'histoire de la Terre…

The world was created, dinosaurs came, died, then man was born. Le monde a été créé, les dinosaures sont arrivés, ils sont morts, puis l'homme est né.

Évidemment, il n'est pas obligatoire d'avoir quatre actions, deux ou trois peuvent suffire. C'est seulement pour pratiquer que j'utilise des phrases avec beaucoup d'actions, comme celle-ci :

L'année dernière, j'ai commencé à travailler, j'ai payé ma voiture, j'ai perdu mon travail et puis j'ai vendu ma voiture. Last year, I started to work, paid for my car, lost my job, and then sold my car.

school (skoul)	école
milk (milk)	lait
last year	l'année dernière
lake (lèk)	lac
full (foul)	plein/rempli
bread (bred)	pain
playboy	playboy
neighbour	voisin/voisine
VERBS	
to cook	cuisiner
to clean	nettoyer
to work	travailler
to return	revenir
to watch	regarder
to ask	demander
to kiss	embrasser
to eat	manger
to go	aller
to go out	sortir
to take	prendre/emmener/emporter
to sleep	dormir
to buy	acheter
to see	voir

À présent, en suivant les exemples vus plus haut, essaie de traduire ces petites phrases… pour te préparer au prochain extrait à traduire !

EXERCICE n. 36

1. Hier soir, j'ai cuisiné, mangé, nettoyé la maison, puis je suis allé au lit.
2. Aujourd'hui, j'ai travaillé, regardé un film, emmené mon fils à l'école, puis j'ai dormi.
3. Ce matin, j'ai acheté le lait, suis allée à la maison et puis je suis retournée au lit.
4. Hier, nous avons fini le projet, puis nous sommes allés faire la fête.
5. J'ai écrit une lettre, puis j'ai dormi trois heures.

SIMPLE **PAST**

EXERCICE n. 37

Le journal de Suzy

Lundi j'ai vu un bel homme.
Je lui ai demandé de sortir avec moi.
Nous sommes allés au lac et puis nous avons mangé.
Pendant que nous mangions il m'a demandé de l'embrasser, mais ma bouche était remplie de pain.
Quand ma bouche fut vide, il en embrassait une autre.
"Tu es un playboy !" j'ai hurlé.
"Mais c'est ma sœur" m'a-t-il dit.
J'ai vu dans le miroir que j'avais le visage rouge.
Pendant que nous finissions de manger, l'addition est arrivée.
Il a tout payé et ensuite nous sommes allés au bar et pris une bouteille de vin.
Pendant que nous buvions, il m'a demandé de l'embrasser, mais ma bouche était remplie de vin.
Quand ma bouche fut vide, il en embrassait une autre.
"C'est ta sœur elle aussi ?" lui ai-je demandé.
"Non, je suis un playboy" a-t-il dit.
Je suis sortie, j'ai pris un taxi et je suis allée à la maison.
Quand je suis arrivée à la maison, j'ai vu des fleurs sur la table avec un message.
Le message était "Je t'aime".
Alors que je souriais pour le message, ma voisine est entrée.
"Suzy !" a-t-elle dit "Tu es dans ma maison ! Tu as encore bu du vin ?"

PAST **CONTINUOUS** 1.2.13

Ce temps, comme son nom l'indique, est très proche du présent progressif dans sa forme, il est son équivalent, mais au passé.
Comme pour le *present continuous*, pour former le *past continuous*, on a besoin du verbe ÊTRE qui, naturellement, sera conjugué au passé selon la chaîne *TO BE-WAS-BEEN*.

Present: I am making a cake. Je fais un gâteau./Je suis en train de faire un gâteau.
past: I was making a cake. Je faisais un gâteau./J'étais en train de faire un gâteau.

present: I am drinking a coffee. Je bois un café./Je suis en train de boire un café.
past: I was drinking a coffee. Je buvais un café./J'étais en train de boire un café.

present: I am cutting the grass. Je coupe l'herbe./Je suis en train de couper l'herbe.
past: I was cutting the grass. Je coupais l'herbe./J'étais en train de couper l'herbe.

Il n'y a absolument rien qui change dans la structure de la phrase par rapport au présent progressif, que ce soit à la forme affirmative, interrogative ou négative : seul le verbe *TO BE* est conjugué au passé.

Le passé progressif, comme en français, s'utilise quand une action qui dure dans le passé est interrompue par l'arrivée d'une autre action. De plus, exactement comme en français, pour introduire les phrases au *past continuous*, on utilise *when* (quand) ou *while* (tandis que/pendant que).

I was watching TV, **when** you called me. Je regardais la télé **quand** tu m'as appelé.

While I was writing, the light went out. **Tandis que** j'écrivais, la lumière s'est éteinte.

When the phone rang, she was writing a letter. **Quand** le téléphone a sonné, elle était en train d'écrire une lettre.

While we were having the picnic, it started to rain. **Pendant que** nous faisions un pique-nique, il commença à pleuvoir.
What were you doing, **when** the storm started? Que faisais-tu, **quand** l'orage a commencé ?

PAST **CONTINUOUS**

While John was sleeping last night, someone took his car. **Pendant que** John dormait la nuit dernière, quelqu'un prit sa voiture.

Sammy was waiting for us, **when** we arrived. Sammy nous attendait, **quand** nous arrivâmes.

While I was writing the e-mail, the computer died. **Pendant que** j'écrivais le mail, l'ordinateur lâcha.

What were you doing, **when** you broke your leg? Que faisais-tu, **quand** tu t'es cassé la jambe ?

C'est simple, n'est-ce pas ? L'important, à ce stade, c'est d'apprendre les verbes irréguliers. Pour le faire de façon efficace, mon conseil est de les mémoriser progressivement, trois par jour par exemple. Récite-les pendant que tu fais des choses quotidiennes, pendant que tu t'habilles, sous la douche… au lieu de chanter !

photo (foto)	photo
match (match)	match
leg (leg)	jambe
question (quouest'cheun')	question
name (naïm)	nom
scream (skriim)	hurlement
kick (kik)	coup de pied

VERBS

to start	commencer
to cry	pleurer
to fall	tomber
to run	courir
to forget	oublier
to undress	se déshabiller
to sort out	mettre en ordre/ ranger

EXERCICE n. 38

1. Pendant que je nettoyais, Simon m'a appelé. ....
2. J'étais en train de parler quand elle a commencé à pleurer. ....
3. Pendant que je regardais le match, je suis tombé. ....
4. Il courait, quand il s'est cassé la jambe. ....
5. Tandis qu'il/elle me posait une question, j'ai oublié son nom. ....
   ....
6. Je rangeais la chambre, quand j'ai trouvé une Livre sterling ! ....
   ....
7. J'étais en train de me déshabiller, quand ta femme est arrivée ! ....
   ....
8. Pendant que nous jouions, nous avons entendu un hurlement. ....
   ....
9. J'étais en train de dormir quand il/elle m'a donné un coup de pied. ....
   ....

À présent regarde ces exemples de phrases au présent, au passé et au futur... Nous utiliserons aussi le *future continuous*, qui est interchangeable avec le *future simple.*

present continuous: I am waiting for a bus. J'attends le bus./Je suis en train d'attendre le bus.
past continuous: I was waiting for a bus. J'attendais le bus./J'étais en train d'attendre le bus.
future continuous: I will be waiting for a bus. Je serai en train d'attendre le bus.

simple present: I walk to school. Je vais à l'école en marchant.
past simple: I walked to school. Je suis allé à l'école en marchant.
future simple: I will walk to school. J'irai à l'école en marchant.

Maintenant à toi de composer des phrases correctes ! Mais je t'ai facilité la tâche, tous les verbes sont réguliers, c'est-à-dire qu'au passé ils finissent tous par -ED.

EXERCICE n. 39

1.
Présent : I am aiming my pistol. (*to aim* signifie pointer/braquer)
Passé : ....
Futur : . ...

2.
Présent : I allow people in my house. (*to allow* signifie permettre/autoriser)
Passé : ....
Futur : ....

3.
Présent : I avoid stupid people. (*to avoid* signifie éviter)
Passé : ....
Futur : ....

4.
Présent : I am begging her to go out with me. (*to beg* signifie supplier)
Passé : ....
Futur : ....

5.
Présent : I behave very well, when she is with me. (*to behave* signifie se comporter)
Passé : ....
Futur : . ...

6.
Présent : He is boiling eggs for breakfast. (*to boil* signifie bouillir)
Passé : . ...
Futur : ....

7.
Présent : She is counting her money to see if she can buy a new dress.(*to count* signifie compter)
Passé : ....
Futur : . ...

8.
Présent : I complain to the father, when the child behaves badly at school.
(*to complain* signifie se plaindre)

Passé : ....
Futur : ....

9.
Présent : I am cleaning my garage. (*to clean* signifie nettoyer)
Passé : ....
Futur : ....

10.
Présent : I am concentrating on my work. (*to concentrate* signifie se concentrer)
Passé : ....
Futur : ....

11.
Présent : The postman delivers letters to my house, sometimes. (*to deliver* signifie livrer)
Passé : ....
Futur : ....

12.
Présent : I dislike everything he says. (*to dislike* signifie ne pas aimer)
Passé : ....
Futur : ....

13.
Présent : I am describing the party to Simon. (*to describe* signifie décrire)
Passé : ....
Futur : ....

14.
Présent : She develops projects for big companies. (*to develop* signifie développer)
Passé : ....
Futur : ....

15.
Présent : I don't decide what to do in my house. (*to decide* signifie décider)
Passé : ....
Futur : ....

16.
Présent : She isn't forcing her son to study. (*to force* signifie contraindre/obliger)

Passé : ....
Futur : ....

17.
Présent : They are improving conditions, finally. (*to improve* signifie améliorer)
Passé : ....
Futur : ....

18.
Présent : I am learning Russian. (*to learn* signifie apprendre)
Passé : ....
Futur : ....

19.
Présent : They live in a big house. (*to live* signifie vivre/habiter)
Passé : ....
Futur : ....

20.
Présent : We are launching the new product in January. (*to launch* signifie lancer)
Passé : ....
Futur : ....

21.
Présent : I am watching tv and opening my mail, while Tina is cleaning the room. (*to watch* signifie regarder, *to open* signifie ouvrir)
Passé : ....
Futur : ....

22.
Présent : They shout, scream and complain about everything. (*to shout* signifie crier, *to scream* signifie hurler)
Passé : ....
Futur : ....

23.
Présent : The police arrest, the lawyers accuse and the judge sentences. (*to arrest* signifie arrêter, *to accuse* signifie accuser, *to sentence* signifie prononcer une sentence)
Passé : ....
Futur : ....

24.
Présent : I park the car, press the button, then pull out the ticket. (*to park* signifie garer, *to press* signifie presser, *to pull out* signifie tirer)
Passé : ....
Futur : ....

25.
Présent : I regret that I refuse to remove the offensive poster. (*to regret* signifie regretter, *to refuse* signifie refuser, *to remove* signifie enlever)
Passé : ....
Futur : . ...

TO SAY /TO TELL

Ces deux verbes signifient "DIRE ". Mais quand utilise-t-on l'un ou l'autre ? *TO SAY* s'utilise généralement dans une conversation, tandis que *TO TELL* est utilisé pour informer, donner des ordres, raconter.

Après le verbe *TO TELL* on ne met jamais la préposition *TO*, puisque la personne qui suit *TELL*, et à qui tu communiques quelque chose, est directement liée au verbe.

Tell me a joke.	Raconte-moi une histoire drôle.
Tell him the story	Raconte-lui l'histoire.
Don't **tell** Lucy I love her.	Ne dis pas à Lucy que je l'aime.
I **told** him to go.	Je lui ai dit de s'en aller.

PREPOSITIONS, ADJECTIVES AND VERBS + -ING 1.2.14

En anglais, il y a des **prépositions** qui exigent que le verbe qui les suit prenne sa forme en -ING.

Les plus courantes sont :

after	après
before	avant
without	sans
instead of	au lieu de

She always calls me **after** leav**ing**. Elle m'appelle toujours après qu'elle est partie.
Please, clean your room **before** go**ing** out. S'il te plaît range ta chambre avant de sortir.
I can't live **without** eat**ing**. Je ne peux pas vivre sans manger.
Do your homework **instead of** watch**ing** tv. Fais tes devoirs au lieu de regarder la télé.

Ensuite, il y a aussi des **adjectifs** très utiles, suivis d'une **préposition**, puis du verbe en -ING.

J'en donne quelques-uns :

tired of	fatigué de
sick of	las de/avoir marre de
afraid of	avoir peur de
fond of	passionné de
used to	habitué à

I am **tired of** wait**ing**. Je suis fatigué d'attendre.
I am **sick of** eat**ing** pasta. J'en ai marre de manger des pâtes.
I am **afraid of** fly**ing**. J'ai peur de voler (en avion).
Mr. Williams is **fond of** garden**ing**. Mr. Williams est passionné de jardinage.
I am **used to** gett**ing** up early. Je suis habitué à me lever tôt.

Pour finir, j'aimerais aussi ajouter quelques **verbes** qui, s'ils sont suivis d'un **autre verbe**, exigent qu'il prenne la forme en ING.

to start	commencer
to stop	terminer/arrêter/cesser
to finish	finir

PREPOSITIONS, **ADJECTIVES AND VERBS + -ING**

I want **to start** learn**ing** English, well. Je veux commencer à bien apprendre l'anglais.
Please, **stop** smok**ing**! S'il te plaît, arrête de fumer !
They **finished** talk**ing** at 1 o'clock in the morning. Ils finirent de parler à 1 heure du matin.

bathroom	salle de bain
kitchen	cuisine
homework	les devoirs
thing	chose
nonsense	sottise/bêtise
same	même
music	musique
bad impression	mauvaise impression (to make a)
in a loud voice	à voix haute
VERBS	
to go out	sortir
to listen to	écouter
to repeat	répéter
to help	aider
to pass	passer/réussir (examens)

EXERCICE n. 40

1. Avant de sortir, nettoie la salle de bain et la cuisine. ....
2. J'allai à l'école sans avoir fait mes devoirs. ....
3. Pourquoi tu ne parles pas au lieu de pleurer ? ....
4. Arrête de répéter les mêmes mots. ....
5. Au lieu de jouer au tennis, pourquoi tu n'étudies pas ? ....
6. Nous sommes habitués à écouter ses bêtises ! ....
7. Ils en ont marre de toujours répéter les mêmes mots. ....
8. Ma mère est passionnée de musique. ....
9. Nous avons peur de faire mauvaise impression. ....
10. Je commence à peindre la salle de bain, puis je finis de nettoyer la cuisine. ....

STEP **3**

PREPOSITIONS 1.3.1

Il existe une règle très simple en anglais, *the English preposition rule*, qui concerne les prépositions et qui N'A PAS d'exceptions, contrairement à d'autres règles !

Une **préposition** est toujours suivie d'un **nom**, jamais d'un **verbe**. On entend par "nom" :
Les véritables noms (*dog, money, love*), qui peuvent être accompagnés d'un ou de plusieurs **adjectifs**.
Les noms propres (*Bangkok, Mary*)
Les pronoms (*you, him, us*)
Le gérondif (*swimming, acting, playing*), parce que dans ce cas précis, il est considéré comme un nom : nager, jouer la comédie, jouer.

The food is on the table.
She lives in Japan.
Tara is looking for you.
The letter is under your blue book.

Tu as appris précédemment à utiliser les principaux temps verbaux, à présent il faut connaître ce que je pourrais définir comme étant "la colle de la langue anglaise", c'est-à-dire les prépositions. Elles sont fondamentales parce qu'un discours, comme un train, a une destination. Si tu te trompes de préposition en anglais, tu risques de ne pas arriver à la bonne destination !

LES PRINCIPALES PRÉPOSITIONS

aboard	à bord	below	en dessous
about	environ, vers, au sujet de	beside	à côté de
above	au dessus	between	entre
after	après	by	près de, dans (temporel)
across	à travers, d'un point à un autre	despite	malgré
against	contre	down	en bas
among	parmi	during	durant
around	autour	except	sauf, excepté
before	avant	for	pour
behind	derrière	from	de (provenance)
beyond	au-delà	in	dans, à, en
		like	comme, semblable à

PREPOSITIONS

near	proche
of	de
off	hors de
on	sur, au-dessus
opposite	en face de
out	dehors
plus plus,	en plus
regarding	qui concerne, concernant
since	depuis, puisque
than	que (comparatif)
through	à travers
to	à
towards	vers
under	sous
unlike	à la différence de
until	jusque
up	haut, en haut
with	avec
within	dedans, à l'intérieur
without	sans

A TRAP

Pourquoi, dans les exemples suivants, la préposition *to* est-elle suivie d'un verbe ? D'après la règle, ce ne devrait pas être possible !
I would like to go now.
She used to smoke.

Attention, la réponse est très simple :
Dans ces deux exemples, *to* n'est pas une préposition, elle fait partie de l'infinitif du verbe *(to go, to smoke)*.

sun	soleil
moutain	montagne
wind	vent
tree	arbre
river	rivière
temperature	température
forest	forêt
(the) cold	le froid

walk	promenade
(the) rain	la pluie
toilette	toilettes
dawn	aube
VERBS	
to swim	nager
to run	courir
to find	trouver
to sleep	dormir

Maintenant c'est le moment d'utiliser ces prépositions, en nous exerçant à traduire quelques phrases !

EXERCICE n. 41

1. Le soleil est au-dessus de la montagne. ....
2. J'ai marché contre le vent. ....
3. J'ai dormi parmi les arbres. ....
4. Derrière la montagne il y a un fleuve. ....
5. Vers 6 heures, nous sommes partis. ....
6. La température dans la forêt était de 5 en dessous de zéro. ....
7. Jane était à côté de moi. ....
8. Entre les deux montagnes il y avait un très beau pub. ....
9. Malgré le froid, nous avons nagé dans le fleuve. . ...
10. Durant notre promenade, je suis tombé. ....
11. C'était beau, sauf la pluie. ....
12. J'ai couru comme le vent (pourquoi pas !?). ....
13. Il y avait des toilettes en face du pub. ....
14. Contrairement à Mark, j'ai trouvé les toilettes sans problème. ....
....
15. Après le pub, nous avons dormi sous un arbre jusqu'à l'aube. ....
....

1. PLACE

Les prépositions de lieu (comme celle de temps, que nous verrons après) sont au nombre de trois en anglais :

AT

Indique un point fixe, le point précis où se trouve une personne ou un objet.

He is at the park. Il est au parc (il se trouve là où se trouve le parc).
She is at the bar with her husband.
We are at my house.
Mom is at the market.
Dad is at church.

at the corner, at the bus stop, at the door, at the top of the page, at the end of the road, at the entrance, at the crossroads, at the pub, at home, at work, at school, at university, at college, at the top, at the bottom, at the side, at reception…

ON

Cette préposition très facile indique une superficie, on peut la traduire par “sur”.

The pen is on the table. (original, n’est-pas ?)
The cat is on the book.

on the wall, on the ceiling, on the door, on the cover, on the floor, on the carpet, on the menu, on a page, on a bus, on a train, on a horse, on the radio, on the beach, on the road…

IN

Cette préposition indique le fait d’être inséré ou de se trouver dans un espace clos*.

I am in a hotel room.
She is in London.
The children are in the playground.

The present is in a red box.

in the garden, in France, in my pocket, in my wallet, in the building, in the car, in a taxi, in a lift, in the newspaper, in the sky, in Oxford Street…

* Il est important de savoir qu'être dans un espace clos ne signifie pas nécessairement être "enfermé". *To be in London* fonctionne, parce que Londres peut être considéré comme "fermé" par rapport à des paramètres définis, même s'ils ne sont pas physiques.

Maintenant, essaie de mémoriser l'emploi des prépositions de lieu en lisant les exemples que je te propose ci-après. À ce stade, je peux me passer de traduire ou pas ?

Jane is waiting for you at the bus stop.
The shop is at the end of the street.
My plane stopped at Dubai and Hanoi and arrived in Bangkok two hours late.
When will you arrive at the office?
Do you work in an office?
I have a meeting in New York.
Do you live in Japan?
Jupiter is in the Solar System.
The author's name is on the cover of the book.
There are no prices on this menu.
You are standing on my foot.
There was a "no smoking" sign on the wall.
I live on the 7th floor at 21 Oxford Street in London.

AT the bar, there was a cat **IN** a box **ON** the floor
AT the cinema, there was a man **IN** a boat **ON** the screen.
He is **ON** the 7th floor **AT** work **IN** London.

2. **TIME**

J'avais déjà évoqué le fait que les prépositions de lieu et de temps sont identiques en anglais :

PREPOSITIONS

AT

On l'utilise pour indiquer une heure précise.

At lunchtime, I have an appointment.
I am seeing her at 7 in the morning (action programmée).
I will meet you at 12 noon (décision prise au moment où il parle).
I saw them at 4 in the afternoon (action déjà survenue dans le passé).
I was swimming at 6.40 (action continue dans le passé).

At 3 o'clock, at noon, at bedtime, at sunrise, at sunset, at the moment, at the week, at Christmas time, at the same time, at midnight…

ON

On l'utilise pour indiquer les jours et les dates (qui, si on y pense, sont un peu la même chose, étant donné qu'une date représente un jour !).

On Monday, I am studying with Carol (action programmée).
On August the 1st, I am leaving for Africa (action programmée).
On Tuesday, I started work (action déjà survenue dans le passé).
On September 11, there was a memorial service (action déjà survenue dans le passé).
On Thursday, I will come with you to the stadium (décision prise au moment où il parle).

on Independence Day, on Tuesday morning, on my birthday…

IN

Cette préposition s'emploie pour indiquer les mois, les années, les siècles ou de longues périodes.
Un petit truc : en parlant de temps, si tu ne peux pas employer *AT* (heure précise) ni *ON* (jour, date), tu dois obligatoirement employer *IN* avec tout le reste.

In the morning, in the week, in the month, in the year, in the century, in 2010, in summer, in the past, in the 1990s, in the Ice Age, in the future…

I was born in 1978.
It will be easier in the future!

À présent, essaie de mémoriser l'emploi des prépositions de temps en lisant les exemples suivants, que j'éviterai de traduire pour moins me fatiguer !

I have a meeting at 9 a.m.
The shop closes at midnight.
Jane went home at lunchtime.
In England, it often snows in December.
Do you think we will go to Mars in the future?
There will be a lot of progress in the next century.
Do you work on Mondays?
Her birthday is on November 20.
Where will you be on New Year's Day?

Maintenant, pour donner un exemple concret, je te donne ma date de naissance, y compris l'heure :

I was born ON February 27 IN 1970 AT 6 in the morning.
I was born ON February 27 IN 1978 AT 6 in the morning (si c'est une jolie fille qui me le demande !).
Toi aussi, essaie de dire ta date de naissance avec le jour, l'année et l'heure...

EXCEPTIONS !

1_Quand, dans une phrase, tu emploies *last* (passé/dernier), *next* (prochain), *every* (chaque) ou même *this* (ce), n'emploie plus *at, in* ou *on*.

I went to London last June ET PAS in last June!
He's coming back next Tuesday ET PAS on next Tuesday!
I go home every Easter ET PAS at every Easter!
We'll call you this evening ET PAS in this evening!

2_Avec les mois, les années et les moments de la journée, on emploie *IN*, sauf avec *NIGHT/MIDNIGHT* (minuit) et *MIDDAY* (midi), qui exigent rigoureusement la préposition *AT*.

I study at night ET PAS in the night!
She kisses you at midnight ET PAS in the midnight!
I need to have a lunch at midday ET PAS in the midday!

À ce stade, complète à l'aide de la bonne préposition, en choisissant entre les prépositions de temps et de lieu.

EXERCICE n. 42

1. I live ____ the centre of Lyon.
2. My drink is ____ the table.
3. I go to Sardinia ____ the summer.
4. I have an appointment with the doctor ____ 6 o'clock A.M.
5. I like living ____ the city.
6. My book is ____ my car ____ the seat (sedile).
7. My brother is working ____ the new factory in Oxford.
8. He only comes here ____ Mondays.
9. ____ June 5, she will be 6 years old!
10. They are surely ____ the train, the train left ____ 7.15 P.M. from the station.
11. If he is not ____ the bar, then he is ____ work.
12. The last time I saw him was __ 1985 ___ the railway station.
13. She was ____ the car with Simon ____ Thursday.
14. I don't like to speak ____ the morning.
15. I will be __ the hospital ____ 10.00 A.M..
16. If the bed is full, I will sleep ____ the floor.
17. There were 150 people ____ the church ____ 9 ____ the morning!
18. We are moving to a new house ____ Scotland. It is ____ a hill near the lake.
19. I went to France by boat ____ 1977.
20. You will see the supermarket ____ the end of the road.

3. **MOTION**

Pour indiquer un mouvement, il est très important d'employer la bonne préposition.

On ne peut pas dire : *"I go school"*... Seul Tarzan parle comme ça ! On doit dire : *"I go to school!"* (je vais à l'école.) Quand on rentre de l'école, on doit dire : *"I come from school!"*.

TO

C'est la préposition à employer pour exprimer la direction. Mais fais attention au verbe *TO ARRIVE* qui, même s'il implique une direction, exige la préposition *AT*.

I go to the shops by car.
I went to the shops by car.
I will go to the shops by car.
mais
I **arrived at** school.

FROM

C'est la préposition à utiliser pour exprimer le point de départ.

I come back from school at 6 P.M.
I came back from school at 6 P.M.
I will come back from school at 6 P.M.

INTO

C'est la préposition à employer pour exprimer un mouvement du dehors vers l'intérieur.

I put the flowers into the vase. Je mets les fleurs dans le vase.
I went into the hotel. Je suis allé/rentré dans l'hôtel (de l'extérieur vers l'intérieur).
NOW I am in the hotel (je suis à l'intérieur, dans un espace clos).

ONTO

Elle a la même fonction que *INTO*, mais ici le mouvement qui est exprimé se fait vers le haut (*on*).

PREPOSITIONS

I put the glass onto the table. Je mets le verre sur la table.
The flowers are in my hand. I put the flowers onto the table. Now the flowers are on the table. Les fleurs sont dans ma main. Je mets les fleurs sur la table. Maintenant les fleurs sont sur la table.
The cat was on the chair. The cat jumped onto the table. The cat is now on the table. Le chat était sur la chaise. Le chat a sauté sur la table. Le chat est maintenant sur la table.
Si je disais :
The cat jumped on the table cela voudrait dire que le chat est déjà sur la table et qu'il y fait des bonds. Si c'était le cas, ce chat serait vraiment timbré, non ?

Avec toutes ces nouvelles prépositions, qu'y a-t-il de mieux que d'essayer de traduire quelques petites histoires ? À la fin du livre, tu les trouveras corrigées, mais s'il te plaît, résiste avant d'aller vérifier !

cup (keup)	tasse
wind (uind)	vent
window (uindoo)	fenêtre/hublot
bird (berd)	oiseau
clouds (claouds)	nuages
boats (bo'ts)	bateaux
sea (sii)	mer
suddenly (seuddenli)	soudain
odour (o'dor)	odeur
Scots (scots)	Écossais
flight (flaït)	vol
joke (djok)	plaisanterie/ histoire drôle
funny (feunni)	amusant

VERBS

to smell (smel)	sentir
to ask (ask)	demander
to pour (poor)	verser
to see (sii)	voir
to look (louk)	regarder
to sit (sit)	s'asseoir

EXERCICE n. 43

***The journey* (le voyage)**

À bord de l'avion, j'ai demandé une boisson.

L'hôtesse a versé le café chaud dans ma tasse, alors que l'avion allait contre le vent.

À travers le hublot, je vis un oiseau au milieu des nuages, et quand je regardai en bas, je vis les bateaux sur la mer.

Soudain, j'ai senti du whisky et quand j'ai regardé autour, j'ai vu que j'étais assis entre deux Écossais.

Durant le vol, j'ai parlé à une dame américaine près de moi.

Elle a mis son café sur la tablette et a écouté mes histoires amusantes.

Comme promis, voici d'autres mots de vocabulaire, d'autres verbes et, naturellement, une autre petite histoire qui contient des prépositions de lieu et de temps... *Ready?*

wine (uaïn')	vin
glass (glass)	verre
ground (graound)	terre
wall (wol)	mur
shop (chop)	magasin
hands (hands)	mains
pocket (pokèt')	poche
keys (kiiz)	clés
centre	centre
boyfriend	fiancé

VERBS

to fly	voler

EXERCICE n. 44

Lille

Hier matin à 10 h 15 j'étais dans un bar dans le centre de Lille.
Devant moi il y avait une femme assise sur la table qui versait du vin dans un verre.
Une fois le vin fini, elle est tombée par terre.
Sur le mur il y avait une photo d'un oiseau qui volait à travers les nuages.
Dehors, j'ai vu un enfant qui attendait sa maman devant un magasin.
Pendant que j'aidais la femme, son fiancé est arrivé.
À 11 heures je suis allé à l'hôtel.
J'ai mis mes mains dans mes poches et j'ai pris les clés de ma chambre.
Dans la chambre, il y avait une lettre de ma femme.
"Cher ex-mari, aujourd'hui je faisais du shopping avec Mary et nous t'avons vu importuner une femme dans un bar. Demain je t'aiderai à trouver une nouvelle maison !"

IF 1.3.2

Je t'invite dans le "monde merveilleux de *IF*". If signifie "**si**".
Tout ce que l'on décide de faire ou de ne pas faire est incertain. C'est pourquoi *IF*, en anglais, permet d'exprimer l'incertitude, l'hypothèse et la possibilité…

En anglais, il existe quatre *IF* qui diffèrent en fonction du degré de possibilité de ce qui est envisagé. Ce qui est pratique, c'est que ces différents degrés sont les mêmes qu'en français, pour une fois !

1_POSSIBILITÉ RÉELLE

Le premier **IF** concerne les possibilités concrètes et envisageables.

Si je reçois de l'argent, j'irai aux Maldives. **If** the money **arrives**, I **will go** to the Maldives.

Dans ce cas c'est concret, si je reçois l'argent, j'irai à coup sûr aux Maldives.

Règle : dans cette première subordonnée en *IF*, la phrase introduite par *IF* exige le *simple present*, tandis que la phrase principale exige que le verbe soit au futur (*will* ou un autre verbe modal).

IF I go to the party, I will take my friend. Si je vais à la fête, j'emmènerai mon ami. Dans cette phrase, il est évident qu'il y a une réelle possibilité que celui qui parle se rende à la fête.

2_PURE HYPOTHÈSE

Le second IF ne renvoie pas à une réalité spécifique, mais à une véritable hypothèse.

Si je recevais beaucoup d'argent, j'irai aux Maldives. **If** a lot of money **arrived**, I **would go** to the Maldives.

Dans ce cas, celui qui parle ne se réfère pas à une réalité possible, mais il veut simplement exprimer un désir, une chose qu'il aimerait beaucoup faire, dans l'hypothèse où…

Règle : dans ce deuxième cas, la phrase introduite par *IF* exige le *simple past*, tandis que la phrase principale exige le conditionnel (*would*, qui est le passé de *will*).

IF I went to the party, I would take my friend. Si j'allais à la fête, j'emmènerais mon ami.
Dans ce cas on comprend que celui qui parle n'a aucune intention d'aller à la fête. Il veut simplement exprimer que, éventuellement, il emmènerait son ami.

3_IF PASSÉ

Le troisième *IF* concerne une action ou une possibilité qui est de toute façon terminée.

Si j'avais reçu l'argent, je serais allé aux Maldives. **If** the money **had arrived**, I **would have gone** to the Maldives.

Ici on ne peut pas changer le passé, mais on présente une hypothèse qui aurait pu se vérifier mais qui ne l'a pas été.

Règle : dans cette troisième subordonnée en *IF*, la phrase introduite par *IF* exige le *past participle*, tandis que la phrase principale exige le verbe au conditionnel passé (*would have*).

IF I had had the opportunity, I would have married him. Si j'avais eu la possibilité, je l'aurais épousé.
Dans ce cas on comprend que l'hypothèse de se marier est passée, n'a pas eu lieu mais elle sous-entend qu'elle l'aurait épousé si l'occasion s'était présentée.

4_IF 0

Le quatrième *IF*, que j'appelle simplement "*IF* en général" exprime des faits réels ou des vérités absolues.

Si je bois beaucoup de vin, je tombe. **If** I **drink** a lot of wine, I **fall**.

Dans ce dernier cas on exprime des actions inévitables ou liées entre elles.

Règle : dans cette quatrième subordonnée en *IF*, la phrase introduite par *IF* exige le *simple present*, tout comme la phrase principale.

Dans ce cas précis, IF peut être remplacé par WHEN (quand) :
Quand je la vois, je suis content.**When** I **see** her, I **am** happy.

En deux mots, quand un Anglais entend *IF*, il se concentre sur le temps du verbe de la phrase principale, pour savoir si le verbe renvoie ou pas à une réalité. S'il entend *had* (*past participle* du verbe *to have*), il projette son cerveau dans le passé.

À présent, traduisons ces phrases tirées de conversations et contenant un IF différent, en appliquant les mécanismes indiqués ci-dessus.

EXERCICE n. 45

1.

Tom: Si je trouve du travail, j'achèterai une voiture.

Tim: Si je l'avais su hier, je t'aurais vendu la mienne.

Tum: Si je savais conduire, j'achèterais une belle voiture rapide.

2.

Sarah : Si j'ai l'argent, j'irai à New York cet été.

Julie : Si j'avais le temps, je viendrais avec toi.

Lisa: Si j'avais eu le temps et l'argent, je serais allé à New York l'année dernière.

3.

Marie : Si tu viens avec moi, je serai heureuse.

Emma: Si tu me l'avais demandé avant, je t'aurais dit oui.

Carmen: Si tu me l'avais demandé, je serais venue.

4.

Football coach and player (entraîneur de foot et joueur)

FC : Si tu joues encore comme samedi, nous perdrons.

P: Je jouerai bien, tu verras.

FC : Je suis désolé, je voulais dire (pure hypothèse) : si tu jouais aujourd'hui, tu jouerais mal.

P : Pourquoi ? Je ne joue pas ? (action programmée).

FC : Non !

could be	pourrait être
gold mine	mine d'or
office	bureau (lieu)
area	quartier
owner	propriétaire
sorry	désolé/je suis désolé
exhibition centre	centre d'expositions/salon
VERBS	
to get rich	devenir riche

Maintenant voici une petite histoire à traduire, sois attentif au choix du *IF* que tu vas utiliser. Et souviens-toi, c'est un jeu !

EXERCICE n. 46

The big chance

Je marchais avec Charles quand nous avons vu un café.

Le café était vieux et moche, mais j'ai dit : "Ce café pourrait être une mine d'or, regarde combien de bureaux il y a dans le quartier. Si j'avais l'argent, j'achèterais ce café et je deviendrais riche !"

Charles, contrairement à moi, (regarde la préposition !) a beaucoup d'argent, donc à l'heure du déjeuner il est allé au bar et a demandé au propriétaire : "Vous vendriez ce café ?"

Le propriétaire a répondu : "Je le vendrais, mais je dois demander à ma femme, appelez-moi à 18 heures…"

Après, au bureau, Charles a dit : "S'il me vend ce café, je deviendrai riche !"

À 18 heures, Charles a appelé le propriétaire, mais le propriétaire a dit : "Je suis désolé, mais ma femme ne veut pas vendre !"

Un mois après, la mairie de Lyon a décidé d'ouvrir un nouveau centre d'expositions près de ce café.

Charles était triste. "S'il m'avait vendu ce café, je serais devenu riche !" a-t-il dit.

EVERYTHING or NOTHING

every	chaque
everything	tout
everybody	tout le monde
nothing	rien
nobody	personne
something	quelque chose
somebody	quelqu'un

EXERCICE n. 47

1. Si tout le monde va au cinéma, je reste à la maison. ....
2. Tu as quelque chose dans l'œil. ....
3. Je veux acheter quelque chose pour toi. ....
4. Quelqu'un a mangé ma glace ! ....
5. Personne ne veut venir avec moi ! ....
6. Je n'ai rien à cacher ! ....
7. Je te donnerais tout (would) mais je n'ai rien ! ....
8. Chaque jour j'espère que tu arrives. ....
9. Chaque fois que je vais là-bas, je rentre fatigué. ....
10. Chaque fois que je m'en vais, elle m'appelle ! ....
11. Tout ce que je fais, je le fais pour toi. ....
12. Tout le monde a besoin de quelqu'un à aimer. ....
13. Personne ne me comprend. ....
14. J'ai parfois besoin de quelqu'un. ....
15. Si tu manges quelque chose, tu te sentiras mieux. ....

ADJECTIVES 1.3.3

Le moment est venu d'apprendre de nouveaux outils capables de nous aider à décrire des objets, des lieux et des personnes.

Avant tout, les adjectifs en anglais ont un ordre bien spécifique ! Comme nous l'avons déjà dit, ils se placent toujours devant le nom qu'ils qualifient, mais comment s'organisent-ils entre eux ?

Taille	**âge**	**opinion**	**couleur**	**matière**	**substantif**
big	old	beautiful	black	wooden	piano
small	young	ugly	white		man
deep		wonderful	blue		river
long			black		road
long	young	sad	white		face
young		happy	black		girl

TAILLE

big	grand/gros
small	petit
high	grand/haut
low	petit/bas
tall	grand (pour les personnes)
short	court/petit (pour les personnes)
wide	large
narrow	étroit
long	long
deep	profond
shallow	superficiel/peu profond

ÂGE

old	vieux
young	jeune
new	nouveau

ADJECTIVES

OPINION

La plupart des adjectifs figurent dans cette vaste catégorie : tout ce qui peut exprimer une opinion s'y retrouve!

good	bon	nice	bon/mignon/sympathique
bad	méchant	pleasant	plaisant
happy	heureux	fast	rapide
sad	triste	slow	lent
rich	riche	grateful	reconnaissant
poor	pauvre	un*grateful	ingrat
beautiful	beau	polite	poli/courtois
ugly	laid/moche	impolite	impoli
thin	maigre	lucky	chanceux
fat	gros	un*lucky	malchanceux

* ***un***- au début d'un adjectif, permet d'exprimer le sens opposé d'un adjectif, son exact contraire.

COULEUR

black	noir	light blue	bleu clair
blue	bleu	grey	gris
green	vert	orange	orange
yellow	jaune	purple	violet
white	blanc	red	rouge
pink	rose	brown	marron

MATIÈRE

Les adjectifs de ce groupe équivalent à la matière même, et bien sûr au substantif auquel ils renvoient !

wooden	en bois	bois
steel	en acier	acier
plastic	en plastique	plastique
glass	en verre	verre/vitre
metal	en métal	métal
cotton	en coton	coton
cloth	en tissu	tissu/vêtement

À présent, faisons un exercice classique qui consiste à réorganiser ces adjectifs de sorte à former des phrases correctes. C'est à toi de remettre ces phrases dans le bon ordre…

EXERCICE n. 48

1. John is a…………………………………………white - young - beautiful - tall **man**.
2. John's wife is …………………………………… ugly - short - old - fat **woman**.
3. He had a ………………………………………………… wooden - long - brown **leg**.
4. She had a ………………………………………… glass - old - short - nice **table**.
5. They were in a ……………………………………… blue - new - metal - fast **car**.
6. I have a…………………………………………… cotton - soft - white - new **t-shirt**.
7. She wears ………………………………………… pink - plastic - modern **glasses**.
8. She had……………………………………………………… brown - beautiful - big **eyes**.
9. He was a……………………………………………………………… thin - old - tall **boy**.
10. She is a ……………………………………………………………young - nice - polite **girl**.

ADVERBS

Un adverbe est un mot qui est employé pour préciser quand, où et comment une action se déroule. Les adverbes sont ces "mots" qui, en français, se terminent généralement par **-ment**, tandis qu'en anglais, ils se forment généralement en ajoutant **-LY** à l'adjectif.

Lent	slow
Lentement	slowly
Clair	clear
Clairement	clearly
Évident	obvious
Évidemment	obviously

COMPARATIVE 1.3.4

Dans une phrase comparative, on met en relation deux éléments ou deux personnes (appelés termes de comparaison), au moyen d'un adjectif.

Paul is **slower than** John. Paul est **plus lent que** John.
John is **less slow than** Paul. John est **moins lent que** Paul.
John isn't **as slow as** Paul. John n'est pas **aussi lent que** Paul.

Paul et John sont les deux termes comparés, "lent" est l'adjectif qui les met en relation.

Il existe trois formes de comparatif : de SUPÉRIORITÉ (plus)
d'INFÉRIORITÉ (moins)
d'ÉGALITÉ (aussi/autant)

1. SUPÉRIORITÉ

Pour former le comparatif de supériorité des adjectifs, il faut suivre le schéma suivant :

Adjectifs monosyllabiques

ADJECTIFS + -ER
tall/tall**er** (grand/plus grand)

Cas particuliers :

1_On ajoute un **-R** aux adjectifs qui se terminent par **-E**
nic**e**/nic**er** (mignon/plus mignon)

2_Les adjectifs qui se terminent par une consonne précédée d'une voyelle **doublent la consonne** à laquelle on ajoute **-ER**
h**ot**/h**otter** (chaud/plus chaud)

3_Les adjectifs monosyllabiques et dissyllabiques qui se terminent par **-Y**, transforment le **Y** en I auquel on ajoute **-ER**
ugl**y**/ugl**ier** (laid/plus laid)

COMPARATIVE

Adjectifs formés de plus de 2 syllabes

MORE* + ADJECTIF
interesting/**more** interesting (intéressant/plus intéressant)

* Les adjectifs dissyllabiques peuvent adopter aussi bien la forme -ER qu'être précédés de *MORE*. Habituellement :

On emploie la forme **-ER** si on veut donner **davantage d'importance à l'adjectif.** On emploie la forme avec **MORE** si, au contraire, on veut donner **plus d'importance au terme *more***.

En revanche, le **deuxième terme** de comparaison** est toujours introduit par *THAN*.

Paul is taller **than** John. Paul est plus grand que John.
This book is more expensive **than** that one. Ce livre est plus cher que celui-là.

** Quand le second terme de comparaison est un pronom personnel, on emploie le **pronom personnel sujet** :
He is taller than I, YOU, S/HE, THEY.
Paul is taller **than** she (is).

Le comparatif de supériorité peut être précédé d'un de ces adverbes pour en nuancer l'intensité :

much/a lot of/far + **comparatif** signifient bien **plus/beaucoup plus**
We are going to Madrid by car. It's **much cheaper**! Nous irons à Madrid en voiture. C'est bien plus économique !
Travelling by plane is **far more expensive**. Voyager en avion est beaucoup plus cher.

a little/a bit/a little more + **comparatif** signifient **un peu plus**
My suitcase is a **little heavier** than yours. Ma valise est un peu plus lourde que la tienne.
Paul is **a bit taller** than John. Paul est un peu plus grand que John.

comparatif + ***and*** + **comparatif** signifient **de plus en plus**

It's getting **colder and colder.** Il fait de plus en plus froid.

It's getting **more and more difficult** to find a car park in the city centre. Il devient de plus en plus difficile de trouver un parking dans le centre ville.

the **+ comparatif +** ***the*** signifie **(le) plus/(le) plus**

The sooner you leave, **the** sooner you will arrive. Plus tôt tu partiras, plus tôt tu arriveras.
The sooner, the better! Le plus tôt sera le mieux !

2. INFÉRIORITÉ

Pour former le comparatif d'infériorité des adjectifs, il faut suivre le schéma suivant :

LESS **+ ADJECTIF**

Le **second terme** de comparaison est toujours introduit par *THAN*.

John is **less tall than** Paul. John est moins grand que Paul.
Sarah is **less beautiful than** I (am). Sarah est moins belle que moi.

Comme pour le comparatif de supériorité, le comparatif d'infériorité peut être précédé d'un adverbe pour en nuancer l'intensité :

John is a **little less** tall than Paul. John est un peu moins grand que Paul.
Travelling by train is **far less** expensive than travelling by plane. Voyager en train est beaucoup moins cher que voyager en avion.

3. ÉGALITÉ

Pour former le comparatif d'égalité des adjectifs, il faut suivre le schéma suivant :

AS **+ ADJECTIF +** ***AS***

Le second **terme de comparaison***, dans le cas présent, est introduit par le deuxième *AS*.

Mary is **as tall as** Susan. Mary est aussi grande que Susan.

This cake is **not as good as** the cake my grandmother makes. Ce gâteau n'est pas aussi bon que le gâteau que fait ma grand-mère.

* Quand le second terme de comparaison est un pronom personnel, on emploie le **pronom personnel sujet** :
He is as tall as I, YOU, S/HE, THEY.
Sarah is **as** beautiful as I (am).

En anglais, pour dire pourtant la même chose, on préfère utiliser le comparatif d'égalité dans une phrase négative, plutôt que le comparatif d'infériorité :

John isn't as tall as Paul plutôt que John is less tall than Paul.

EVEN

Even, qui signifie "même", est un autre élément important dans la formation du comparatif. En français, Even more équivaut à "encore plus".

Jenny est encore plus belle que Jane ! Jenny is even more beautiful than Jane!

Le LOSC est encore plus fort que l'OM ! LOSC is even stronger than OM!

L'Angleterre est encore plus froide que la France. England is even colder than France.

leopard	léopard
pig	cochon
elephant	éléphant
snail	escargot
bee	abeille
lion	lion
horse	cheval
bat	chauve-souris
camel	chameau
feather	plume
fast	rapide
busy	pris/occupé
dangerous	dangereux
blind	aveugle
light	léger

Tu as bien compris ? Mets-toi à l'épreuve en traduisant ces phrases !

EXERCICE n. 49

1. Il est aussi rapide qu'un léopard. ....
2. Il est aussi gros qu'un cochon. ....
3. Je suis gros comme un éléphant. ....
4. Elle est aussi lente qu'un escargot. ....
5. Elle est aussi occupée qu'une abeille. ....
6. Je suis aussi dangereux qu'un lion. ....
7. Il mange autant qu'un cheval. ....
8. Il est aussi aveugle qu'une chauve-souris. ....
9. Elle est encore plus légère qu'une plume. ....
10. Un lion mange encore plus qu'un chameau. ....

AS or LIKE

Combien de fois mes étudiants me demandent d'expliquer ces deux façons de dire "comment" ! *AS* est employé pour former le comparatif, mais *LIKE* aussi est utilisé dans le même sens. Tu es troublé ? Moi aussi ! Voyons plutôt les différents emplois…

AS **+ SUBSTANTIF** signifie "dans le rôle de/avec la fonction de"

I work as a teacher at the English school. Je travaille comme professeur dans une école anglaise.
I use my bedroom as a studio. J'utilise ma chambre comme un bureau.

LIKE **+ SUBSTANTIF ou PRONOM** sert à comparer

He eats like a pig. Il mange comme un cochon.
She dances like an elephant. Elle danse comme un éléphant.

EXERCICE n. 50

1. Mike is working in London ____ a policeman.
2. He looks ____ a gorilla.
3. ____ you know, I have no money.
4. She sees me ____ a bank!
5. He drinks ____ a fish!
6. I love him ____ a friend, only ____ a friend!
7. You are ____ a brother to me.
8. You are ____ stupid ____ me.
9. He plays football ____ a girl!
10. She's working ____ a waitress.

SUPERLATIVE 1.3.5

Il existe deux formes de superlatif : **absolu** (Marc est très grand)
relatif (Marc est le plus grand de sa classe)

1. **ABSOLU**

Avant tout, voyons comment on le forme :

***VERY*, *EXTREMELY* et *REALLY* + ADJECTIF**

Mark is very tall. Mark est très grand.
This book is very interesting. Ce livre est très intéressant.
That girl is really beautiful. Cette fille est très belle.

Certains adjectifs ont déjà un sens superlatif et, avec ces derniers, on emploie les adverbes *very* et *extremely*, mais aussi *absolutely* et *really* (qui sont moins formels). En voici quelques-uns :

freezing	très froid
wonderful	merveilleux
fantastic	fantastique
marvellous	merveilleux
perfect	parfait
essential	essentiel
enormous	énorme
delicious	délicieux
awful	horrible

This cake is **absolutely** delicious! Ce gâteau est absolument délicieux !
It's **really** freezing, today. Il fait vraiment très froid aujourd'hui.

2. **RELATIF**

Pour former le superlatif relatif, il faut suivre les indications que je te résume de suite.

SUPERLATIVE

Adjectifs monosyllabiques

THE* ADJECTIF-*EST
tall/the tall**est** (grand/le plus grand)

Cas particuliers :

1_Avec les adjectifs se terminant par **-E** il suffit d'ajouter **-ST**
nic**e**/nic**est** (mignon/le plus mignon)

2_Les adjectifs monosyllabiques et dissyllabiques se terminant par **-Y** transforment le **Y** en **I** auquel il faut ajouter **-EST**
happ**y**/happ**iest** (heureux/le plus heureux)

Adjectifs composés de plus de 2 syllabes

THE MOST* + ADJECTIF
interesting/the **most** interesting (intéressant/le plus intéressant)

* Les adjectifs dissyllabiques peuvent aussi bien prendre la forme -EST qu'être précédés de *MOST* : narrow – narrowest/most narrow.

Adjectifs qui, au comparatif/superlatif, sont irréguliers

good	better	the best
bad	worse	the worst

I am faster than you, but Michael is the fastest in the world! Je suis plus rapide que toi, mais Michael est le plus rapide du monde !
She is more beautiful than her sister, but her mother is the most beautiful woman in the city! Elle est plus belle que sa sœur, mais sa mère est la plus belle femme de la ville !
You are slower than I (am), but David is the slowest in the class. Tu es plus lent que moi, mais David est le plus lent de la classe.

OLD

old (vieux)
Cet adjectif possède deux formes de comparatif, et par conséquent, deux superlatifs :

older peut s'employer dans tous les cas

My house is older than yours. Ma maison est plus vieille que la tienne.
He is older than I (am). Il est plus vieux que moi.

elder s'emploie pour comparer l'âge des membres d'une même famille

My elder brother is a teacher. Mon frère aîné est professeur.

oldest peut s'employer dans tous les cas

This is the oldest building in the town. C'est le plus vieil immeuble de la ville.
Carl is the oldest sailor on the ship. Carl est le plus vieux marin sur le navire.

eldest s'emploie pour comparer l'âge des membres d'une même famille.

She is the eldest daughter. C'est la fille aînée.

Maintenant c'est le moment d'un potit quiz. Parmi les 4 propositions figurant dans ce *multiple choice*, tu dois deviner celle qui est correcte !

EXERCICE n. 51

1. Quel est le comparatif de *hot*?
hoter
hotter
hotest
hottest

2. Quel est le superlatif de *deep*?
deeper
deepper
deepest
deeppest

3. Quel est le comparatif de *lively*?
livelyer
more livelyer
livelier
more livelier

4. Quel est le comparatif de *sad*?
sader
sadder
sadier
saddier

5. Quel est le superlatif de *ugly*?
uglier
uggliest
uglyest
ugliest

6. Quel est le superlatif de *small*?
smallier
smaller
smalliest
smallest

7. Quel est le superlatif de *unpleasant*?
unpleasant
most unpleasant
more unpleasant
unpleasantest

8. Quel est le comparatif de *destructive*?
destructiver
more destructive
destructivier
more destructivier

9. Quel est le superlatif de *soft*?
softest
softiest
softtest
most soft

10. Quel est le comparatif de *heat*?
heater
heatter
heatier
hetter
aucun

SUPERLATIVE

À l'aide de tous les comparatifs et superlatifs, il est temps de traduire une jolie lettre avec les adjectifs appris précédemment.
La lettre a été écrite par monsieur Jones, qui a toujours désiré acheter un chien de garde pour sa ferme. Mais tous les jours arrivait un chien qui ne lui convenait pas et il en explique les raisons.
Pour cet exercice, il est primordial de savoir que, dans une phrase anglaise, le verbe se place après le sujet, même si en français il est mis en début de phrase.
Souviens-toi de la structure de la phrase anglaise :
SUJET + VERBE + COMPLÉMENT.

EXERCICE n. 52

Cher Monsieur Smith,

Lundi est arrivé un chien blanc, gros et lent.

Mardi est arrivé un chien plus gros et plus lent que le premier.

Mercredi est arrivé le chien le plus gros et le plus lent de tous.

Jeudi est arrivé un chien maigre, noir, lent et stupide.

Vendredi est arrivé le pire chien du monde. Un chien avec une jambe en bois et un œil de verre cassé appelé Lucky.

Rendez-moi mon argent !

Monsieur Jones.

SOME and ANY

Ces sont les “partitifs” anglais, qui signifient “quelques”, “des”, “d’”, “de”, à savoir une partie de quelque chose.

SOME s’emploie dans les phrases affirmatives, ou dans les questions si tu sais déjà, ou si tu sens, que la réponse sera affirmative.

ANY s’emploie dans les phrases négatives et interrogatives.

Je mentionne aussi A LITTLE (un peu de) et A FEW (quelques) comme des options possibles.

I have some friends.	J’ai quelques amis.
I haven’t any friends.	Je n’ai pas d’amis.
Are there any shells on the beach?	Y a-t-il quelques coquillages sur la plage ?
Is there any air in the ball?	Y a-t-il de l’air dans le ballon ?
I have little time.	J’ai peu de temps.
I have a little time.	J’ai un peu de temps.
I have few records.	J’ai peu de disques.
I have a few records.	J’ai quelques disques.

THE HUMAN BODY AND THE FIVE SENSES 1.3.6

Pour commencer, je vais te faire la liste de toutes les parties du corps. Les connaître pourra un jour ou l'autre t'être très utile…

head	tête
face	visage
neck	cou
arm	bras
chest	poitrine/torse
breasts	sein
belly	ventre
back	dos
hand	main
finger	doigt
thumb	pouce
palm	paume/creux
leg	jambe
knee	genou
foot	pied

Je ne peux pas passer sous silence les parties intimes : s'il devait t'arriver quelque chose à l'étranger, tu aimerais pouvoir l'expliquer au pharmacien ou au médecin. J'ai donc trouvé un moyen plus sympa de les nommer, comme nous les Anglais :

private parts	parties privées
buttocks	fesses
bottom	postérieur
genitals	organes génitaux

Il est tout aussi important de savoir exprimer la **douleur**. Quand une partie du corps te fait mal, en anglais, on construit la phrase en indiquant en premier "la partie" suivie du verbe ***to hurt*** (faire mal).

My eyes hurt.	Mes yeux me font mal./J'ai mal aux yeux.
My legs hurt.	Mes jambes me font mal./J'ai mal aux jambes.
My head hurts.	Ma tête me fait mal./J'ai mal à la tête.
His back hurts.	Son dos lui fait mal./Il a mal au dos.
Her belly hurts.	Son ventre lui fait mal./Elle a mal au ventre.

THE HUMAN BODY **AND THE FIVE SENSES**

Faisons à présent quelque chose de sympa avec les parties du corps les plus importantes et les verbes tout aussi essentiels qui leur sont rattachés.
Je te propose cette corrélation puisque de nombreux verbes utilisés en anglais sont reliés à une partie du corps et il est plus facile pour le cerveau d'avoir des images à mémoriser.

1. THE HEAD

Partons du haut, de la TÊTE. Tout d'abord il y a les cheveux (s'il y en a !).

Les cheveux sont indénombrables, donc que tu en aies beaucoup ou peu, ils restent toujours *HAIR*.
(Attention à la prononciation du "H", parce que si tu ne le prononces pas et que tu dis "air", tu demanderas : "*Please, cut my (h)air !*", coupe-moi l'air. Je dirais que tu es en danger !)
HAIR est un mot très courant en anglais. Nous l'utilisons pour tous les poils, en ajoutant la partie du corps en question (*arm hair, chest hair, leg hair*).

eye/eyes	œil/yeux
nose	nez
mouth	bouche
chin	menton
ear/ears	oreille/oreilles
cheek/cheeks	joue/joues

2. THE EYES

Et maintenant voyons les YEUX. Combien de choses peuvent-ils faire ? Ce qui est sûr, c'est qu'ils sont rattachés à l'un des cinq sens.

The sense of sight (la vue)

voir
to see-saw-seen

Retiens qu'en anglais, quand on utilise le verbe VOIR, on préfère dire "*I can see*" plutôt que "*I see*":

I can see you! Can you see me?
Can't you see me? I can't see you!

regarder
to look-looked-looked
to watch-watched-watched

On emploie *look (at)* pour attirer l'attention sur l'aspect physique de quelqu'un ou de quelque chose (*at* est semblable à une flèche qu'il faudrait utiliser pour indiquer ce que l'on regarde).

On emploie *watch* pour attirer l'attention sur l'action que quelqu'un ou quelque chose est en train de faire.

Tom, look at that dog!
Tu veux que Tom regarde comment est fait le chien, sa race, sa couleur…
Tom, watch that dog!
Tu veux que Tom regarde ce que fait le chien, du style sauter, danser, chanter au karaoké…
Tim: What are you looking **at**?
Tom: I am looking **at** the photo.
Julie: What are you watching?
Sarah: I am watching a sad film.

La différence entre regarder et voir, c'est que voir est involontaire. Si un Écossais remonte son kilt devant toi, tu vas le voir mais ce n'est pas volontaire (en tout cas j'espère !). En revanche, si tu le regardes, c'est que tu as bu plus que lui !

3. THE NOSE

Et tout de suite le NEZ qui, comme les yeux, est rattaché à l'un des cinq sens.

The sense of smell (l'odorat)

sentir
to smell-smelled-smelled

I can smell coffee. Can you smell coffee?
Can't you smell coffee? I can't smell coffee.

Maintenant un autre bijou de la langue anglaise : *to smell* (verbe) signifie “sentir”, mais *smell* (substantif) signifie “odeur”. En tant que substantif, il reste neutre jusqu’à ce qu’on y ajoute un adjectif. Ainsi, tu pourras avoir un bon parfum, *a good smell*, ou alors une puanteur, *a bad smell.*

4. THE EARS

Et maintenant les OREILLES, rattachées elles aussi à l’un des cinq sens.

The sense of hearing (l’ouïe)

Entendre/ouïr
to hear-heard-heard

I can hear the traffic. Can you hear the traffic?
Can’t you hear the traffic? I can’t hear the traffic.

écouter
to listen-listened-listened

Comme avec *to see* et *to look*, il existe une différence entre “entendre” et “écouter”. *To hear* est involontaire, tandis que *to listen* est volontaire.

Je suis forcé d’entendre un chanteur que je déteste à la radio pendant les trois secondes où je n’arrive pas à changer de station. Au contraire, j’écoute mon chanteur préféré avec plaisir… et j’utilise *to listen.*
De plus, comme avec *to look* (*at*), *to listen* possède une flèche : lorsque l’on veut ou l’on doit indiquer ce qu’on écoute, on emploie *to*.

Don’t listen **to** him, listen **to** me! Ne l’écoute pas, écoute-moi !

5. THE MOUTH

Et maintenant la BOUCHE qui permet un acte vraiment primordial :

respirer
to breathe-breathed-breathed

La bouche aussi, grâce à la langue, est rattachée à l’un des cinq sens.

The sense of taste (le goût)

savourer/goûter
to taste-tasted-tasted

I can taste salt in this soup. Can you taste salt in this soup?
Can't you taste salt in this soup? I can't taste salt in this soup.

6. "THE VOICE"

La voix est, elle aussi, liée à la bouche. Même si elle n'est pas une partie du corps, elle revêt des fonctions fondamentales qui méritent qu'on lui consacre un petit chapitre.

Voyons ce qu'il est possible de faire avec la voix :

parler
to talk-talked-talked
to speak-spoke-spoken

Ces deux verbes sont plus ou moins interchangeables, mais *to speak* est plus formel.

dire
to say-said-said
to tell-told-told

To say est plus général, on l'utilise dans des discours et dans des conversations, tandis que *to tell* est employé comme synonyme de "raconter", "donner des instructions" et "informer".

To say possède une de ces fameuses flèches, *to*, servant à indiquer à qui l'on s'adresse.

What did she say **to** him? Ou alors What did she tell him?

crier
to shout-shouted-shouted

"STOP SHOUTING!" I shouted.

hurler
to scream-screamed-screamed

All the girls were screaming, when they saw John Peter Sloan (in my dreams!).

murmurer
to whisper-whispered-whispered

"I love you!" the postman whispered into my wife's ear.

chanter
to sing-sang-sung

"I only sing in the shower" said Tommy. "So you don't sing very often!" I said.

7. THE FIFTH SENSE

À présent, il ne manque plus que le cinquième sens :

The sense of touch (le toucher)

toucher
to touch-touched-touched

I can touch the sky. Can you touch the sky? (En réalité, seuls ceux qui fument des cigarettes spéciales parviennent à le faire !)
Can't you touch the sky? I can't touch the sky.

Comme en français, *to be touched* (être touché) renvoie aussi à une dimension émotive, on peut donc "être touché sentimentalement".

You remembered my birthday! (alors, quand ?) I am touched!
I heard Domenech on the radio defending his actions and I was touched.
Your book is very touching.

pousser
to push-pushed-pushed

THE HUMAN BODY AND THE FIVE SENSES

tirer
to pull-pulled-pulled

sentir/ressentir
to feel-felt-felt

sentir avec les mains : to feel
ressentir sentimentalement : to feel
sentir avec le nez : to smell
sentir avec les oreilles : to hear

I can feel something on my chest! Is it a spider? Aaaghhrr!
I feel love for you.
I feel loved/bad/cold/good.

driver (draïveur)	conducteur/chauffeur
suddenly (seudenlii)	soudain
dark	obscurité/obscur/noir
high volume (haï volioum)	haut volume
back door (bak dor)	la porte de derrière
turned on	allumé
turned off	éteint

VERBS

to want (want)	vouloir
to happen (happen)	arriver/survenir
to decide (dessaïd)	décider
to die (daï)	mourir
to turn on (teurn on')	allumer
to turn off (teurn off)	éteindre

OK ! Il est temps de prendre un bon café et une profonde inspiration, parce qu'on va commencer des exercices plus sérieux : la petite histoire à traduire maintenant contient (surtout) des verbes en rapport avec le corps et des prépositions. Attention : cette histoire fait très peur, donc si tu as des problèmes de cœur, ne prends pas de risque ! *Let's go!*

EXERCICE n. 53

Hier soir à 7 h 30, j'étais dans un taxi avec ma femme.
J'étais assis derrière le chauffeur et je regardais les photos de la nouvelle maison pendant que ma femme écoutait la radio. Le chauffeur nous parlait mais je n'entendais pas ce qu'il disait. De derrière, j'ai vu que le chauffeur avait des cheveux longs et noirs et de grosses oreilles. Soudain, j'ai entendu un hurlement et j'ai touché le bras de ma femme. Je voulais voir ce qui s'était passé j'ai donc dit (instruction) au chauffeur de taxi de s'arrêter. Je suis allé vers la maison, mais ma femme n'a pas voulu venir avec moi. Quand j'étais devant la maison je ne voyais rien, je suis donc allé dans le jardin pour mieux voir. À travers la fenêtre je ne voyais rien parce que tout était noir. J'ai donc décidé d'aller derrière la maison. Je suis entré par (à travers) la porte de derrière. Dans la maison j'ai entendu quelqu'un murmurer. Je voulais partir en courant mais j'étais trop curieux. 5 minutes après, j'ai entendu quelqu'un crier : "Dehors ! dehors d'ici !" Je voulais mourir. Lentement, j'ai marché dans le séjour et j'ai tout vu. C'était une télé allumée avec le volume au maximum avec une vieille femme qui dormait devant !

NO

Sert à traduire RIEN, AUCUN, et s'emploie aussi bien avec les noms singuliers que pluriels
Fais attention, parce que *NO* à lui seul exprime quelque chose de négatif. C'est pourquoi il ne peut y avoir une autre négation dans la phrase. Il faut donc que le verbe soit à la forme affirmative, sinon cela formerait une double négation !

I have no friends.	Je n'ai pas d'amis./Je n'ai aucun ami.
I have no money.	Je n'ai pas d'argent.
We have no solution.	Nous n'avons aucune solution.
Mark has no chance with Lucy.	Mark n'a aucune chance avec Lucy.
They have no idea about me.	Ils n'ont aucune idée me concernant.

STEP 4

1.4.1 ***Present perfect***

1.4.2 ***Present perfect continuous***

1.4.3 ***Past perfect***

1.4.4 **Verbes modaux**
Can/Could/Be able to
Could/Could have
Would/Would have
Should/Should have
Might (or may)/Might have
Must and have to

PRESENT **PERFECT** 1.4.1

Ce temps verbal traduit le passé composé en français (j'ai mangé, j'ai fait, je suis allé…), en théorie ! Parce que, en écoutant les Français, on remarque que "j'ai mangé" est employé à la fois comme passé composé et passé simple, en rapport avec une action déjà achevée.

Philippe : Qu'as-tu fais ce matin ?
Jean : Rien, j'ai mangé à la maison, puis j'ai pris la voiture (actions achevées).

En anglais, si tu peux préciser quand l'événement s'est produit dans le passé, tu ne peux pas employer le ***present perfect***. Il serait incorrect de dire *I have seen your mother yesterday*, car dans ce cas, l'action est achevée, il faut donc employer le ***simple past*** : *I saw your mother yesterday*
Le ***present perfect*** est le temps verbal qui exprime le concept général d'une action qui, s'étant produite dans le passé (il y a un jour ou quelques minutes), a des conséquences importantes dans le présent.

I **have seen** your mother; she is beautiful!
I **have broken** my leg; I can't come to play football.

Le fait que celui qui parle se soit cassé la jambe dans le passé n'est pas le plus important ; le plus important est qu'il ne peut plus jouer **maintenant**.

Voyons en détail comment se construit une phrase au *present perfect*, en prenant en considération qu'il faut l'auxiliaire *TO HAVE* suivi du participe passé du verbe (dans la "chaîne", il s'agit de la troisième forme du verbe).

La PHRASE AFFIRMATIVE est structurée ainsi :

sujet + *to have* + participe passé du verbe + complément

I have eaten an apple. J'ai mangé une pomme.

simple past: I ate an apple.

La PHRASE NÉGATIVE est structurée ainsi :

sujet + *to have* + *not* + participe passé du verbe + complément

I haven't eaten an apple. Je n'ai pas mangé une pomme.
simple past: I didn't eat an apple.

La PHRASE INTERROGATIVE est structurée ainsi :

to have + sujet + participe passé du verbe + complément

Have you eaten an apple? As-tu mangé une pomme ?

simple past: Did you eat an apple?

La PHRASE INTERROGATIVE NÉGATIVE est structurée ainsi :

to have + *not* + sujet + participe passé du verbe + complément

Haven't you eaten an apple? N'as-tu pas mangé une pomme ?

simple past: Didn't you eat an apple?

Voyons quelques exemples pour que tu aies les idées plus claires...

This morning, **I bought** (simple past) a watch. Ce matin, j'ai acheté une montre.

I have bought (present perfect) a watch; do you like it? J'ai acheté une montre, tu l'aimes ? (On emploie le *present perfect* car il importe peu de savoir quand la montre a été achetée, ce qui importe c'est l'avis de la personne avec qui l'on parle AU MOMENT PRÉSENT !)

I **broke** (simple past) Jake's PC last week. J'ai cassé le PC de Jake la semaine dernière.
I **have broken** (present perfect) Jake's PC! J'ai cassé le PC de Jake ! (il y a une question sous-entendue dans cette phrase exprimée au *present perfect* : “qu'est-ce que je fais MAINTENANT ?”).

Mon cerveau anglais décide automatiquement si quelque chose survenu dans le passé n'est important que “dans le passé”, ou si ce qui est le plus important, c'est la conséquence de cette même action dans le PRÉSENT. Le cerveau français ne décide pas automatiquement, et c'est pour cela que les Français ont du mal à utiliser ce temps en anglais. Le seul moyen de l'apprendre est de L'EMPLOYER le plus souvent possible !

PRESENT PERFECT CONTINUOUS 1.4.2

Ce temps verbal est employé pour exprimer une action qui a commencé dans le passé, et qui continue dans le présent.

La PHRASE AFFIRMATIVE est structurée ainsi :

sujet + *has/have* + *been* + gérondif (verbe + *-ing*)

I **have**/I'**ve been working** here for two years.
You **have**/You'**ve been working** here for two years.
Have you **been working** here for two years?
You **have not**/**haven't been working** here for two years.

FOR and SINCE

Avec le *present perfect continuous*, pour dire depuis combien de temps on fait, ou on est en train de faire, on a un choix à faire :

SINCE ("à partir de") s'emploie lorsque le moment où a débuté l'action est exprimé.
FOR ("pendant") s'emploie lorsque la durée de l'action est exprimée.

Tu travailles pour ton entreprise depuis vingt ans, voici deux façons de le dire :

Q. How long* have you been working for Teleboh?
A: I have been working for Teleboh for 20 years. (J'y travaille depuis vingt ans.)
Ou alors
A: I have been working for Teleboh since 1993. (J'y travaille depuis 1993.)

* La phrase interrogative est toujours introduite par how long (depuis combien de temps ?).

PRESENT **PERFECT CONTINUOUS**

Dernièrement, ma femme et moi sommes allés chez un "professionnel" pour mettre un peu d'ordre dans notre couple.

Doctor: So, you have been having problems lately, right? Donc, vous avez eu des problèmes ces derniers temps, c'est juste ?
Wife: Yes, we both have the same problem, I and he. Oui, nous avons le même problème, lui et moi.
D: What is it? De quoi s'agit-il ?
W: He! Lui !
John: See? I have been tolerating these things for ten years! I have been waiting for a little respect since I met her, but nothing! Vous voyez ? Je tolère ces choses depuis dix ans ! J'ai attendu d'avoir un peu de respect depuis que je la connais, mais rien !
D: What is the problem, madam? Quel est le problème, Madame ?
W: The problem is that he always puts me in his stupid tales for his students, what a bad impression! Le problème est qu'il me met toujours dans ses histoires stupides pour ses étudiants, quelle mauvaise impression !
D: I have been seeing couples since 1977, but I have never seen a couple like you! Je vois des couples depuis 1977, mais je n'ai jamais vu (*present perfect*) un couple comme vous !

LATELY and RECENTLY

On emploie le *present perfect continuous* pour exprimer des actions plus générales quand ce temps verbal est accompagné de *lately* (dernièrement/ces derniers temps) ou *recently* (récemment).

I haven't been feeling well, lately. Ces derniers temps, je ne me sens pas bien.
She hasn't been working, lately. Elle n'a pas travaillé dernièrement.
She hasn't been studying, recently. Elle n'a pas étudié récemment.
He hasn't been calling, recently. Il n'a pas appelé récemment.

PRESENT **PERFECT CONTINUOUS**

tired	fatigué
all day	toute la journée
builders	maçons
VERBS	
to clean	nettoyer
to watch	regarder
to want	vouloir
to disturb	déranger
to think	penser
to build	construire

À présent traduisons quelques dialogues.

EXERCICE n. 54

1.

John: Mon amour, tu es fatiguée, comment ça se fait ? ....

Wife: Parce que j'ai nettoyé toute la journée. ....

John: Je le sais, je t'ai regardée toute la journée. ....

Wife: Tu m'as regardée toute la journée ? Pourquoi ne m'as-tu pas aidée ? ......
....

John: Parce que je ne voulais pas te déranger ! ....

2.

John: Depuis quand construisent-ils cette maison ? ....

Liam: Ils travaillent depuis deux ans. ....

John: Mais il a plu jusqu'à présent ? ....

Liam: Non, le problème c'est qu'il n'y a que deux maçons ! ....

PAST **PERFECT** 1.4.3

Même le *present perfect* possède son propre passé qui correspond au plus-que-parfait en français (j'avais mangé, bu, dormi…) : ce temps est facile, il est identique à celui que tu utilises.
Il suit les mêmes règles que le *present perfect*, mais, étant passé, le verbe *TO HAVE* se met lui aussi au passé :

I had already seen the film. J'avais déjà vu ce film.
I was tired because I had worked a lot that week. J'étais fatigué parce que j'avais beaucoup travaillé cette semaine-là.
I left the restaurant because I had eaten enough. J'ai quitté le restaurant parce que j'avais assez mangé.

ENCORE

Pour traduire "encore" en anglais, il y a trois expressions différentes : *again, still* et *yet*. Voyons-les une à une, pour comprendre leurs caractéristiques.

Again

Signifie "**encore/de nouveau**" et sert à indiquer une action répétée.

I called her at 10. Then I called her again at 11. Then again at 12. Je l'ai appelée à 10 heures, puis de nouveau à 11 heures, puis de nouveau à 12 heures.
(Celui qui parle a appelé 3 fois et chaque fois il y a eu une interruption entre ses appels.)

Still

Signifie "**encore**", mais renvoie à des actions ininterrompues.

Supposons que tu laisses ton ami au pub à 20 heures. Tu reviens à minuit (you come back again at 12 P.M.), et il est encore là. Il n'y a aucune interruption, c'est pourquoi on emploie still.
Are you still here? Tu es encore ici ?
After 30 years, Zidane was still playing! Après 30 ans, Zidane jouait encore !

Yet

Associé à *NOT*, il signifie "**pas encore**". Avant de t'expliquer ce qu'il a à voir avec le *present perfect*, fais attention à la place de *yet*, qui se place presque toujours à la fin de la phrase.

I have seen your new car. J'ai vu ta nouvelle voiture.
I have not seen your new car, yet. Je n'ai pas encore vu ta nouvelle voiture.

Has Mike arrived? Il est arrivé Mike ?
Not yet. Pas encore.

Have they paid you? Ils t'ont payé ?
No, they haven't paid me, yet. Non, ils ne m'ont pas encore payé.

I haven't cleaned the room, yet! Je n'ai pas encore nettoyé la chambre !

Complète à présent les phrases ci-dessous en utilisant again, still et yet!

EXERCICE n. 55

1. I will read the book, but I haven't had time, ____.
2. Do you want to go out with me, ____?
3. He is ____ watching tv!
4. They are ____ winning! In 20 minutes, the game will be finished.
5. You broke your leg, ___?!
6. I loved Paris; I want to go, _____.
7. Do you ____ love me?
8. I don't know what I want to do, ____.
9. Sorry! The book hasn't arrived, ____.
10. Can you take me to work, _____? I am on foot.
11. You ____ don't know who I am, do you?
12. I ____ love you.
13. You're in love? But you haven't seen her, ____!
14. Oh my God! Birmingham City won the Champions, ___!

VERBES **MODAUX** 1.4.4

Les verbes modaux servent à exprimer une hypothèse, la possibilité qu'une chose ou une action surviennent ou non.
Habituellement, ils fonctionnent comme des verbes auxiliaires.
Les verbes modaux restent identiques à toutes les personnes et le verbe à l'infinitif qui les suit n'est jamais précédé de *TO*. (Retenez que dans *could*, *would* et *should*, on ne prononce jamais le "L".)

1. CAN/COULD/BE ABLE TO

Passé : Could
Présent : Can
Futur : Will be able to

La PHRASE AFFIRMATIVE est structurée comme une phrase normale :

sujet + verbe modal + verbe infinitif (sans *to*) + complément

I can go to the cinema. Je peux aller au cinéma.

La PHRASE NÉGATIVE est structurée comme une phrase négative normale :

sujet + verbe modal + *not* +verbe infinitif (sans *to*) + complément

I cannot/can't go to the cinema. Je ne peux pas aller au cinéma.

La PHRASE INTERROGATIVE est structurée normalement, avec l'inversion du sujet et du verbe :

verbe modal + sujet + verbe infinitif (sans *to*) + complément

Can I go to the cinema? Puis-je aller au cinéma ?

La PHRASE INTERROGATIVE NÉGATIVE est structurée comme une interrogative affirmative, avec le verbe modal à la forme négative

verbe modal + *not* + sujet + verbe infinitif (sans *to*) + complément

Can't I go to the cinema? Je ne peux pas aller au cinéma ?

VERBES **MODAUX**

CAN est fondamental, et j'entends souvent qu'on l'emploie de façon erronée. Il possède trois sens :

I CAN A. je **peux** (j'ai la permission, le pouvoir de faire quelque chose)
I can open the window. (J'ai la permission du professeur.)

B. je **parviens*** (je suis en mesure de faire quelque chose)
I can open the window. (La fenêtre est haute, mais j'y arriverai.)

C. je **sais** (j'ai la capacité de)
I can speak Chinese. (je l'ai etudié : je connais la langue.)

* au lieu de dire *I can* pour "je parviens", j'entends souvent *I am able to*. Nous autres Anglais n'employons pas cette forme qui renvoie à une impossibilité physique ou mentale. Nous employons *will be able to* seulement au futur.

A. avoir la permission de...

CAN present
I can kiss my wife. (J'ai la permission de le faire, personne ne s'y bouscule ! Ah ah ah!)
My wife can't drive my car. (Je ne permets JAMAIS à ma femme de conduire ma voiture !)

Wife: Can I watch La Nouvelle Star on tv, tonight?
John: Yes, if I can watch PSG vs OM, tomorrow.
Wife: Can I drink your last beer?
John: Are you crazy? NO!

COULD past
When Lisa was my woman, I could kiss her. (Quand Lisa était ma femme, j'avais la permission de l'embrasser, plus maintenant !)
When he worked in the bar, could he drink beer for free? (Quand il travaillait au bar, avait-il la permission de boire de la bière gratuitement ? Je dirais que non, sinon pourquoi aurait-il démissionné ?)

WILL BE ABLE TO futuro
Pour former des phrases au futur, il faut considérer *WILL BE ABLE TO* comme s'il formait un bloc unique.

Pour la négation, utilise *will not* (forme contractée : *won't*).

I will be able to work in the hospital as a doctor after I graduate. J'aurai la permission de travailler à l'hôpital comme docteur après mon diplôme.
Will she be able to drive her father's car when she passes her test? Aura-t-elle la permission de conduire la voiture de son père quand elle aura son permis ?

B. parvenir/être en mesure de...

CAN present
I can arrive at seven. Je parviens à arriver à 7 heures.
They can see into the future. Ils parviennent à voir le futur.

Wife: Can you sort out the broken water pump?
John: Can't you do it? I'm watching a film.
Wife: I can't do it!
John: I haven't got the tools. I can't do it without tools. Call the plumber.
Wife: Is the film good?
John: I don't know; I can't hear it!

COULD past
She could help me with my homework. Elle était en mesure de m'aider pour mes devoirs.
Could you run for twenty miles when you were young? Étais-tu en mesure de courir 32 kilomètres quand tu étais jeune ?
I couldn't work, when I was in hospital. Je ne parvenais pas à travailler quand j'étais à l'hôpital.

WILL BE ABLE TO future
I will be able to walk better, after the operation. Je parviendrais à mieux marcher après l'opération.
I will be able to pay you, when I get my money. Je serai en mesure de te payer dès que je recevrai l'argent.

C. avoir la capacité de...

CAN present
I can speak English, but only when I'm drunk. Je sais parler anglais, mais seulement quand je suis ivre.
I can swim and cook. Je sais nager et cuisiner.

Wife: I can't drive because I have had too much whisky.
John: No, my dear, you can't drive, period*!
Wife: Ok, but I can cook.
John: That is a question of opinion.

* *period*, signifie "un point c'est tout !".

COULD past
I could speak English, when I was a child. Je savais parler anglais quand j'étais enfant.
Could you ride a bike, when you were a child? Savais-tu monter à bicyclette quand tu étais enfant ?

WILL BE ABLE TO future
My son will be able to swim. Mon fils saura nager.
I will be able to speak French well, after ten years in Paris. Je saurai bien parler français après dix ans à Paris.

Le moment est venu de faire un jeu sympa. Tu dois deviner quel *can* (avoir la permission/avoir la capacité/parvenir) a été introduit dans les exemples suivants, exemple :
I passed my driving test, I can take you home, now (permission).

EXERCICE n. 56

1. I can sleep in my bed.
2. I can read and write.
3. You can't enter without authorization.
4. Can you see the mountain from here?
5. We can't go to Japan without a passport.
6. She can run 10 kilometers in 20 minutes!
7. She can dance.
8. I can't assemble this new tent.
9. They can sing well.
10. How can you run so fast?

VERBES **MODAUX**

music	musique
jealous	jalouse
in	dans/en (temporel)
school	école
maybe	peut-être
VERBS	
to listen (to)	écouter
to dance	danser
to pay	payer
to know	savoir
to live	habiter/vivre

EXERCICE n. 57

1. Je ne peux pas t'aider, mais James peut peut-être. ....
2. Tu peux venir avec nous ? ....
3. Je ne peux pas écouter cette musique ! ....
4. Mais tu sais danser ? ....
5. Je ne peux pas parler avec toi, ma femme est jalouse, même si elle t'envie à cause de ton mari. ....
   ....
6. Je pourrai te payer dans cinquante ans. ....
7. Je connaissais le chinois quand j'étais enfant, parce que nous habitions en Chine. ....
   ....
8. Elle pourra t'emmener à l'école quand elle aura une voiture. ....
   ....
9. Nous pouvons parler demain ? ....
10. Je peux parce que c'est le mien ! ....

2. COULD/COULD HAVE

À présent commence une partie qui peut prêter à confusion, parce que *COULD*, en plus d'être le passé de *CAN*, endosse un nouveau rôle quand il est employé au conditionnel.

Le **CONDITIONNEL PRÉSENT** du verbe POUVOIR (CAN) est :

Je pourrais	I COULD
Tu pourrais	you COULD
Elle/il pourrait	she/he/it COULD
Nous pourrions	we COULD
Vous pourriez	you COULD
Ils/elles pourraient	they COULD

Could est identique à toutes les personnes et il est suivi du verbe à l'infinitif sans *TO* (comme tous les verbes modaux, tu te souviens ?).

I could go out this evening. Je pourrais sortir ce soir.
You could ask. Tu pourrais demander.
She could help you. Elle pourrait t'aider.

Le **CONDITIONNEL PASSÉ** du verbe POUVOIR (CAN) est :

J'aurais pu	I COULD HAVE
Tu aurais pu	you COULD HAVE
Elle/il aurait pu	she/he/it COULD HAVE
Nous aurions pu	we COULD HAVE
Vous auriez pu	you COULD HAVE
Ils/elles auraient pu	they COULD HAVE

Après le verbe *COULD* et le verbe *TO HAVE* doit suivre le participe passé du verbe. Voici comment on le forme :

sujet + *could* + *have* + participe passé

I could have stayed at home this evening. J'aurais pu rester à la maison ce soir.
You could have told me. Tu aurais pu me le dire.
She could have helped you. Elle aurait pu t'aider.
We could have drunk a coffee. Nous aurions pu boire un café.

VERBES **MODAUX**

La construction de la phrase est toujours identique :

AFFIRMATIVE
I could go to the cinema.

NÉGATIVE
I could not/couldn't go to the cinema.

INTERROGATIVE
Could you go to the cinema?

INTERROGATIVE NÉGATIVE
Couldn't you go to the cinema?

COULD comme possibilité
AVEC POSSIBILITÉ
John could be in America. John pourrait être en Amérique.
John could have gone to America with you. John aurait pu aller en Amérique avec toi.
John could go to America with you. John pourrait aller en Amérique avec toi.
SANS POSSIBILITÉ
Mary couldn't be at home now. Mary ne pourrait pas être à la maison maintenant.
Mary couldn't have been at home. Mary n'aurait pas pu être à la maison.
Mary couldn't possibly stay at home this evening. Mary ne pourrait pas rester à la maison ce soir.

COULD comme conditionnel
AVEC CONDITION
If I had more time, I could travel around the world. Si j'avais plus de temps, je pourrais parcourir le monde.
If I had had more time, I could have travelled around the world. Si j'avais eu plus de temps, j'aurais pu parcourir le monde.
If I have more time this winter, I could travel around the world. Si j'ai plus de temps cet hiver, je pourrais parcourir le monde.
SANS CONDITION
Even if I had more time, I couldn't travel around the world. Même si j'avais plus de temps, je ne pourrais pas parcourir le monde.
Even if I had had more time, I couldn't have travelled around the world. Même si j'avais eu plus de temps, je n'aurais pas pu parcourir le monde.

Even if I had more time this winter, I couldn't travel around the world. Même si j'avais plus de temps cet hiver, je ne pourrais pas parcourir le monde.

COULD comme suggestion
AVEC SUGGESTION
You could have visited London. Tu aurais pu visiter Londres.
You could visit London. Tu pourrais visiter Londres.
SANS SUGGESTION – IL N'Y A PAS DE NÉGATION !

COULD comme requête polie
AVEC POLITESSE
Could I have something to drink? Pourrais-je avoir quelque chose à boire ?
SANS POLITESSE
Couldn't you help me with this homework? Tu ne pourrais pas m'aider avec ces devoirs ?

to meet	rencontrer
to feel	sentir/se sentir
to kiss	embrasser/donner un baiser
to leave	partir

EXERCICE n. 58

1. Elle sera là, tu pourrais la rencontrer pour parler !......................................
2. Si tu ne te sens pas bien, tu pourrais voir un médecin. ....
3. Je suis désolé, j'aurais pu être avec toi. ....
4. Donne un baiser à Caroline, elle pourrait partir demain.............................
5. Tu pourrais m'acheter un livre ? Je t'apporte l'argent demain. ....
6. Si je trouve du temps cet été, je pourrais venir à Londres. ....
7. Tu aurais pu m'appeler...
8. J'aurais pu manger avec toi...
9. Si je ne t'avais pas vu, je n'aurais pas pu te donner l'argent......................
....
10. Si je n'avais pas étudié, je n'aurais pas pu aller à l'université......................
....

3. **WOULD/WOULD HAVE**

Would (passé de *to will*) est le verbe qui, en anglais, permet de traduire le véritable conditionnel. Le verbe qu'on lui ajoute devient conditionnel :

JE VIENDRAIS est I would come
J'IRAIS est I would go
JE PARLERAIS est I would talk
JE JOUERAIS est I would play

Would, comme *could*, reste identique à toutes les personnes et il est suivi du verbe à l'infinitif sans **TO**.

La construction de la phrase est toujours la même :

AFFIRMATIVE
I would go to the cinema.

NÉGATIVE
I would not/wouldn't go to the cinema.

INTERROGATIVE
Would you go to the cinema?

INTERROGATIVE NÉGATIVE
Wouldn't you go to the cinema?

LE CONDITIONNEL PASSÉ du verbe VOULOIR (WILL)
Tout comme avec *COULD*, après *WOULD* et *TO HAVE*, on retrouve le participe passé du verbe qui donne le sens. Voici sa formation :

sujet + *would* + *have* + participe passé

L'emploi le plus fréquent de ***would*** au passé est comparable à la subordonnée de ***IF***, plus précisément à son troisième emploi.

If I had listened to my mother, I would have become a doctor. Si j'avais écouté ma mère, je serais devenu docteur.
If I went out with her, I would be happy. Si je sortais avec elle, je serais heureux.
Would you eat a cat? Mangerais-tu un chat ?

If she had seen all the beer, she would have drunk it! Si elle avait vu toute la bière, elle l'aurait bue !

Traduis les phrases suivantes : chacune contient *WOULD* et *COULD*.

EXERCICE n. 59

1. Si je pouvais, je partirais avec toi..
2. Je le ferais si je le pouvais...
3. Le ferais-tu si tu le pouvais ?..
4. Si nous pouvions, nous t'achèterions une voiture...................................
   ....
5. S'il pouvait, il épouserait Lucy. ....
6. Si j'avais de l'argent, j'achèterais une maison. ....
7. Si nous pouvions, nous irions à Londres...
8. Si je pouvais venir, je serais content. ....
9. Si j'avais su que tu étais là, j'aurais pu t'acheter une bière, et je l'aurais fait.
   ....
10. Si j'avais su que tu étais à la maison, je serais venu chez toi.......................
    ....

4. SHOULD/SHOULD HAVE

SHOULD est employé pour suggérer ou conseiller, pour exprimer une obligation ou un devoir. Il reste identique à toutes les personnes.

Je devrais	I SHOULD
Tu devrais	you SHOULD
Il/elle devrait	she/he/it SHOULD
Nous devrions	we SHOULD
Vous devriez	you SHOULD
Ils/elles devraient	they SHOULD

LE CONDITIONNEL PASSÉ
Tout comme avec *COULD* et *WOULD*, après *SHOULD* et *TO HAVE*, le verbe qui donne sens doit être au participe passé. Voici comment on le forme :

sujet + *should* + *have* + participe passé

La construction de la phrase est toujours la même :

AFFIRMATIVE
I should go to the cinema.
You should eat better.

NÉGATIVE
I should not/shouldn't go to the cinema.
They shouldn't run in the corridor.

INTERROGATIVE
Should I go to the cinema?
Should they know where you are?

INTERROGATIVE NÉGATIVE
Shouldn't I go to the cinema?
Shouldn't you defend me with your mother?

Ne perds pas de temps , exerce-toi tout de suite…

EXERCICE n. 60

Gary: Tu penses que je devrais changer de femme ?
Mike: Tu devrais être content, aucune autre femme ne te prendrait.
Gary: Tu ne devrais pas dire ça, tu es mon ami !
Mike: Qu'est-ce que je devrais dire ? C'est vrai !

5. MIGHT/MIGHT HAVE

Exprimant une incertitude, *might* traduit ce “peut-être” quand nous disons quelque chose dont nous ne sommes pas certains

%

Si l’on parle de possibilité, on peut exprimer le degré de probabilité à travers un pourcentage. Je te montre…

A.
Tom: Where is Joseph?
Sally: I don’t know; he could be in his office. Je ne sais pas, il pourrait être dans son bureau.

Dans le cas présent, **could** indique qu’il y a vraiment une possibilité qu’il soit dans son bureau. **75 %** de certitude.

B.
Tom: Where is Joseph? (Où est Joseph ?)
Sally: I don’t know, he might be in his office. Je ne sais pas, peut-être est-il dans son bureau.

Dans ce cas, Sally ne sait pas où est Joseph, mais elle émet une suggestion. **50 %** de certitude.

Pour *MIGHT* aussi s’applique la même règle de formation de phrase que pour *COULD*, *WOULD* et *SHOULD*. *MIGHT* au passé exige aussi *TO HAVE* suivi du participe passé.

MIGHT est fondamental et possède deux sens principaux :

A. dans le **futur**
I might buy a dog to protect my new house. Je vais peut-être acheter un chien pour protéger ma maison.
They might play in the cup, if they continue to play well. Il jouerons peut-être la coupe s’ils continuent à bien jouer.

B. dans le **présent**
I might be ill. Je suis peut-être malade.
They might be angry. Il se peut qu'ils soient en colère.

La construction de la phrase NÉGATIVE :
It might not rain. Il se peut qu'il ne pleuve pas.
They might not come, if you are not here. Il se peut qu'ils ne viennent pas si tu n'es pas là.

LE CONDITIONNEL PASSÉ
Comme dans les cas précédents, après MIGHT et TO HAVE, on retrouve le participe passé du verbe qui donne le sens à la phrase, qui est ainsi formée :

sujet + *might* + *have* + participe passé

I **might have** seen her. Je l'ai peut-être vue.
You **might have** left your keys at the gym. Tu as peut-être laissé tes clés au gymnase.
If they had played better, they **might have** won. S'ils avaient mieux joué, ils auraient gagné.

À présent traduis ces phrases. Je vais t'aider en te disant que chaque phrase contient à la fois *SHOULD* et *MIGHT*.

EXERCICE n. 61

1. Tu devrais rester à la maison ce soir, il se peut qu'il pleuve........................ ....
2. Tu aurais dû appeler le bureau, ils ont peut-être trouvé ton portable........... ....
3. Peut-être que je vais rester à la maison pour regarder un film, ça devrait être bien. ....
4. Devrais-je lui pardonner ? C'est peut-être mieux......................................
5. Ils ne devraient pas causer de problèmes, peut-être qu'ils regrettent. ....

6. **MUST AND HAVE TO**

Tous les deux signifient “DEVOIR”, mais on les emploie dans différentes situations, avec différentes nuances. Voyons-les un à un.

MUST

Il s’emploie quand la décision de faire quelque chose est prise par celui qui parle, ou quand l’ordre est donné par celui qui parle.

La construction de la phrase est toujours identique :

AFFIRMATIVE
I must go to the cinema.

NÉGATIVE
I must not/musn’t go to the cinema.

INTERROGATIVE
Must I go to the cinema?

HAVE TO

Have to + INFINIF s’emploie quand il s’agit d’un devoir imposé par un facteur étranger, qui ne dépend pas de celui qui parle.

La phrase est construite de cette manière :

AFFIRMATIVE
I have to go to the police station.

NÉGATIVE
I don’t have to go to the police station.

INTERROGATIVE
Do you have to go to the police station?

Attention : *HAVE TO* n’est pas considéré comme un verbe auxiliaire et forme donc les phrases interrogatives, négatives et interrogatives négatives comme un verbe normal, c’est-à-dire avec *DO/DOES*.

VERBES **MODAUX**

MUST se conjugue de la même façon à toutes les personnes, tandis que HAVE TO adopte la conjugaison du verbe *TO HAVE*, *of course!*

I MUST	I HAVE TO
you MUST	you HAVE TO
she/he/it MUST	she/he/it HAS TO
we MUST	we HAVE TO
you MUST	you HAVE TO
they MUST	they HAVE TO

HAVE TO

Présent	passé	futur	négatif
have to	had to	will have to	can't

MUST

Présent	passé	futur	négatif
must	had to	will have to	must not

Cheryl: Joe, if you want to leave early, you **HAVE TO** tell the boss.
Joe, si tu dois partir tôt, tu dois le dire au patron
(Cheryl ne dit pas à Joe qu'il doit informer le patron, c'est le patron qui l'impose.)

Boss: If you want to leave early, you **MUST** tell me.
Si tu veux partir tôt, tu dois me le dire.
(Dans ce cas, c'est vraiment le patron qui parle, qui impose l'action.)

Maintenant traduis, et demande-toi qui impose l'action à qui.

EXERCICE n. 62

1. Je dois prendre les enfants à l'école. ....
2. Je dois moins fumer ! ....
3. Je dois avoir le permis si je veux conduire ici. ....
4. Tu dois payer les impôts. ....
5. Tu dois m'aider davantage ! ....

A SECRET

Il y a une phrase très utile pour bien comprendre would, could et should...
Essaie de la retenir :

Jenny: Are you coming with me?
Darren: I would if I could and I should, but I can't.
Je viendrais si je pouvais et je devrais, mais je ne peux pas.

La même phrase au passé est encore pire, regarde-moi ça !

I would have, if I could have, and I should have, but I couldn't.
Je serais venu si j'avais pu et j'aurais dû, mais je ne pouvais pas.

Ne t'en fais pas, nous aussi, nous devons réfléchir avant de le dire !

Terminons ce STEP avec une histoire amusante, où tu retrouveras tous les modaux :

EXERCICE n. 63

Si je peux aller voir Frank à l'hôpital aujourd'hui, j'irai. J'y serais allé hier mais j'ai travaillé. Je pourrais demander à Tommy de venir avec moi. J'irais bien seul, mais je n'ai pas de voiture. Je devrais y aller aujourd'hui, et je devrais apporter un cadeau. Quelque chose qui plaira à Frank. Des fleurs ? Une pomme ? Une blonde ? Je devrais demander conseil à sa maman. Le médecin a dit qu'il devra rester à l'hôpital pendant deux semaines. Je ne pourrais pas rester dans un hôpital, je deviendrais fou. Peut-être que je suis déjà fou. Ne serait-ce pas mieux d'y aller demain ? Je ne voudrais pas aller là bas maintenant, il est peut-être en train de dormir. Tant que je n'y vais pas pour rien. Devrais-je rester ou devrais-je y aller ? Frank se vexerait si je n'y allais pas ? Je ne voudrais pas qu'il se vexe. Je dois y aller, oui ! À la fin de la journée, c'est moi qui l'ai poussé dans l'escalier. Mais si j'avais su qu'il se casserait une jambe, je ne l'aurais pas fait ! Je n'y vais pas

STEP **5**

1.5.1	***Anglo Saxon family*** *To get* *To set* *To let* *To keep*
1.5.2	***Phrasal verbs***
1.5.3	***Passive form***

ANGLO **SAXON FAMILY** 1.5.1

À mon humble avis, l'anglais est mal enseigné en France pour différentes raisons ; les enseignants doivent expliquer les règles et les concepts. Ils perdent du temps et frustrent les étudiants. Les verbes fondamentaux ne sont pas enseignés, parce que certains verbes ou concepts ne peuvent pas être compris par un Français s'il en ignore les mécanismes.
En anglais les verbes employés à toutes les sauces sont *to get*, *to set*, *to let*, *to keep*, *to put*. Ces verbes phraséologiques, fondamentaux, appartiennent à l'*ANGLO SAXON FAMILY*, mais si je ne te les enseigne pas à l'aide d'astuces, tu auras du mal à les comprendre.
Par exemple, si on écoute un anglo-saxon, on remarque qu'il emploie très souvent le verbe *to get*. Si on prend un dictionnaire, on se retrouve face à 27 pages relatives à ce verbe ! Moi, je le referme tout de suite ! Et bien non ! Parce que tu ne dois pas tout retenir, tu dois seulement comprendre comment fonctionne le verbe *to get*.

1. TO GET

De manière générale, le verbe *to get* renvoie à un changement d'état, qui peut te concerner, concerner une autre personne ou une chose.

Je me lève. I get **up**.
Qui signifie "aller du bas vers le haut".

Je me saoule. I get **drunk**.
Qui signifie "passer d'un état sobre à l'ivresse".

Je vieillis. I am getting **old**.
Qui signifie "passer de jeune à vieux".

Il commence à faire noir. It's getting **dark**.
Qui signifie "passer de la lumière à l'obscurité".

Jean : Je peux emprunter ta voiture ?
Tom : Ok, mais ne la salis pas.
Joan: Can I borrow your car?
Tom: Ok, but don't get it **dirty**.
Qui signifie "passer du propre au sale".

ANGLO **SAXON FAMILY**

Get the dog **off** the bed. Fais descendre le chien du lit.
Qui signifie “aller du haut du lit/en dehors du lit”.

I will get the file **done**. Je complèterai le dossier.
Qui signifie “passer d’une chose à faire à une chose faite”.

Get the people **here**. Emmène les gens ici.
Qui signifie “déplacer/emmener les gens d’un point à un autre”.

I got the bottle **open**. J’ai ouvert la bouteille.
Qui signifie “changer la bouteille de l’état fermé à l’état ouvert”.

Andrea: I’ll take Granny to the park…
Marc: Ok don’t get her **tired**.
Andrea: J’emmène Grand-mère au parc…
Marc: Ok, ne la fatigue pas.
Qui signifie “passer de reposé à fatigué”.

Dans la vie les choses changent constamment : quand une chose passe d’un état à l’autre, il y a à coup sûr une façon de le dire avec *to get*.
To get mérite qu’on lui consacre une leçon, parce que c’est le meilleur allié que vous puissiez avoir en anglais !
To get est un verbe irrégulier (*to get-got-got*) aux multiples sens :

REJOINDRE

Comme il implique un mouvement, la préposition ***to*** est ici indispensable. (On emploie rarement ***to arrive at***, plus formel)

He got to me at 12. Il m’a rejoint à 12 heures.
There will be no buses and his car is broken, so he can’t get to work. Il n’y aura pas d’autobus et sa voiture est cassée, donc il ne peut pas rejoindre le bureau.

She called you, faxed you and e-mailed you, but she couldn’t get to you. Elle t’a appelé, elle t’a envoyé un fax et un mail, mais elle n’a pas réussi à te joindre.

We got to the stadium late. Nous avons rejoint le stade tard.

"ATTRAPER"
Et aussi PRENDRE, RECEVOIR INVOLONTAIREMENT

He is in hospital because he got hit by a bottle at the stadium. (*hit by* signifie "touché par"; *by* introduit l'auteur de l'action de toucher). Il est à l'hôpital parce qu'il a été touché par une bouteille au stade.

He got a cold working in the cold. Il a attrapé un rhume en travaillant dans le froid.

He's getting sued by his ex-wife for 3,000 Euro. Il est poursuivi en justice par son ex-femme pour 3000 euros.

I got bit by a dog. Je me suis fait mordre par un chien.

OBTENIR/RECEVOIR

You'll get a nice gift, if you paint well. Tu recevras un beau cadeau si tu peins bien.

He'll get a promotion for that project. Il obtiendra une promotion pour ce projet.

If you're lucky, you'll get 5,000 Euro for that car. Si tu as de la chance, tu obtiendras 5000 euros pour cette voiture.

I get results. J'obtiens des résultats.

COMPRENDRE
La différence entre *to understand* et *to get* : le premier est plus formel, plus "linguistique" (*I don't understand Russian*, je ne comprends pas cette langue).

To get est plus courant et aussi plus conceptuel, il renvoie à ce que l'on veut obtenir et la raison pour laquelle on fait certaines choses.

I can't get what she wants from me. Je ne comprends pas ce que elle veut de moi.

I want you to wash the car, feed the cat, then fix the oven, did you get that? Je veux que tu laves la voiture, nourrisses le chat, ensuite que tu répares le four, tu as compris ? (le pauvre mari !)

The plans are crazy… I don't get what he wants. Les projets sont fous… je ne comprends pas ce qu'il veut. (même si je comprends ce qu'il dit)

You don't get it! Tu ne comprends pas (le concept en question) !

Et maintenant voyons si tu es en mesure de comprendre, *let's see how much you understand!*

The swimmer

The swimmer got into the water.
He wanted to get across the pool in less than a minute.
While he was getting across, he got cramps in his legs.
The swimmer was getting nervous and agitated because he was gradually getting slower.
When he got to the other side, he got out of the water.
"I don't get it!" he said. "I never got cramps in my legs before!"
He got dry, dressed, then got out of the building.
That night, his temperature got up to 40 degrees! He had got a cold in the pool.
«"My head is getting light" he said.

TO GET, TAKE and BRING

Les verbes emmener/apporter et prendre sont source de confusion pour les Français ! Et c'est effectivement parce que *to take* signifie aussi bien "prendre" que "apporter", selon la situation.

to get-got-got
to bring-brought-brought
to take-took-taken

PRENDRE (*to take/to get*)

Si l'objet à prendre est sur le lieu où l'on parle, pendant que l'on parle, tu dois employer le verbe *to take* ; sinon, emploie *to get*.

Jean: Can I borrow your pen? Je peux emprunter ton stylo ?

(Le stylo se trouve sur la table devant lui.)
Tom: Yes, take it! Oui, prends-le !

(Le stylo est dans un autre bureau.)
Tom: Yes, get it from my office. Oui, prends-le dans mon bureau.

APPORTER/EMMENER (*to take/to bring*)

Si l'objet est apporté près de celui qui parle ou écoute, emploie to bring, si au contraire tu l'éloignes de celui qui parle, utilise to take.

Es-tu déjà allé dans un take-away? On t'y vend de la nourriture "à emporter".

Marthe: I have to go to the dentist, today, can you take the dog to the park for a walk? Je dois aller chez le dentiste aujourd'hui, tu peux emmener le chien au parc pour une promenade ?
(Le chien est emmené au parc/loin de Marthe.)

Marthe: Can you bring the dog? Peux-tu apporter le chien ?
(Marthe demande d'apporter le chien chez elle.)

Je sais, je sais… Tu meurs d'envie d'apprendre ! Traduis !

EXERCICE n. 64

1.

Charles : Ce soir je fais une fête, tu viens ? (action programmée)

Lucy: Oui, mais avant je dois prendre mon fils à l'école (le fils n'est pas présent), l'emmener chez sa grand-mère, ensuite prendre une bouteille de vin (il n'y a pas de vin à la maison) à apporter à la fête.

2.

Charles : Ce soir je fais une fête, tu viens ? (action programmée)

Tracy: Non, je suis désolée, je dois prendre du shampoing au supermarché, me laver les cheveux et puis emmener mon mari au théâtre.

2. TO SET

C'est un verbe irrégulier (*to set-set-set*) qui signifie :

FIXER/RÉGLER

I must set the alarm for 6 a.m. Je dois régler le réveil à 6 heures.

They set my leg, when I broke it. Ils m'ont réparé la jambe quand je l'ai cassée.

They will set the date for the event, tomorrow. Ils fixeront la date de l'événement demain.

The picture is set on the wall. Le tableau est fixé au mur.

3. TO LET

C'est un verbe irrégulier (*to let-let-let*) qui signifie :

LAISSER, PERMETTRE

Let me in! Laisse-moi entrer !

Will you let me kiss you? Me permets-tu de t'embrasser ?

We let him take control of our house! Nous lui avons permis de prendre le contrôle de notre maison !

Let peut aussi être employé à l'IMPÉRATIF (donc sans aucun sujet devant) dans le but de suggérer, d'inciter. *Let's* renvoie exactement la forme impérative française à la première personne du pluriel. (Allons-y. Dansons.).

Let's dance! Dansons !
Let's go! Allons !/Allons-y !
Let's eat! Mangeons !
Let it be! Laisse faire !

Quoi ? Que dis-tu ? Tu veux encore traduire ?
Te voici comblé…

EXERCICE n. 65

1. Voyons ce qu'il y a au cinéma ce soir. ....
2. Jouons au foot. ....
3. Demandons à Susan où ils vont ce soir. ....
4. Dormons un peu. ....
5. Écoutons un peu de musique. ....

4. TO KEEP

C'est un verbe irrégulier (*to keep-kept-kept*) qui a trois sens :

GARDER

I keep my keys in my pocket. Je garde mes clés dans ma poche.
She kept his photograph for many years. Elle garda sa photo pendant de nombreuses années.
I won't keep your books, anymore. Je ne garderai plus tes livres.

MAINTENIR/ENTRETENIR

She kept the house, when I worked. Elle entretenait la maison quand je travaillais.
I will keep the swimming pool clean. Je maintiendrai la piscine propre.
She can't keep herself. Elle ne parvient pas à "s'entretenir" (économiquement).

INSISTER, CONTINUER À…

Dans le cas présent, *KEEP* doit être suivi du gérontif (*-ING*).
We kept going home, late. Nous continuâmes à aller à la maison tard.
I will keep trying to find it. J'insisterai pour le trouver.
I won't keep asking you, if you answer! Je ne continuerai pas à te le demander, si tu me réponds !

PHRASAL **VERBS** 1.5.2

Qu'est ce qu'un *phrasal verb* ? Un verbe suivi d'une préposition !
Simple, n'est-ce pas ? Dans les *phrasal verbs*, la préposition fait partie intégrante du verbe. Elle est indispensable parce qu'elle lui donne un nouveau sens.

À titre d'exemple, *to fall* signifie "tomber" et *out* veut dire "dehors", mais réunis, *to fall out* signifie "ne plus s'entendre".

Inutile d'avoir peur : il y a des centaines de *phrasal verbs*, mais je ne vais t'apprendre que les plus importants.

Avant de commencer, je voudrais ajouter deux petites choses :
Si un verbe se trouve **après** le *phrasal verb*, il doit se mettre au **gérondif** *(-ING)*.
I am used to see**ing** him there. Je suis habitué à le voir là.

Parfois, le sujet peut se placer **entre le verbe et la préposition**.
The shop will **close down**, if this recession continues.
We will **close** the shop **down** if this recession continues.

A

TO ACCOUNT FOR

Expliquer/justifier quelque chose

You went to Rome for three days and you spent 2,000 euros?! How can you account for that? Tu es allé à Rome pendant trois jours et tu as dépensé 2000 euros ? Comment peux-tu le justifier ?
at work:
The file is missing and I can't account for it! Il manque le dossier et je ne peux pas l'expliquer !

TO AIM AT/FOR

Viser/avoir un objectif

She is aiming at los**ing** five kilos before the holiday. Elle a l'objectif de perdre 5 kilos avant les vacances.
at work:
The project is aim**ing*** for increased productivity within the next three years. Le projet a pour but une productivité augmentée dans les trois prochaines années.

* Quand il est suivi d'un autre verbe, ce dernier doit être au gérondif (-*ING*).

TO ANSWER FOR

Répondre/assumer la responsabilité/payer pour quelque chose

Je voudrais comparer deux choses pour montrer la différence :

to answer to indique qui est ton responsable, ton patron. Souvent, j'entends les Français dire : "*He is my responsible.*", **THIS IS NOT ENGLISH!** Il faut dire "*I answer to Mr. Dupont*" (c'est lui votre patron).

to answer for est employé aussi lorsque tu fais une erreur et que tu dois en assumer la responsabilité.
In English, you must answer for your errors!

Oliver, you will answer for this lipstick on your shirt, when I return from work! Oliver, il va falloir t'expliquer/répondre, payer pour le rouge à lèvres sur ta chemise, quand je rentre du travail.
at work:
The boss will ask you to answer for the days you were at home. Le patron te demanderas de t'expliquer pour les jours où tu es resté chez toi.

B

TO BACK DOWN

Renoncer, faire un pas en arrière, faire marche arrière

He wants 5,000 euros for his car, but I offered him 3,000 euros; he will have to back down, if he wants to sell it. Il veut 5000 euros pour sa voiture, mais je lui en ai offert 3000 ; il devra faire marche arrière s'il veut la vendre.
at work:
He said he would support me, but he backed down when things got difficult. Il avait dit qu'il m'appuyerait, mais il fit marche arrière quand les choses devinrent difficiles.

TO BEEF UP

Fortifier, renforcer

Dérive de *beef* qui signifie "bœuf" et appartient au monde de l'agriculture.

You should beef up your curriculum; it is too short. Tu devrais mettre plus de choses dans ton curriculum, il est trop court.

at work:
We need to beef up our advertising campaign; sales are low. Nous devons renforcer notre campagne publicitaire, les ventes sont basses.

TO BUILD UP
Construire, développer

We didn't get on last year, but then we built up a good relationship. Nous ne nous entendions pas l'an dernier, mais nous avons construit une bonne relation.
at work:
He built up his company from one shop to a chain of 500. Il a développé sa société, d'un magasin à une chaîne de 500.

C

TO CLOSE DOWN
Fermer définitivement, ne plus jamais ouvrir

Run and buy a new coat! They are selling them at half price because they are closing down! Cours acheter un nouveau manteau. Ils les vendent à moitié prix parce qu'ils ferment !
at work:
Our old supplier closed down, so we had to find a new one. Notre fournisseur historique a fermé, donc nous avons dû en chercher un nouveau.

TO CROP UP
Survenir/arriver brusquement, avoir un imprévu

Ce verbe indique un événement inattendu et qui est implicitement plus important que ce que tu es en train de faire, ou que tu comptais faire. On emploie *something has cropped* pour dire que quelque chose de personnel est arrivé, sans donner de détails. L'avantage par rapport aux Français, c'est qu'aucun Anglais ne te demandera plus de détails que tu ne voudrais donner ! Ce verbe est utilisé presque toujours au *present perfect*, car il exprime une action qui est une conséquence d'un événement à peine survenu.

He couldn't come to the party; I think something cropped up at home. Il n'a pas pu venir à la fête, je crois qu'il est arrivé quelque chose chez lui.

at work:
We will not meet the deadline; things keep cropping up. Nous ne respecterons pas l'échéance, des imprévus ne cessent de survenir.

TO CUT BACK
Réduire

Ce *phrasal verb* est intéressant par la préposition *on* qui s'emploie pour indiquer ce qui est réduit, *by* indique la valeur de la réduction, d'ordinaire exprimée en pourcentage ou en chiffres.

They cut back on funds for students by 15 million euros per year. Ils ont réduit les fonds pour les étudiants de 15 millions d'euros par an.
at work:
If we cut back on the advertising budget, how can we create more awareness for our products? Si nous réduisons le budget publicitaire, comment pouvons-nous faire connaître nos produits ?

crisis	crise
less	en moins
profit	profit

Traduis maintenant la petite histoire suivante, en utilisant tous les *phrasal verbs* vus jusqu'à présent !

EXERCICE n. 66

Anne: La crise explique 1 million d'euros de profit en moins cette année.
Boss: Mais notre objectif était de 50 millions en plus ! Alors nous devons réduire le personnel de 30 %.
Anne: Oui, mais nous devons aussi renforcer le budget publicitaire si nous voulons construire un meilleur rapport avec nos clients.
Boss: Nous ne pouvons pas dépenser, sinon nous fermerons pour toujours, et je ne fais pas marche arrière cette fois-ci ! Je ne veux pas assumer la responsabilité si nous fermons. (une alarme sonne !)
Anne: Oh non, il est arrivé quelque chose et je dois en prendre la responsabilité ! Je dois courir !

F

TO FALL OUT
Ne pas être d'accord/ne pas s'entendre

Je voudrais présenter ici une suite de trois *phrasal verbs* qui, à mon avis, te permettra de mieux comprendre :

to get on (être d'accord/s'entendre)
to fall out (ne plus s'entendre/ne plus être d'accord)
to make up (faire la paix, se réconcilier)

Imaginons une relation semblable à une course en tandem : au début le couple *get on* (s'entend bien, mais aussi monte), ensuite il commence à *fall out* (ne plus s'entendre, mais aussi tomber). À la fin, il peut *make up* (faire la paix, mais aussi retourner sur la bicyclette).

I didn't go to my mother's house this Christmas because we fell out. Je ne suis pas allé chez ma mère pour Noël parce que nous ne nous entendons plus.

TO FIND OUT
Découvrir, apprendre, prendre connaissance

I found out that my wife was not going to yoga on Friday evenings. J'ai découvert que ma femme n'allait pas au yoga le vendredi soir.
at work:
We found out that our competitors were stealing our ideas. Nous avons découvert que nos concurrents étaient en train de voler nos idées.

TO FIT IN
Trouver le temps

TO FIT veut dire "aller/convenir" (pour la taille).
My father is very big and so he can't fit into my small car.
FIT IN concerne le temps, prévoir un rendez-vous, au travail ou dans la vie quotidienne, trouver le temps pour.

Can we fit in some time to rest?! Pouvons-nous trouver du temps pour nous reposer ?
at work:
Hello, Doctor Smith, can you fit me in, tomorrow? Bonjour, docteur Smith, pouvez-vous trouver du temps pour moi demain ?

TO FOCUS ON
concentrer, se concentrer

I will focus on my son's education, when he starts school. Je me concentrerai sur l'éducation de mon fils quand il commencera l'école.
at work:
In my presentation, I will focus on our need to improve customer service. Dans mon exposé, je me concentrerai sur nos besoins d'améliorer le service clients.

G
TO GET ACROSS
Se faire comprendre

When you do a presentation, it is important to get across to the audience. Quand vous faites une présentation, il est important d'être bien compris par le public.

Retiens bien qu'il faut ajouter *to* après *get across* pour indiquer la personne qui doit comprendre.

TO GET AWAY
S'échapper, s'enfuir

I have to get away from the office by five. Je dois partir du bureau avant 17 h.
The prisoner got away by car. Le prisonnier s'est enfui en voiture.

TO GET ON
S'entendre/bien s'entendre

I get on with my boss. Je m'entends bien avec mon patron.
Do you get on with your father? Tu t'entends bien avec ton père ?

K
TO KEEP AROUND
Avoir à portée de main, avoir autour

Le verbe peut être séparé de la préposition.

I smoke, so I always keep my lighter around. Je fume, c'est pourquoi je garde toujours mon briquet à portée de main
He was very sick, so he always kept his medicines around. Il était très mal, il gardait donc toujours ses médicaments à portée de main.

PHRASAL **VERBS**

L

TO LET DOWN
Décevoir, ne pas tenir une promesse

Le verbe peut se passer de la préposition.

I promised to take her dancing, but I let her down. Je lui avais promis de l'emmener danser, mais je l'ai déçue.
Please help me get away from here; don't let me down! S'il te plaît, aide-moi à m'enfuir d'ici, ne me déçois pas.

TO LET OFF
Pardonner

Le verbe peut se passer de la préposition.

The judge let him off, because he was from Birmingham. Le juge l'a pardonné parce qu'il était de Birmingham.
I'll let you off, if you clean my room. Je te pardonnerai si tu nettoies ma chambre.

TO LOOK AFTER
Prendre soin de quelqu'un ou de quelque chose, s'occuper de

Who will look after my children, if I go out this evening? Qui prendra soin de mes enfants si je sors ce soir ?
at work:
We got successful because we looked after our clients' interests. Nous avons eu du succès parce que nous avons pris soin des intérêts de nos clients.

TO LOOK INTO
Enquêter, s'informer/se renseigner

Il est presque toujours suivi de *it* puisque l'on sait en général de quoi il est question.

Janet: Is there a bus that goes to the cathedral from here? Y a-t-il un bus qui va à la cathédrale d'ici ?
Kevin: I don't know; I'll look into it. Je ne sais pas, je me renseigne.
at work:
We looked into the possibility of expanding our business in America. Nous nous sommes renseignés sur la possibilité d'étendre notre business en Amérique.

M

TO MAKE UP FOR

Compenser, remédier, récupérer

I let her down, so to make up for this, I will take her to the cinema.
Je l'ai déçue, alors pour compenser, je l'emmènerai au cinéma.

at work:

If we work extra-hard this year, we can make up for the low sales results of last year. Si nous travaillons très dur cette année, nous pouvons remédier au faible résultat des ventes de l'an dernier.

P

TO POINT OUT

Mettre en évidence, préciser

I let her borrow my car, then her mother pointed out that she hasn't got a license!
Je l'ai laissée emprunter ma voiture, ensuite sa mère m'a fait remarquer qu'elle n'avait pas de permis !

at work:

In his presentation, he pointed out the most important area to focus on. Dans sa présentation, il a mis en évidence le secteur le plus important sur lequel se concentrer.

TO PUT BACK/OFF and TO BRING FORWARD

Retarder/remettre, et anticiper

Ces deux verbes sont proposés ensemble car ils sont liés :

to put back (to) signifie remettre à plus tard ;
to bring forward (to) signifie anticiper, avancer un événement.

We put back our wedding to August, when the weather is better. Nous avons reporté notre mariage à août, quand le temps sera meilleur.
They brought the trial forward. Ils ont avancé le procès.

at work:

They put the meeting back to Tuesday because Hans can't make it, today. Ils ont remis la réunion à mardi car Hans ne peut pas venir aujourd'hui.
Can we bring the meeting forward to 3 o'clock? I have to leave early; something has cropped up. Pouvons-nous avancer la réunion à 3 h ? Je dois sortir tôt, il est arrivé un imprévu.

PHRASAL **VERBS**

R

TO RUN OUT OF

Finir, consumer

The pen has run out of ink.

Le stylo n'a plus d'encre et devient le SUJET de la phrase. Dans ce cas précis, il faut de nouveau le *past perfect*, parce que lorsqu'une chose est terminée, c'est l'état présent qui importe, n'est-ce pas ? Observez comment fonctionne ce *phrasal verb* :

Contenant	***phrasal verb***	**contenu**
The pen	has run out of	ink.
The car	has run out of	petrol.
My company	has run out of	money.
Personne	***phrasal verb/présent***	**contenu**
I	have run out of	patience.
She	has run out of	time.
They	have run out of	ideas.
Personne	***phrasal verb/passé***	**contenu**
I	ran out of	things to say.
We	ran out of	food.
Everybody	ran out of	energy.
Personne	***phrasal verb/futur***	**contenu**
I	will run out of	energy.
You	will run out of	paper.
The world	will run out of	oil.

S

TO SET ASIDE

Mettre de côté

I set aside some money for the holidays. J'ai mis de côté de l'argent pour les vacances.
You should set aside your work problems, when you are with me at home. Tu devrais mettre de côté tes soucis de travail quand tu es avec moi à la maison.

TO SET UP
Monter, mettre en place, organiser

We are setting up the tents. Nous montons les tentes.
at work:
I'll set up a meeting with our new colleagues. J'organiserai une réunion avec nos nouveaux collègues.

TO SORT OUT
Ce *phrasal verb* est vraiment très important et possède trois sens :

1. Ranger, arranger, mettre de l'ordre

She doesn't know what to do; she has many problems at work and at home. She must sort out her life. Elle ne sait que faire, elle a beaucoup de problèmes au travail et chez elle. Elle doit mettre de l'ordre dans sa vie.
at work:
We have some problems with our internet connection. I hope we can sort it out soon. Nous avons des problèmes avec notre connexion internet. J'espère que nous pourrons arranger ça bientôt.

2. Organiser

His birthday is on Sunday. Let's sort out a party! Son anniversaire est dimanche. Organisons une fête !
at work:
Can we sort out a meeting for the end of the month? Pouvons-nous organiser une réunion pour la fin du mois ?

3. S'occuper de

When we write songs together, I sort out the words and he sorts out the music. Quand nous écrivons des chansons ensemble, je m'occupe des paroles et lui s'occupe de la musique.
at work:
She sorts out the employees' salaries. Elle s'occupe des salaires des employés.

PHRASAL **VERBS**

bad day	mauvais jour/sale journée
birthday	anniversaire
angry	en colère
by the time	le temps que
already	déjà
lawyer	avocat

Traduis en utilisant des *phrasal verbs* vus plus haut !

EXERCICE n. 67

Andy: C'est une sale journée.

Jake: Pourquoi ?

Andy: Je ne suis pas allé à la fête d'anniversaire de ma femme et je dois arranger les choses parce qu'elle est en colère.

Jake: Pourquoi n'y es-tu pas allé ?

Andy: Parce que ma voiture n'avait plus d'essence et, quand je suis arrivé, la fête était déjà finie.

Jake: Elle ne pouvait pas attendre ?

Andy: Non, je l'ai appelée et j'ai dit : "Peux-tu repousser la fête de deux heures ? J'arrive."

Jake: Tu as précisé que la voiture était arrêtée ?

Andy: Oui, mais elle a seulement dit : "Non, j'avance... notre divorce !", je voulais me rattraper avec des fleurs, mais rien.

Jake: Donc tu dois t'organiser avec un avocat maintenant.

Andy: Je ne peux pas, je n'ai plus d'argent !

T

TO TAKE OVER

Prendre le contrôle de quelque chose, continuer quelque chose à la place de quelqu'un d'autre

Avant de donner des exemples, je veux que tu imagines le volant d'une voiture. Si tu es le passager et que celui qui conduit se sent mal, tu prends le volant… *you take over the car.*

The aliens are taking over the planet!!! Les aliens sont en train de prendre le contrôle de la planète !!!

at work:

I might not finish this project in time; something has cropped up. Can you take over, please? Je pourrais ne pas finir ce projet à temps, il est arrivé un imprévu. Peux-tu prendre le relais ?

TO TURN DOWN

Refuser une proposition, dire non à une proposition

To turn down signifie aussi "baisser" (le volume de la radio), mais ce n'est pas le sens sur lequel je veux m'attarder ici.

Le verbe peut se passer de la préposition

I asked her to come with me to New York, but she turned me down. Je lui ai demandé de venir avec moi à New York, mais elle a refusé ma proposition.

at work:

There is a strike because the company turned down the workers' conditions. Il y a une grève parce que l'entreprise a refusé les conditions des travailleurs.

W

TO WORK ON

Se concentrer sur une chose pour progresser, travailler sur quelque chose

He could be a great footballer; he must work on his style. Il pourrait être un grand footballer, il doit travailler son style.

at work:

We are working on a new project. Nous travaillons sur un nouveau projet.

RETARD

Pour les Français, c'est un concept plutôt difficile à comprendre. Ce que j'appelle "le retard en anglais" prête à confusion. Il est souvent arrivé qu'un étudiant soit en retard et dise : "*Sorry for the delay!*" Mais le fait est qu'il n'y avait aucun *delay*!

Je vais mieux t'expliquer le "processus" du retard :

Hold up est un substantif, c'est la raison du retard.

Je suis dans un train avec Dave. Le train doit partir à 9 h. Je regarde ma montre et je vois qu'il est 9 h 20. Le contrôleur passe et je lui demande : *"What's the hold up?"* (Quelle en est la raison ?) et il me répond qu'un arbre est tombé sur la voie. Donc l'arbre sur la voie est le *hold up*, la raison du retard.

Delay est un substantif, c'est le retard exprimé en durée.

On enlève l'arbre et le train part à 9 h 30, ce qui veut dire qu'il y a eu un *delay* de 30 minutes.
MAIS regardez la différence entre *delay* et *late*.

Late est à la fois un substantif et un adverbe. Il se réfère au retard par rapport à un engagement, un rendez-vous.

Moi qui suis dans le train avec mon ami Dave, j'ai un rendez-vous à Lyon et j'arrive *late* (en retard) parce que le train devait arriver à 10 heures et il est arrivé à 10 h 30. En ce sens, le train aussi est *late*, mais pas Dave, puisqu'il n'a pas de rendez-vous, contrairement à moi.
Hold up: tree on the track
Delay: 30 minutes
Late: 30 minutes late (for me and the train!)
Pour conclure, quand mon étudiant est arrivé en retard, c'est LUI qui était en retard, tandis que moi, j'avais commencé le cours à l'heure, et il n'y avait eu aucun *delay*! Il aurait simplement dû dire "*Sorry, I'm late!*"

PASSIVE **FORM** 1.5.3

Pour enchaîner sur ce que je disais dans le chapitre précédent, souvent, quand on parle de retards, on emploie la forme passive.

hold up
The train was held up by a tree on the track. Le train a été retenu par un arbre sur la voie.

delay
The train was delayed for 30 minutes. Le train a été retardé de 30 minutes.

late
The train arrived at Central Station 30 minutes late. Le train est arrivé à la gare centrale en retard de 30 minutes.

Voici un autre exemple...
Tu devais envoyer un colis à Londres, qui devait arriver le lundi, mais suite à une grève, le colis est resté au bureau de poste pendant 3 jours.
What is the hold up? The hold up is the strike (la grève).
The delay? The package (le colis) is delayed for 3 days.
Will the package be late? Yes, it will arrive 3 days late!

Hold up: the strike
Delay: the package is delayed for 3 days
Late: the package will arrive 3 days late

Il est alors nécessaire d'écrire un mail pour prévenir Londres.

Dear Chris,
The package we sent is being held up by a postal strike.
Le colis que nous avons expédié a été retenu à cause d'une grève.
The package will be delayed for 3 days, so it will arrive 3 days late.
Le colis aura 3 jours de retard, il arrivera donc dans 3 jours.
Sorry for the inconvenience!
Désolé pour ce désagrément !

John

INSTANTENGLISH

ENGLISH IN USE

AT WORK

GOING ABROAD

AT WORK

Depuis quelques années, je me suis spécialisé dans la communication en entreprises et j'ai collaboré avec d'importantes multinationales à l'étranger.
J'ai employé mon expérience de comédien pour la préparation de *presentations* et j'ai assisté à des conférences téléphoniques internationales, en aidant des chefs d'entreprise étrangers à les gérer.
Voici des conseils qui te seront aussi très utiles pour communiquer tous les jours au travail en français.

RECEIVING **SOMEONE** 2.1.1

Quand tu reçois un collègue de l'étranger, il est primordial que tu sois diplomate et amical.

Ne pense pas que tu dois être absolument sérieux et professionnel : tu dois l'être quand tu débutes un travail, mais n'oublie pas que ce collègue, stressé par la situation, sera soulagé d'être face à une personne souriante, qui le mettra à l'aise.

Voyons une scène typique :
Un *visitor* arrive (pas un lézard qui rampe dans les couloirs mais ton invité : si tu vois un lézard, c'est que tu travailles trop !)

Tends-lui la main pour le saluer :
"Hello, Mr. Grant, I'm Robert and I'm very pleased to meet you."
(Bonjour, M. Grant, je suis Robert et je suis très heureux de vous rencontrer.)

Ou, si tu l'as déjà rencontré :
"Hello, Mr. Grant, I'm very pleased to see you again."
(Bonjour, M. Grant, je suis très heureux de vous revoir.)

À ce moment précis, j'entends souvent dire "*follow me*" (suivez-moi).
Cette expression convient si tu es un policier ayant arrêté un criminel, mais au travail, il vaut mieux :

"If you'd like to come this way, I'll show you to my office/Mr. Dupont's office…"
(Si vous voulez bien venir par ici, je vous montre mon bureau/le bureau de M. Dupont…)

PLEASE?

Si tu dois prendre l'ascenseur, NE DIS PAS *please* pour "je vous en prie" quand tu laisses passer quelqu'un. Il faut dire ***after you!*** Si tu dis *please*, la personne s'attendra à une question et te demandera "*please what?*". Avant qu'il comprenne ce que tu veux dire, l'ascenseur aura eu le temps de s'ouvrir, de se refermer et de partir…

SMALL **TALK** 2.1.2

Le bavardage, évidemment...

Pendant que tu marches avec ton invité, tente de dédramatiser la situation avec un peu de *small talk*. Voyons quelques exemples :

"So, how was your flight?" (Alors, votre vol s'est bien passé ?)

"Have you been to Lyon, before?" (Vous êtes déjà venu à Lyon ?)

"I love London/Berlin/Kabul; I would like to spend more time there."
(J'adore Londres/Berlin/Kaboul, j'aimerais y passer plus de temps.)

"Mr. Dupont won't be long, now." (M. Dupont ne devrait pas tarder.)

"Mr. Dupont will be with you in a moment." (M. Dupont sera à vous dans un moment.)

"Can I get you anything?" (Puis-je vous offrir quelque chose ?)

YOU

Retiens que, si on vouvoie en français, en anglais la forme de politesse n'existe pas, on utilise toujours *you*.

1. ICE BREAKERS

Voici des phrases "brise-glace" qui renferment un brin d'humour, pour aider à dédramatiser la situation. Fais preuve de sympathie et d'assurance lorsque tu les emploies !

"Don't worry, Mr. Dupont speaks better English than I (do)!"
(Ne vous en faites pas, M. Dupont parle mieux anglais que moi !)

"You should visit the cathedral; it took 500 years to build. Like my new garage!"
(Vous devriez visiter la cathédrale, il a fallu 500 années pour la construire. Comme mon nouveau garage !)

"I would advise you to take a taxi in Lyon; there is a terrible one-way system. Some people have been trapped in it for weeks. Our HR manager is still in there, somewhere." (Je vous conseillerais de prendre un taxi à Lyon ; les sens uniques sont terribles. Certaines personnes y ont été piégées pendant des semaines. Notre DRH y est encore, quelque part.)

Si tu offres quelque chose à boire :

"Sorry, we have only tea, coffee or water; someone finished the whisky after OL won the cup." (Je suis désolé, nous n'avons que du thé, du café ou de l'eau. Quelqu'un a fini le whisky quand l'OL a gagné la coupe.)

"Something to drink, maybe?" (Quelque chose à boire, peut-être ?)

"We have tea, coffee... or water." (Nous avons du thé, du café… ou de l'eau.)

"Certainly. A glass of water. Still or sparkling?" (Certainement. Un verre d'eau. Plate ou gazeuse ?)

"Certainly. A cup of tea/coffee. Sugar? Milk?" (Certainement. Une tasse de thé/café. Du sucre ? Du lait ?)

2. HOW TO SAY GOODBYE

Le moment est venu de dire au revoir :

"It was a pleasure meeting you (*again* si ce n'est pas la première fois) and I hope you enjoy your stay in our city." (Ce fut un plaisir de vous rencontrer (de nouveau) et j'espère que votre séjour dans notre ville a été agréable.)

"Have a nice week, Mr. Grant." (Bonne semaine, M. Grant.)

"Would you like me to call you a taxi?" (Voulez-vous que je vous appelle un taxi ?)

"Let me take you back to the entrance, this way..." (Laissez-moi vous accompagner à la sortie, par ici…)

BYE

PAS *bye bye* (pour les enfants), ni même *goodbye*, qui ressemblerait à la fin d'une grande histoire d'amour (adieu Mr. Grant).

COMMUNICATE AT **OFFICE** 2.1.3

Le secret, c'est une *checklist*!

Il y a une seule approche de la communication au travail ! La bonne nouvelle, c'est qu'aujourd'hui on n'emploie plus de longues phrases compliquées. Au contraire, dans la correspondance moderne, on emploie un anglais simple, direct et amical. Les Français sont un peu parano quand il s'agit de politesse, mais je t'assure qu'être concis et simple n'est pas impoli. C'est d'ailleurs apprécié dans ce monde de plus en plus rapide et frénétique.

Avant d'écrire un mail, une présentation ou de téléphoner, prépare-toi une liste des points à communiquer, par ordre d'importance : une *checklist*. Tu seras ainsi sûr à 100 % de ne rien oublier. Voici quelques conseils qui te seront très utiles, regroupés par mots-clés.

SYNTHÈSE ET RAPIDITÉ

- Ôte les mots et les phrases inutiles ;
- Ôte la première partie qui fait référence à une correspondance précédente ;
- Sépare les différentes informations : si tu as trois choses à dire, dis-les une à une.

CLARTÉ ET SIMPLICITÉ

- Utilise des mots simples, des phrases et des paragraphes courts ;
- Annonce le sujet le plus simplement possible ;
- Utilise des mots et des phrases concrètes, rien de vague.

CARACTÈRE CONCRET ET DISPONIBILITÉ

- Réponds tout de suite aux questions ;
- Réponds d'abord à la question, ensuite explique ;
- Emploie un style amical, courant.

SINCÉRITÉ ET CONVICTION

- Réponds rapidement ;
- Essaie d'être compréhensif et disponible ;
- Écris comme si ton destinataire était devant toi.

E-**MAIL** 2.1.4

Ce n'est pas une lettre, donc les phrases longues et remplies de tournures qu'on employait "autrefois" ne servent à rien

Dans le business moderne, certaines tournures sont dépassées et inutiles :

I regret to inform you (mieux *I am sorry, but...*)
Please do not hesitate to contact me (mieux *Feel free to ask me any questions*)
Please advise (mieux *Please let me know*)

Et ce parce que le langage suranné sonne faux : si tu ne dis pas une chose à quelqu'un, pourquoi devrais-tu l'écrire ?
Si je te demandais : "Mary est au bureau ?", me répondrais-tu "*Regarding your enquiry dated November 21 as to whether or not Mary is present in her office, I regret to inform you that…*" ?! NE FAIS JAMAIS ÇA ! Tu passerais pour un fou. Tu dirais plutôt : "*I have checked Mary's office and she isn't in there*", et donc écris-le ainsi.

Les mails sont des outils d'information rapides, fais donc en sorte qu'ils soient brefs et concis.

Dear Barney,

I will send the file tonight.
Cheers (si vous vous connaissez bien)
Speak to you soon (si vous vous connaissez moins)

Fred Flintstone

Emploie un style courant, tu seras plus crédible ! Parfois j'entends des phrases du style "Il me semble que c'est impoli" : ce n'est pas impoli de communiquer de façon simple et amicale, AU CONTRAIRE c'est bien accepté par les collègues, crois-moi !

Hi, Tom,
There are a few things I'm not sure about, could you help me?

LES ALINÉAS SONT TRÈS IMPORTANTS

Who sorts out the invoice for delivery 804?
When will we know how much we need for next month?
Who must I contact for approval?
Thanks a lot,

Rita

Le lecteur appréciera ta clarté et lira volontiers tes messages. C'est pour cette raison que, dans un souci de clarté, il faut éviter la FORME PASSIVE :

NON : It was agreed by the committee... (passive)
OUI : The committee agreed... (active)

NON : At the last meeting, a report was made by the Secretary... (passive)
OUI : At the last meeting, the Secretary reported... (active)

NON : This form should be signed and should be returned to me. (passive)
OUI : You should sign the form and return it to me. (active)

1. LE "SANDWICH" (début positif-mauvaises nouvelles-conclusion forte)

Quand tu as une mauvaise nouvelle à annoncer ou des excuses à présenter, emploie toujours le "sandwich" (© john peter sloan). Le début d'un mail est comme l'intro d'une chanson, elle donne le *mood...*

Si un mail commence de façon négative, il sera difficile ensuite de rectifier le tir. Prenons un exemple...

APPLE COMPANY SRL

Un Breton, M. Tallec, envoie 17 tonnes de pommes à son meilleur client, Mr. Jones. Alors que le ferry traverse la Manche, il y a une tempête, le camion réfrigéré tombe en panne et toutes les pommes en prennent un sacré coup. M. Tallec n'a pas la possibilité de contacter Mr. Jones pour le prévenir, sauf par mail.

C'est vraiment arrivé et voici le mail catastrophique qui a été envoyé :

Dear Mr. Jones,
I'm really sorry, but your load of apples can't be delivered (Mr. Jones, désespéré, tombe des nues).
There was an accident during the journey across the sea and all of the apples went bad (Mr. Jones est sur le point de s'évanouir...).
We have prepared a new load and I hope nothing happens this time.

VOICI COMMENT LE MAIL AURAIT DÛ ÊTRE RÉDIGÉ :

Dear Mr. Jones,
I have just finished loading your new delivery. (action-solution)
We had an unexpected problem (ne rentrez pas dans les détails, Mr. Jones veut seulement une solution !), but I will do all I can to make sure this never happens again! (action-solution)
Please, accept this new load as our gift for any inconvenience caused. (compensation)
Feel free to call me for any details (comme ça, s'il veut savoir ce qui s'est passé, il le demandera).
I look forward to a great future partnership! (ne pas utiliser *hope*, trop faible, assurer que tout ira bien)
Sincerely,

Mr. Tallec

MR. and MS.

Les femmes du monde trouvaient injuste que les hommes puissent se cacher derrière un *Mr.* (qu'ils soient mariés ou pas), tandis qu'elles devaient dévoiler leur statut conjugal (*Miss* pour les femmes non mariées, et *Mrs.* pour les mariées). Aujourd'hui, on n'emploie plus *Mrs.* ou *Miss*, mais seulement *Ms.* (uniquement à l'écrit ! Quand on parle à une dame avec courtoisie et formalité, on s'adresse à elle avec *madam*), qui est neutre.

Si tu t'adresses à un homme, emploie toujours *Mr.*
Si tu t'adresses à une femme, emploie toujours *Ms.*
Si tu t'adresses à un groupe de personnes, emploie *Dear Sirs.*
Si tu ne sais pas qui lira le mail, emploie *To whom it may concern.*

2. **SIGNING OFF**

Une fois le mail écrit, tu passes parfois beaucoup de temps à réfléchir à la conclusion. Comment saluer correctement ? Quelle est la bonne formule ? Voyons ça de plus près...

Sincerely

Quand tu as commis une erreur et que tu es désolé, il vaut mieux employer *sincerely* : cela signifie que tu prends la chose au sérieux.

Regards

Seul, il ne veut rien dire. Moi, je l'emploie quand je suis en colère, parce que c'est le minimum indispensable, tout en restant poli.
(exception : si tu écris très souvent à une personne, *regards* convient et évite de changer à chaque fois !)

Best regards

C'est comme dire "salut" de façon plus formelle.

Kind regards

C'est une expression à employer surtout si tu désires quelque chose !

Warm regards

Quand tu connais bien ton interlocuteur, cette tournure exprime beaucoup d'affection, tout en restant formelle.

Cheers

Il n'existe pas vraiment de traduction pour ce mot en français : on l'emploie quand on porte un toast pour dire "santé".

Take care

Équivaut en français à "prends soin de toi".

Speak to you soon

Signifie exactement "à bientôt".

3. EXAMPLES

Voyons de suite quelques exemples de mails, en envisageant différentes situations.

SITUATION : ENVOYER UN DOSSIER EN RETARD

FORMEL

Dear Mr. Collins,

The file you requested is attached; sorry it's late.
There is a lot going on at the moment.
Kind regards,

Robert Dupont
Accounts Manager
S&S London

INFORMEL

Hi Peter,

I'm really sorry for being late, but the file you wanted is attached!
It's crazy around here at the moment.
I hope you're well,

Robeert

SITUATION : SOLLICITER UNE RÉPONSE

FORMEL

Dear Mr. Regan,

Would you please confirm that you received my question about the Saturn project and if your answer is positive or not.
Sorry for pressing you, but there is some urgency.
Thank you for your understanding.

Karl Manner
IT dept
Delware Electronics

INFORMEL

Oliver,

I hate to bug you (te déranger), *but I really need an answer, my friend.*

HUMOROUS ALTERNATIVE:
I think your answer to my question got lost (s'est perdue) *in cyber space. Can you send it again, please?*
Waiting patiently,

Karl

SITUATION : DEMANDER UN RENDEZ-VOUS

FORMEL

Dear Mr. Lieber,

I'd like to know if I could make an appointment with you to discuss some issues concerning the Saturn project.
I have some ideas and I think you'll find them interesting.
Please let me know when it would be convenient.
Kind regards,

Sarah Thompson
Head Publisher
Taylor & Taylor Ltd

INFORMEL

Hi Ricky,

I was wondering (je me demandais) *if we could meet and talk about the Saturn stuff* ("truc" sur Saturne).
I have a few ideas you might be interested in.
Let me know when it would be convenient.

Sarah

E-MAIL

SITUATION : QUESTION DIRECTE

FORMEL

Dear Ms. Chambers,

Thank you for the new list of regulations. I'd just like to ask you for a little more clarity concerning point 3.
It isn't clear to us what we need to do here. Thanks in advance for your time and help.

Jennifer Palin
Security Manager
Kraft Foods

INFORMEL

Hi Diane,

We are a little confused about these new regulations.
Would you explain point 3 in more detail, please? We don't really get it (comprendre le concept).
Thanks for your patience!

Jennifer

SITUATION : ANNULER UN RENDEZ-VOUS"

FORMEL

Dear Mr. Rosenthal,

I have just (à peine) *learned that I won't be able to attend the meeting on Friday.*
I hope this doesn't inconvenience you and I hope to exchange ideas with you at a later date.
Sincerely,

Tanya Buhnik
Marketing Manager
Salty Biscuits srl

INFORMEL

Hey Jim,

I'm really sorry, but I can't make the meeting. Something has cropped up in the office that I really have to sort out.
Hope to see you at the next one!

Tanya

SITUATION : ORGANISER UN DÉPLACEMENT

FORMEL

Dear Mr. Regis,

I can confirm that I am arriving in London at 3 P.M. on Monday. Please let me know if there will be someone at the airport to receive me.
I can also confirm that I'll be staying at the Victoria Hotel in Abbey Road for my three days in London.
I look forward to seeing you there,

Bill Summers
Customer Service
Currys Ltd

INFORMEL

Hi Colin,

I am landing in London at 3 P.M., so if anybody is kind enough (assez gentil) *to come and meet me at the airport that would be great. If not, I'll take a taxi.*
I'm staying in the Victoria Hotel, it was the nearest we could sort out at short notice (aussi rapidement), *hope it has a mini-bar!*

Bill

SITUATION : AVIS DE LIVRAISON

FORMEL

Dear Ms. Hollins,

I can confirm that the delivery of goods (marchandise) *will arrive on Monday morning at your warehouse. We request that someone is there to receive it. Best regards,*

Joseph Lamer
Logistics Manager
Hollyoaks srl

INFORMEL

Tara,

Your load (chargement) *will be delivered* (livré) *on Monday morning. Please have someone at the warehouse* (entrepôt) *ready for the truck* (camion)*!*
Thanks dear,

Joe

E-MAIL

SITUATION : RECHERCHE D'EMPLOI

FORMEL (TU SAIS QU'IL Y A UN POSTE À POURVOIR)

Object: FAO (For the Attention Of) Human Resources

To whom it may concern, (si vous n'avez pas le nom de la personne à contacter, cependant il vaut mieux que vous l'ayez !)

I am writing to you about the vacant (libre) *position in your accounts dept.*
I am very interested in this position and ask you kindly to have a look at my CV, which is attached to this message.
Thank you very much for your time,

Linda Rousseau

FORMEL (LA SOCIÉTÉ T'INTÉRESSE, MAIS TU IGNORES S'IL Y A UN POSTE À POURVOIR)

Object: FAO Human Resources

To whom it may concern,

I am writing to you to express my interest in joining your company.
I feel your company is perfectly suited (adaptée) *to my studies/professional experience and I kindly ask you to view my CV, attached, for future consideration.*
Thank you for your time and help,

Linda Rousseau

SITUATION : QUESTIONS MULTIPLES

FORMEL

Dear Ms. Harris,

A few questions, if I may,
- What is the delivery deadline (échéance) *for these orders?*
- Can we send the goods part by part, or do you need them all together?
- Should we send them all to the same address, or are there different addresses for different orders?
Thank you for clarifying,

Tim Roth - United Fruits

INFORMEL

Hi Myriam,

A few questions, please:
- What is the delivery deadline for these orders?
- Can we send the goods bit by bit (un peu à la fois), *or do you need them all together?*
- Should we send them all to the same address, or are there different addresses for different orders?
Thanks mate,

Tim

ON THE **TELEPHONE** 2.1.5

Voici un texte qui est une conversation téléphonique professionnelle typique. J'y introduis des expressions anglaises très importantes.

London: "Hello, Simms' Fruit Farm."
Anne: "Good morning, this is Anne from Kraft, Milan."
L: "Good morning, how can I help you, Anna?" (en théorie, c'est ainsi qu'ils devraient répondre !)
Anne: "I'd like to speak to the person in charge of (responsable de) accounts, please."
L: "Certainly, hold on (patientez) a minute, I'll just put you through."

(*to put* + sujet + *through* : passer/transmettre l'appel)

MUSIQUE AGAÇANTE

Il y a souvent une musique agaçante pour patienter, et on est obligé de la subir !

L: "Sorry to keep you waiting. I'm afraid, Mr. Jones isn't **in his office*** at the moment, but if you leave your number I will ask him to call you back."
Anna: "That would be great, thanks... it's Anne Dupont from Kraft (France) and the number is 0033 for France then 477835152."
L: "Ok, I'll make sure he gets that, as soon as possible."
Anna: "Thanks a lot, bye."
L: "Bye."

*IN (MY) OFFICE

On NE dit PAS "*he is in office*" : le Président des États-Unis est "*in office*" (en fonction). On emploie "*in my/his/her office*" pour dire que l'on est au bureau au moment présent.

1. A MESSAGE ON AN ANSWERING MACHINE (laisser un message sur un répondeur téléphonique)

Voici les phrases fondamentales à savoir pour laisser un message sur un répondeur téléphonique.

INTRODUCTION

Hello, this is Ken. OR Hello, My name is Ken Beare (Plus formel).

PRÉCISER L'HEURE, LE JOUR ET LA RAISON DE L'APPEL

It's ten in the morning. I'm phoning/calling/ringing to see if.../to let you know (pour vous informer) that... to tell you that...

FAIRE UNE DEMANDE

Would you call/ring/telephone me back? OR Would you mind (est-ce que ça vous dérangerait)...?

LAISSER SON NUMÉRO DE TÉLÉPHONE

My number is... OR You can get me at... OR Call me at... OR You can reach me at...

COMMENT TERMINER

Thanks a lot, bye. OR I'll talk to you later, bye.

Donnons à présent un exemple pour clarifier les dynamiques qui entrent en jeu quand on laisse un message sur un répondeur.

Ring... Ring... Ring... (le téléphone)

Tom's answering machine: Hello, this is Tom. I'm afraid, I'm not in at the moment. Please leave a message after the beep.....

Biip... (le téléphone)

Hello, Tom, this is Ken. It's about noon and I'm calling to see if you would like to go to the Birmingham game on Friday. We are sure to win, again. Would you call me back? You can reach me at 367-8925 until five this afternoon. I'll talk to you later, bye.

SLOWLY

Une des plaintes les plus courantes que j'entends est : "Ils parlent tellement vite, je n'arrive pas à les suivre !" Les Anglais ne se vexent pas si tu leur fais remarquer leur débit. AU CONTRAIRE, c'est pire si tu fais semblant de comprendre ou si tu essaies de deviner ; ça peut même être dangereux parfois. Si tu n'es pas sûr d'avoir compris, INTERROMPS ! Et demande immédiatement à la personne de parler plus lentement.

"Sorry, could you speak slowly, please, I am still learning."

Ton interlocuteur appréciera ta volonté d'apprendre sa langue et t'aidera à comprendre avec plaisir.

2. THE GAME RULES

À présent, je vais te révéler quelques secrets à bien retenir pour communiquer par téléphone, surtout au travail.

RÉPÈTE

Quand tu prends note du nom d'une personne ou d'une information importante, il est primordial de répéter chaque élément-clé pendant que ton interlocuteur te transmet le message. C'est une méthode très efficace. En répétant ainsi chaque point, chaque numéro, ou même chaque lettre dans le cas d'un *spelling*, tu invites ton interlocuteur à parler plus lentement. Il comprendra facilement que tu es en train de tout écrire, et là aussi tu feras bonne impression, parce que quelqu'un qui note tout montre qu'il désire comprendre parfaitement le message qu'on lui transmet.

NE FAIS PAS SEMBLANT DE COMPRENDRE

Ne dis jamais que tu as compris si ce n'est pas le cas ! Demande à ton interlocuteur de répéter jusqu'à ce que tout devienne plus clair. Sache que c'est l'autre qui a besoin de se faire comprendre, et c'est d'ailleurs dans son intérêt de s'assurer que tu as bien compris. Si tu demandes à un interlocuteur d'expliquer ou de répéter plusieurs fois, il parlera plus lentement.

CONFERENCE **CALLS** 2.1.6

Si tu éprouves des difficultés ou si tu appréhendes les *conference calls*, sache que tu n'es pas le seul, crois-moi !
Imagine que tu es en relation avec d'autres participants, chacun en ligne depuis un poste différent, et que l'un d'entre eux dise : *"Please, I would like to ask everybody to speak in a slow, clear and simple way, because it is important to me to understand."*

Tu le verrais à coup sûr comme un héros à qui tu enverras des chocolats et des fleurs pour Noël, pas vrai ? Et, après tout, pourquoi ce ne serait pas toi ce héros ? Ne va surtout pas penser : "Je ne peux pas interrompre, je ne veux pas passer pour un casse-pieds !". Au contraire, que ce soit dans le cas d'un appel *one-to-one*, ou de *conference calls*, tôt ou tard les personnes avec qui tu es en ligne comprendront que tu ne suis pas à 100 %... Les Anglais sont loin d'être stupides !

POUR ÊTRE À L'AISE ET PLUS DÉTENDU, CONCENTRE-TOI SUR CES POINTS ESSENTIELS :

- Les *conference calls* sont un moyen peu utilisé dans le cadre professionnel de manière générale, même si elles peuvent être très efficaces, faciles à organiser, et de moindre coût ;

- Fais en sorte que la *conference call* n'ennuie personne. Envoie l'ordre du jour par la poste, par fax ou par mail. Envoie aussi des dépliants, des photos et des graphiques si besoin. Ce sont des outils utiles pour illustrer et expliquer les points qui seront abordés, surtout si les participants sont présents dans une salle équipée pour exploiter ce genre de matériel. De cette façon, l'attention et l'intérêt seront garantis ;

- Un groupe composé de trois à six personnes est une condition idéale pour réussir une *conference call* pendant laquelle une décision doit être prise ou un problème doit être résolu. Les groupes plus nombreux sont difficiles à gérer, mais avec une bonne organisation en amont, tu peux y arriver ;

- Tu peux aussi prévoir un enregistrement de la *conference call* pour ceux qui ne peuvent y participer en temps réel.

1. INTRODUCTION

Nombreux sont ceux qui angoissent quand ils savent qu'ils vont devoir affronter une *conference call*, qu'ils attendent avec autant d'enthousiasme qu'une visite chez le dentiste. C'est parce qu'ils ont vécu une première expérience médiocre, voire horrible.
Rien d'étonnant ! Il y a tellement de *conference calls* ratées qu'on pourrait en parler pendant des heures ! C'est dommage, car cet outil, moins utilisé que les mails, peut permettre au groupe de travail de collaborer de façon directe et immédiate.
L'intérêt de mes conseils sur les *conference calls* est de t'aider à évaluer les points négatifs et positifs, ce que tu dois éviter, mais surtout de te donner des idées bien précises de manière à rendre la *conference call* conviviale, efficace et parfaitement réussie, grâce notamment à une bonne gestion du temps mis à ta disposition.

2. HOW IT IS DONE

Voici quelques consignes pour te montrer le comportement à adopter et les erreurs à éviter. En d'autres termes, ce qu'il faut faire et ne pas faire.

TROUVE UN ENDROIT TRANQUILLE

Les *conference calls* peuvent être assez bruyantes et peuvent être perturbées par des bruits de fond. Ferme la porte, utilise ton téléphone dans un endroit calme (cache-toi s'il le faut !), fais en sorte de t'écarter du bruit. De même, évite de froisser tes documents, de manger un gâteau bruyamment, de siroter ton café, de renifler, d'écrire sur ton ordinateur, de mâcher un chewing gum, enfin de faire du bruit ! Si possible, éteins ton téléphone portable pour éviter que des interférences ne te dérangent.

NOMME UN MODÉRATEUR DE LA CONFERENCE CALL

Toutes les réunions doivent avoir un leader, même les rendez-vous téléphoniques. Une seule personne doit gérer l'appel. En général, c'est celle que l'on nomme qui doit nécessairement garder le contrôle et éviter la confusion.

CONFERENCE **CALLS**

UTILISE TA VOIX, PAS TES YEUX

C'est une *conference call* ! Si tu es en face de ton interlocuteur, il est facile de le regarder dans les yeux, de vérifier que la conversation prend une bonne tournure et, dans le cas contraire, d'y remédier au plus vite, grâce aux indices que la personne en face de toi laisse transparaître. Mais quand tu participes à une *conference call*, tu n'as pas cette possibilité, tu n'as que ta voix. C'est pourquoi tu dois toujours demander ce que pense ton interlocuteur. Parle lentement, emploie des mots simples et bien scandés, avec une voix qui porte. Impose un rythme à la conversation et les autres te suivront.

ATTENDS TON TOUR

Souviens-toi de ce que t'ont appris ta mère et tes professeurs : même si tu as envie de dire quelque chose, il faut toujours attendre ton tour et ne pas céder à la tentation de prendre la parole avant. Et ce pour deux raisons : la première est une simple question de courtoisie et de respect envers tes collègues, nécessaire au bon fonctionnement de la réunion ; la seconde est que certains téléphones, haut-parleurs ou micros, permettent à une seule personne de parler à la fois. Si ta voix se superpose sur celle de quelqu'un d'autre, tu risques de masquer une partie de son exposé, de son explication, de sa phrase.

RESPECTE L'ORDRE DU JOUR

Suis l'ordre du jour qui doit être préparé à l'avance. Pour toutes les *conference calls*, un ordre du jour doit être respecté. Ainsi auras-tu la certitude que tous les points prévus au programme ont été évoqués. Et n'oublie pas d'envoyer l'ordre du jour avant la réunion, par fax ou par mail, à tous les participants. Même un ordre du jour envoyé à la dernière minute est bon à prendre.

PRESENTATIONS 2.1.7

Que le spectacle commence…

En tant que comédien, je sais à quel point la mise en scène peut être utile aux cadres d'entreprise pour préparer leurs *presentations*. Comme au théâtre, il faut savoir communiquer avec tous les spectateurs, être clair, précis, et surtout veiller à ce que personne ne s'endorme.
Voici dix conseils qui t'aideront à être performant et qui te garantiront un résultat optimal lors de tes futures présentations :

1. N'abuse pas des SUPPORTS VISUELS que tu as sous la main, comme les affiches, les graphiques et les power points… Quoi qu'ils représentent, ils doivent être clairs et allégés en texte. Le public ne s'est pas déplacé pour déchiffrer des diapos, il est là pour écouter ta présentation ;

2. Regarde ton PUBLIC. Lors de ta prestation, si tu te demandes où regarder, la réponse se trouve en face de toi. Ne te focalise surtout pas sur une seule personne. Attire plutôt le regard de toutes les personnes présentes dans la salle. C'est indispensable si tu veux capter l'attention de l'ensemble du public et ne pas en ignorer une partie ;

3. Mets en avant ta PERSONNALITÉ, que ce soit en face d'un nouveau groupe ou de tes collaborateurs. Tu dois montrer que tu as de la prestance en public ;

4. Fais RIRE. Même si tu es là pour transmettre et exposer des points importants au public, amuse-le. C'est le meilleur moyen d'attirer son attention et de faire passer ton message ;

5. Parle avec le public et pas au public. INTERAGIS et fais en sorte qu'il y ait un échange. La façon la plus simple d'y parvenir est de lui poser des questions, mais aussi de l'amener à t'en poser ;

6. Sois honnête. Dis toujours ce que tu as à dire, et en aucun cas ce que souhaite entendre le public. Contente-toi de dire la VÉRITÉ : tu gagneras à coup sûr en confiance, en respect et en crédibilité ;

7. Ne SURJOUE pas. Même si maîtriser son sujet implique une bonne préparation, arrange-toi pour que ta présentation soit naturelle et spontanée, épargne à ton public une présentation apprise par cœur ;

8. Bouge. Libère tes GESTES, tu rythmeras davantage ton discours, et tu n'en seras que plus convaincant, mais n'en fais pas trop non plus. Souviens-toi qu'il est ennuyeux de se retrouver face à un intervenant statique comme une statue. Ta présentation sera plus vivante et le public plus réceptif devant un "*speaker* dynamique" ;

9. Sois attentif aux RÉACTIONS du public. Il se peut que le public manifeste son désaccord ou son incompréhension au moyen d'interjections souvent vides de sens, du genre “hum hum !”, “pff !”. Ne te décourage pas pour autant, reste concentré et continue ;

10. Sois unique. Préfère une présentation ORIGINALE et démarque-toi des autres intervenants. Ainsi, ta présentation et son contenu resteront mémorables pour ton public.

1. A FUNNY START

Dès tu commences une présentation, SOURIS… Tu n'en seras que plus sympathique. N'aies pas peur de commencer par une plaisanterie, pour gagner l'attention du public. J'ai parfois assisté à des *presentations* importantes, voire essentielles, faites par des cadres d'entreprise parmi les plus célèbres sur le marché du travail. Pourtant, les seules que je retiens sont celles qui ont fait sourire le public dès le début. C'est le cabaret qui m'a d'ailleurs appris que les spectateurs apprécient la dérision et l'auto-dérision.

En ce qui concerne ton anglais, opte toujours pour un langage simple et familier (le public t'en sera reconnaissant).

Voici quelques exemples de plaisanteries à utiliser pour rompre la glace ; elles sont toutes de mon cru, sers-toi sans modération. Je t'y autorise !

- Hello everyone, my presentation today is clear and well organized. Unlike my English! (Bonjour à tous, ma présentation d'aujourd'hui est claire et bien structurée. Contrairement à mon anglais !)
- If you have any questions, please ask at the end, I don't guarantee I can answer them, but ask anyway. (Si vous avez des questions, s'il vous plaît posez-les à la fin. Je ne suis pas sûr de pouvoir y répondre, mais vous pouvez toujours essayer.)

POUR LES PLUS COURAGEUX, CELLE-CI EST UNE BOMBE :

- Somebody advised me to take a theatre course to improve my presentation skills so I did. The problem is it specialized in musicals… I don't think it helped much with my presentation, but I can sing you a song at the end. (Quelqu'un m'a conseillé de suivre un cours de théâtre pour améliorer mes présentations. Le problème, c'est que j'ai suivi un cours de comédie musicale… Je ne crois pas que ça m'aide beaucoup, mais je peux toujours vous chanter une chanson à la fin.)

GOING
ABROAD

Si tu comptes te rendre à l'étranger pour le travail, pour les vacances ou simplement pour pratiquer ton anglais, ces conseils te seront certainement d'une grande utilité.

BOOKINGS

2.2.1

Ce qui commence bien...

Quand tu planifies et prépares un voyage à l'étranger, il est primordial de partir du bon pied. Tu dois organiser au mieux tes déplacements : choisir l'hôtel, pour ne pas te retrouver à dormir dans un bus, ou pour éviter d'échouer sur un lit superposé dans une auberge de jeunesse lors d'une escapade romantique avec ta dulcinée ; réserver un restaurant, et éviter ainsi d'avoir une table dans la salle fumeur d'un restaurant quand justement tu ne supportes pas la fumée...

1. FLIGHTS

Je te proposer, pour t'aider, de simuler une conversation type avec un employé de la compagnie aérienne. Prête une grande attention au dialogue que j'ai préparé pour toi !

Y = *you*
TA = *travel agency* (agence de voyage)

Y: Hello, I'd like to know if there are any flights to London this Tuesday.
Bonjour, je voudrais savoir s'il y a des vols pour Londres ce mardi.

TA: Yes, there is one at 10,00 a.m. and one at 3 p.m.
Oui, il y en a un à 10 heures et un à 15 heures.

Y: And how much are they?
Combien coûtent-ils ?

TA: They both cost the same: 200 Euros one way or 300 Euros return (or round trip).
Tous les deux coûtent 200 euros l'aller ou 300 euros l'aller retour.

Y: Okay, I'd like to book two seats on the 10,00 a.m. flight, please.
Ok, alors je voudrais réserver deux places sur le vol de 10 heures, merci.

TA: Sorry, but there are no seats available on that flight.
Désolé, mais il n'y a plus de places disponibles sur ce vol.

Y: So why did you mention it?! Ok, two tickets on the later flight.
Alors pourquoi l'avez-vous mentionné ? Alors deux places sur le vol suivant.

TA: Hey, relax!
Eh, du calme !

Y: YOU relax!
VOUS, calmez-vous !

TA: Thank you for choosing Hooligan Airlines.
Merci d'avoir choisi Hooligan Airlines.

BY

Pour préciser quel moyen de transport tu utilises quand tu voyages, tu dois toujours employer la préposition *by* + le véhicule.
By car, *by ship*, *by train*... (en voiture, en bateau, en train).

2. TRAINS

Je te propose une autre conversation pour réserver un voyage en train : imagine qu'il te faut un billet de train pour partir à Londres !

Y = *you*
C = *clerk* (employé)

Y: What time does the next train to London leave?
À quelle heure part le prochain train pour Londres ?
C: At 4 p.m., from platform 8.
À 16 heures, de la voie 8.

Y: Is it a direct train to London?
C'est un train direct pour Londres ?

C: No, you have to change trains at Birmingham.
Non, vous devez changer à Birmingham.

Y: I see. One ticket to London, please.
Je vois. Un billet pour Londres, s'il vous plaît.

C: One way or return, sir?
Aller simple ou aller-retour, Monsieur ?

Y: One way, please.
Un aller simple, s'il vous plaît.

C: 64 pounds, please.
64 livres sterling, s'il vous plaît.

Y: Here you are.
Voici pour vous.

3. HOTELS

Il faut bien se préparer pour réserver une chambre d'hôtel. Tu peux être parfois déstabilisé par le réceptionniste, pas toujours sympathique et qui, au lieu de t'aider, essaiera de t'arnaquer ! C'est pourquoi je te donne de suite quelques exemples qui pourront t'être utiles, parce qu'ils contiennent tout ce dont tu pourrais avoir besoin.

Y = *you*
R = *receptionist*

Y: Hello, is this the King George Hotel?
Bonjour, c'est bien l'hôtel King George?

R: Yes, sir, how can I help you?
Oui, Monsieur, que puis-je faire pour vous ?

Y: I'd like to know if you have a double room available for one week from Friday the 13th to Friday the 20th.
Je voudrais savoir si vous avez une chambre double disponible pour une semaine, du vendredi 13 au vendredi 20.

R: Just a minute, let me check...
Un instant, laissez-moi vérifier…

(PAUSE)

R: Yes, we do have a room available, Sir.
Oui, nous avons une chambre disponible, Monsieur.

Y: Great, and how much does it cost per night?
Très bien, et combien ça coûte par nuit ?

R: 200 pounds, Sir.
200 livres sterling, Monsieur.

Y: Are you crazy?
Vous êtes fou ?

R: You are french, aren't you?
Vous êtes français, n'est-ce pas ?

Y: Does the room have a shower or a bath tub/minibar/balcony?
La chambre a-t-elle une douche ou une baignoire/un minibar/un balcon ?

R: It has a shower and a minibar, but no balcony.
Elle a une douche et un minibar, mais pas de balcon.

Maintenant je te donne un autre exemple de conversation téléphonique, parce que parfois il est nécessaire de réserver un hôtel avant de partir, pour être certain de ne pas avoir de mauvaises surprises ou de se retrouver sans endroit pour dormir !

R: Good afternoon, Sunny London Hotel. May I help you?
Bonjour, hôtel Sunny London, puis-je vous aider ?

Y: Yes. I'd like to book a room, please.
Oui. Je voudrais réserver une chambre, s'il vous plaît.

R: Certainly. When for, madam?
Certainement. Pour quand, Madame ?

Y: March the 23rd, 24th and 25th.
Pour les 23, 24 et 25 mars.

R: How long will you be staying?
Combien de temps resterez-vous ?

Y: Three nights.
Trois nuits.

R: What kind of room would you like, madam?
Quel type de chambre voulez-vous, Madame ?

Y: Er... double with a bath tub, please.
Euh… une chambre double avec baignoire, s'il vous plaît.

R: Certainly, madam. I'll just check what we have available… Yes, we have a room on the 4th floor with a really splendid view.
Certainement, Madame. Je vérifie ce que nous avons de disponible… Oui, nous avons une chambre au quatrième étage avec une vue vraiment splendide.

Y: Fine. How much does it cost per night?
Bien. Combien cela coûte-t-il par nuit ?

R: Would you like breakfast?
Désirez-vous le petit-déjeuner ?

Y: No, thanks.
Non, merci.

R: It's 84 pounds per night, excluding VAT.
C'est 84 livres sterling par nuit, hors TVA.

Y: That's fine.
C'est très bien.

R: Who's the booking for, please, madam?
La réservation est à quel nom, Madame ?

Y: GALON, that's G-A-L-O-N.
GALON, c'est-à-dire G-A-L-O-N.

R: Okay, so, a double with bath tub for March the 23rd, 24th and 25th. Is that correct?
OK, donc une chambre double avec baignoire pour les 23, 24 et 25 mars, c'est bien ça ?

Y: Yes, it is. Thank you.
Oui, merci.

R: Let me give you your booking number. It's: 7576385. I'll repeat that: 7-5-7-6-3-8-5. Thank you for choosing Sunny London Hotel and have a nice day. Bye.
Laissez-moi vous donner le numéro de réservation : 7576385. Je répète : 7-5-7-6-3-8-5. Merci d'avoir choisi l'hôtel Sunny London et bonne journée. Au revoir.

Y: Bye.
Au revoir.

4. RESTAURANTS

Après avoir réservé ton hôtel, soulagé d'avoir un toit sur la tête et un lit confortable pour te reposer, tu peux songer à te remplir l'estomac en toute quiétude…

Y = *you*
MPP = *Mario's Pizza Palace*

Y: Hello? Is that Mario's Pizza Palace?
Allo, Mario's Pizza Palace?

MPP: Yes, Sir, good evening.
Oui, Monsieur, bonsoir.

Y: Good evening. I'd like to book a table for one, please.
Bonsoir. Je voudrais réserver une table pour une personne, s'il vous plaît.

MPP: Certainly, Sir, for what time?
Certainement, Monsieur, pour quelle heure ?

Y: For 8 o'clock, please.
Pour 20 heures, s'il vous plaît.

MPP: Ok, that's fine, and your name, please?
Très bien, votre nom s'il vous plaît ?

Y: Popular, Mr. Popular. That's P-O-P-U-L-A-R.
Popular, Monsieur P-O-P-U-L-A-R.

MPP: Ok, your table for only one person will be ready at 8, Mr. Popular.
Très bien, votre table pour une personne sera prête à 20 heures, Monsieur Popular.

Y: Thank you. Bye.
Merci. Au revoir.

MPP: Bye, Sir.
Au revoir, Monsieur.

M.U.Q.

More Useful Questions

Excuse me, where is the…?
Excusez-moi, où est/où se trouve… ?

How far is the "x" from here…?
À quelle distance est le "x"…?

At what time does the "x" close/open?
À quelle heure ouvre/ferme le "x" ?

PLACES AND DIRECTIONS 2.2.2

Comment arriver à ta destination

Si tu es à l'étranger et que tu dois te rendre à un endroit précis, il se peut que tu aies à demander ton chemin, pour qu'on te guide et qu'on t'indique la bonne direction. Retiens qu'il s'agit d'un excellent exercice pour mettre à l'épreuve ton anglais…

T = *tourist*
P = *policeman*

T: Excuse me! Where is Buckingham Palace, please?/How do I get to Buckingham Palace, please?
Excusez-moi ! Où est Buckingham Palace, s'il vous plaît ?/Comment je fais pour arriver à Buckingham Palace, s'il vous plaît ?

P: Go straight on, turn left at the traffic lights, straight on for about 50 meters, then turn right and you can't miss it.
Allez tout droit, tournez à gauche au feu tricolore, allez tout droit sur environ 50 mètres, puis tournez à droite, vous ne pouvez pas le rater.

Et maintenant si tu devais demander les indications à un passant plutôt qu'à un policier, ou qu'à n'importe quel agent du service public.

IT = *italian tourist*
E = *Englishman*

IT: Excuse me, where can I find a post office?
Excusez-moi, où puis-je trouver un bureau de poste ?

E: It is far from here; you need to take a bus.
C'est loin d'ici, vous devez prendre un bus.

IT: Which bus and where can I take it?
Quel bus et où puis-je le prendre ?

E: The 33, the bus stop is at the end of the road.
Le bus 33, l'arrêt est au bout de la rue.

IT: And how much is the ticket?
Et combien coûte le ticket ?

E: About 1 pound.
Environ 1 livre.

IT: And where can I buy the ticket?
Et où puis-je acheter le ticket ?

E: You pay on the bus.
Vous payez dans le bus.

IT: Why?
Pourquoi ?

E: STOP! No more questions! I am very late for work!
STOP ! Assez de questions ! Je suis très en retard pour mon travail !

IT: What is your job?
Que faites-vous ?

E: AAaaaggrhhhhrr!

L'exemple que tu viens de voir reproduit un cas de figure que tu pourrais rencontrer, mais je suis certain que ce que tu vas lire t'est déjà arrivé au moins une fois. Il se peut non seulement que tu l'aies entendu, mais aussi que tu l'aies dit…

IT: Excuse me, where can I find a post office?
Excusez-moi, où puis-je trouver le bureau de poste ?

E: Sorry, I'm not from around here.
Désolé, je ne suis pas d'ici.

PLACES AND DIRECTIONS

PLACES

bureau de poste, poste	post office
musée	museum
banque	bank
police, commissariat	police station
hôpital	hospital
pharmacie	chemist's
magasin	shop
restaurant	restaurant
école	school
église	church
toilettes, salle de bain	bathroom
route, rue	street
place	square
montagne, mont	mountain
colline	hill
vallée	valley
lac	lake
rivière	river
piscine	swimming pool
tour	tower
pont	bridge

PLACES **AND DIRECTIONS**

TRADUISONS !

WORDS

second	seconde/deuxième
until	jusqu'à/ jusqu'à ce que
traffic lights	feux tricolores
roundabout	rond-point
island	île
first	première

VERBS

to take	prendre
to turn	tourner
to go straight on	aller tout droit
to drive	conduire

DIALOGUE ENTRE UN TOURISTE FRANÇAIS ET UN ANGLAIS

FT : Excusez-moi ! Où est Buckingham Palace, s'il vous plaît ?

E: D'ici ?

(C'est affligeant, mais à Londres, on te pose vraiment cette question ; c'est incroyable… Retiens-toi de répondre : "Non, de chez moi à Lyon !".)

FT : Oui, d'ici.

E: Ok, vous devez aller tout droit, puis prendre la deuxième rue à droite, continuez jusqu'à ce que vous voyiez le feu rouge. Au feu tournez à gauche puis allez tout droit jusqu'à un rond-point. De là, prenez la première rue sur la gauche puis redemandez.

FT : Parfait, merci !

Ensuite, tu trouveras toujours un sympathique vieillard qui te répondra :
It's where it has always been! Ah Ah Ah! C'est là où ça a toujours été ! Ah Ah Ah !

Je t'aurais prévenu.

TAKE

Quand nous précisons la durée d'un trajet, qu'il soit long ou court, nous employons le verbe *to take*.

Il faut une heure pour arriver à Londres.
It takes one hour to get to London.
Le vol a duré deux heures.
The flight took two hours.
Nous avons mis vingt minutes pour arriver.
We took twenty minutes to arrive.
Le bateau a mis deux semaines pour arriver.
The ship took two weeks to get here.

TRAVEL

TRADUISONS !

WORDS

air	air
airport	aéroport
check-in	check-in/ enregistrement
flight	vol
landing	atterrissage
plane	avion
destination	destination
journey	voyage
passenger	passager
route	route/itinéraire
captain	capitaine
crew	personnel de bord
trip	court voyage
luggage	bagage
land	terre
bike	bicyclette
bus	autobus/bus
car	voiture
motorbike	moto
train	train
motorway	autoroute
train station	gare
underground/tube	métro
road	route
trafic	trafic/embouteillage
traffic lights	feu tricolore
boat	bateau
coast	côte
ferry	bac/ferry
port	port
sea	mer
ship	bateau

VERBS

to board	embarquer
to check in	s'enregistrer
to fly	voler
to land	atterrir
to take off	décoller
to travel	voyager
to stop	s'arrêter

PHRASAL VERBS

to get ready	se préparer
to get on	monter
to get off	descendre

LES HOMMES TRÈS ÉLÉGANTS DE BIRMINGHAM (JOURNAL D'ALICE)

À sept heures du matin nous nous sommes préparés et avons appelé un taxi.
Il y avait beaucoup de trafic sur la route et nous avons mis (it took us) vingt minutes pour arriver à la gare.
Nous avons pris les billets et le train est arrivé dix minutes après.
Le train s'est arrêté dans sept gares avant d'arriver à la gare centrale.
De là, nous avons pris le bus pour l'aéroport.
Nous avons mis trois minutes pour monter dans le bus avec toutes nos valises.
Après trente-cinq minutes nous sommes descendus du bus devant l'aéroport.
Il a fallu quinze minutes pour nous enregistrer.
Notre avion a atterri à Londres à onze heures.
À Londres, nous avons pris le métro pour arriver à l'hôtel.
À la réception, c'est moi qui ai parlé :
"Bonjour, il y a une chambre double, s'il vous plaît ?"
"Bien sûr, vous restez combien de temps ?"
"Seulement cette nuit, merci."
"Ok, nous avons une chambre avec douche pour cent livres par nuit."
"D'accord, c'est bien, merci."
Le jour d'après, nous avons pris un train pour la destination de mon cœur, Birmingham.
La ville de Birmingham est au centre de l'Angleterre, et elle est célèbre pour ses hommes, qui sont tous très élégants et intelligents… et pour son équipe de foot fantastique.
Après le paradis de Birmingham, nous avons pris un train pour la côte. Prochaine destination : l'Irlande.
Sur la côte, nous avons pris un bac pour l'Irlande.
La mer était calme et belle.
Au port nous sommes descendus et nous nous sommes baladé toute la journée.
Ce soir-là, nous sommes rentrés en France et j'ai dormi dans l'avion, en rêvant des hommes très élégants de Birmingham.

EATING **OUT** 2.2.4

Et pas seulement un steak frites !

Comme tout le monde sait, nous, les Anglais, sommes mondialement célèbres grâce à trois choses :
The Beatles,
Les hommes très élégants de Birmingham,
Notre délicieuse cuisine.

Il est donc important de bien commander…
Imaginons que tu entres dans un restaurant.

Y = you
P = your partner
W = waiter (serveur)

Y: Good evening, a table for two, please.
Bonsoir, une table pour deux, s'il vous plaît.
(ou si vous avez déjà réservé : Good evening. I reserved a table for two, under the name DUPONT/Bonsoir, j'ai réservé une table pour deux au nom de DUPONT.)

W: Of course, I'll show you to your table.
Bien sûr, je vais vous montrer votre table.

W: Can I get you something to drink, while you read the menu?
Puis-je vous apporter quelque chose à boire pendant que vous lisez le menu ?

Y: Yes, thank you. I'll have a glass of white wine.
Oui, merci. Je prendrai un verre de vin blanc.

W: Sweet or dry?
Doux ou sec ?

Y: Dry, thank you.
Sec, merci.

P: And I'll just have a glass of mineral water, please.
Et moi je prendrai seulement un verre d'eau minérale, s'il vous plaît.

W: Sparkling or still?
Gazeuse ou plate ?

P: Still, thank you.
Plate, merci.

Et maintenant tu es prêt à commander…

EATING **OUT**

STARTER (entrée)

W: What will you have for your starter, Sir?
Que désirez-vous comme entrée, Monsieur ?

Y: I'll have the prawn cocktail, please.
Je prendrai le cocktail d'écrevisses, s'il vous plaît.

P: Just a salad for me, please.
Pour moi, juste une salade, s'il vous plaît.

MAIN COURSE (plat principal)

W: And for your main course?
Et comme plat principal ?

Y: What do you recommend?
Que suggérez-vous ?

W: I recommend a different restaurant!
Je vous suggère un autre restaurant !

Y: Ah Ah Ah! No, but seriously…
Ah Ah Ah ! Non mais blague à part…

W: The fish, it is very fresh, today.
Le poisson est très frais aujourd'hui.

Y: Then I will have the fish and chips!
Alors je prendrai du poisson avec des frites !

W: Very good, Sir!
Très bien, Monsieur !

P: I'll have a steak with vegetables, please.
Je prendrai un steak avec des légumes, s'il vous plaît.

W: Certainly, and how would you like your steak cooked? Rare, medium or well done?
Certainement, et comment voulez-vous votre steak ? Saignant, à point, ou bien cuit ?

P: Rare, please.
Saignant, s'il vous plaît.

(Nous les Anglais, nous employons très souvent *please* même pour les choses banales. Il est important de l'employer dans chaque question, pour ne pas paraître impoli.)

DESSERT (dessert)

W: Dessert?
Un dessert ?

Y: I'll have a slice of cheesecake.
Je prendrai une part de gâteau au fromage.

P: And I'll have the apple pie with cream.
Et moi, je prendrai la tarte aux pommes avec de la crème.

W: Enjoy your meal!
Bon appétit !

À LA FIN…

Y: Excuse me, could I have the bill, please?
Excusez-moi, pourrais-je avoir l'addition, s'il vous plaît ?

W: Certainly, Sir. How would you like to pay?
Certainement, Monsieur. Comment voulez-vous payer ?

Y: Credit card? Cash?
Carte bancaire ? Espèces ?

W: That's fine.
Très bien.

Y: Could I have a receipt?
Pourrais-je avoir un reçu ?

W: Certainly, Sir.
Certainement, Monsieur.

EATING **OUT**

FOOD AND DRINK

nourriture	food
pain	bread
café	coffee
thé	tea
jus de fruit	juice
sel	salt
poivre	pepper
bœuf	beef
viande de porc	pork
poisson	fish
poulet	chicken
légumes	vegetables
pommes de terre	potatoes
carottes	carrots
petits pois	peas
frites	chips
salade	salad
fruit	fruit
pomme	apple
orange	orange
poire	pear
ananas	pineapple
fraise	strawberry
banane	banana
pamplemousse	grapefruit
pastèque	water melon
melon	melon
desserts	desserts
glace (crème glacée)	ice cream
tarte aux pommes	apple pie
gâteau au chocolat	chocolate cake
gâteau au fromage	cheesecake
diplomate	trifle
pudding	pudding

INSTANTENGLISH

SITUATIONS AND WORDS

REAL LIFE

IDIOMS

REAL LIFE

Je t'ai révélé tous les petits trucs pour mettre en pratique ton anglais au travail et pour t'en sortir à l'étranger pour une période brève, en voyage d'affaires ou touristique. Mais si tu devais faire tout ce que tu fais normalement en France, te sens-tu prêt ? Saurais-tu acheter ton journal ou une paire de chaussettes ? Réussirais-tu à faire les courses ou à parler de la pluie et du beau temps ? Voyons voir…

SHOPPING 3.1.1

Le sport favori des femmes !

Au temps des cavernes, l'homme allait à la chasse et les femmes allaient ensemble cueillir les fruits, les légumes et de jolies choses pour décorer la caverne. Aujourd'hui les choses n'ont pas beaucoup changé. Une femme ne doit jamais emmener son homme avec elle ! Mais si jamais elle décidait de le faire ? Dans ce cas, voyons, Messieurs-Dames, comment dire le nom des magasins et tout ce que l'on peut y acheter, pour y aller dans la bonne humeur.

'S

Pour dire que l'on va acheter du pain chez le boulanger, on peut employer le substantif *bakery*, qui est réellement le magasin où l'on en trouve, ou alors on peut dire que l'on va *baker's*, à savoir "chez le boulanger". C'est un des différents emplois du **génitif saxon** qui, placé après une profession, lui permet de devenir le magasin même, l'endroit où se pratique l'activité qui lui est propre.

DIFFERENT SHOPS

chemist's/chez le pharmacien
I buy my medicine AT the chemist's. (J'achète mes médicaments chez le pharmacien.)

clothes shop/magasin de vêtements
My wife can walk around in the clothes shop for five hours and she doesn't get tired! (Ma femme peut marcher dans un magasin de vêtements pendant cinq heures sans se fatiguer !)

laundrette/laverie
When my wife is angry, I have to wash my clothes in the local laundrette. (Quand ma femme est en colère, je dois laver mes vêtements à la laverie du coin.)

newsagent's/chez le marchand de journaux
I buy my newspapers and sweets AT the local newsagent's. (J'achète mes journaux et des bonbons chez le marchand de journaux du coin.)

hairdresser's/chez le coiffeur
My Mom goes to the hairdresser's every Saturday afternoon, so she looks nice in the evening. (Ma mère va chez le coiffeur tous les samedis après-midi, ainsi elle est belle le soir.)

SHOPPING

greengrocer's/chez le marchand de fruits et légumes
I get my greens from the greengrocer's; they don't cost much, there. (Je prends mes légumes chez le marchand de fruits et légumes ; ils ne coûtent pas cher, là-bas.)

post office/bureau de poste
There are always many people waiting to send letters in the post office. (Il y a toujours beaucoup de monde qui attend pour envoyer des lettres au bureau de poste.)

barber's/chez le coiffeur (pour hommes), chez le barbier
I go to the barber's to talk about football and to have my hair cut. (Je vais chez le coiffeur pour parler de foot et pour me faire couper les cheveux.)

off license/magasin d'alcools
In the off license, you can buy beer all day! (Dans le magasin d'alcools, vous pouvez acheter de la bière toute la journée !)

bookshop/librairie
I bought a book in the bookshop about how to have a nice garden with minimum effort. (J'ai acheté un livre à la librairie sur la façon d'avoir avoir un beau jardin avec un minimum d'effort.)

hardware store/quincaillerie
I need to go to the hardware store to buy a drill. (J'ai besoin d'aller à la quincaillerie pour acheter une perceuse.)

general store/bazar
The general store has practically everything! (Le bazar a pratiquement tout !)

shoe shop/magasin de chaussures
I have nothing to say about the shoe shop; it is a terrible place! (Je n'ai rien à dire sur le magasin de chaussures ; c'est un endroit terrible !)

sports shop/magasin de sport
I buy my trainers here. (J'achète mes baskets ici.)

butcher's/chez le boucher
My wife likes to go to the butcher's because she imagines that it's me hanging from the ceiling. (Ma femme aime aller chez le boucher parce qu'elle s'imagine que c'est moi qui pend au plafond.)

baker's/chez le boulanger
I love the smell of fresh bread in the baker's! (J'aime l'odeur du pain frais chez le boulanger.)

SHOPPING

SHOPPING CENTRE
(CENTRE COMMERCIAL)

cash point	distributeur de billets
money	argent
bank account	compte en banque
shop	magasin
customer	client
cashier	caissière
shop assistant	vendeuse
till	caisse
wallet	portefeuille (pour les hommes)
purse	portefeuille (pour femmes)/sac à main
shelf/shelves	étagère/s
trolley	charriot
parking lot	place de parking
lift	ascenseur
bag	sachet
changing room	vestiaire
cheque/check	chèque
cash	espèces
coin	pièce de monnaie
credit card	carte bancaire
clothes	vêtement
tear	larme
by the time	maintenant que
full	plein

VERBS

to withdraw	prélever/retirer
to pay	payer
to push	pousser
to fill	remplir
to empty	vider

1. GROCERY

Allons faire les courses à l'épicerie…

TRADUISONS !

WORDS

supermarket	supermarché
since	depuis que
shopping list	liste des courses
salad	salade
vegetables	légumes
fruit	fruit
apples	pommes
bananas	bananes
the only thing	la seule chose
food	nourriture
detergent	détergent
soap	savon
queue	queue
torture	torture
beef	bœuf
sausages	saucisses
fish	poisson
cake	gâteau

VERBS

to show	faire voir/montrer
to find	trouver
to laugh	rire
to suffer	souffrir

GROCERY SHOPPING

Depuis qu'ils ont commencé à diffuser Docteur House l'après-midi, je dois faire les courses.
J'ai pris la liste des courses et je suis allé au supermarché.
Pendant que je prenais le charriot, je l'ai regardée. "Ok, première chose salade, ensuite légumes."
Je n'arrivais pas à trouver les fruits, donc j'ai demandé à un autre homme. Il a ri.
Quand j'ai trouvé les fruits, j'ai pris deux pommes et deux bananes.
Ensuite j'ai pris la viande, le bœuf, la saucisse et un poisson.
Ensuite, la seule chose qui m'intéressait. Le gâteau.
Il n'y avait plus de nourriture sur la liste. À présent je devais trouver le détergent et le savon.
Aucun problème.
Quand le charriot a été plein, j'ai fait la queue à la caisse.
En France ils n'aiment pas beaucoup faire la queue, ils souffrent vraiment. C'est une torture pour eux. Pour moi c'est faire les courses qui est une torture, je suis heureux quand je suis dans la queue parce que c'est fini.

WEARING

Quand en français on dit "je porte une chemise", en anglais on dit *I am wearing a shirt*, dans ce cas précis *to wear* est un verbe employé à la forme progressive, même si en réalité rien ne se passe !

2. CLOTHES

Refaisons notre garde-robe…

DRESSING

clothes	vêtements
lingerie	lingerie
bikini	bikini
socks	chaussettes
blouse	chemisette/ chemisier
hat	chapeau
shirt	chemise
coat	manteau
cardigan	gilet en laine
tights	collants
suit	costume
tie	cravate
jacket	veste
skirt	jupe
jeans	jeans
jumper	pull
t-shirt	t-shirt
underpants	sous-vêtements
knickers	culotte/slip
trousers	pantalon
bra	soutien-gorge
dress	robe
wardrobe mistress	costumière
except	sauf/excepté
ready	prêt
enormous	énorme

VERBS

to put on	mettre/porter
to take off	enlever
to wear	habiller/porter
to get dressed	s'habiller
to get undressed	se déshabiller
to try on	essayer un vêtement
to decide	décider

SHOPPING

EXAMPLES:

Jane is wearing a red hat. (Jane porte un chapeau rouge.)

He wore black trousers at the wedding. (Il portait un pantalon noir au mariage.)

I will wear my best shirt for the party. (Je porterai ma meilleure chemise à la fête.)

John is putting on his shoes. (John est en train de mettre ses chaussures.)

It was cold, so we put on our coats. (Il faisait froid, donc nous avons mis nos manteaux.)

They will put on their hats at the funeral. (Ils mettront leur chapeau à l'enterrement.)

Take off your tie! You're not in the office! (Enlève ta cravate ! Tu n'es pas au bureau !)

Did she take off her bra on the beach? (A-t-elle enlevé son soutien-gorge sur la plage ?)

I will take off my shoes in the new house. (J'enlèverai mes chaussures dans la nouvelle maison.)

I will be there in ten minutes. I am still getting dressed. (Je serai là dans dix minutes. Je suis encore en train de m'habiller.)

I got dressed in five minutes; she got dressed in thirty five minutes! (Je me suis habillé en cinq minutes, elle s'est habillée en trente-cinq minutes !)

Will you get dressed to answer the door, please?! (Veux-tu t'habiller pour ouvrir la porte, s'il te plaît ?)

She tried on every pair of trousers in the shop! (Elle a essayé tous les pantalons dans le magasin !)

I am trying on a new coat. (J'essaie un nouveau manteau.)

Will you try on this new shirt I bought for you? It might be too long. (Essaierais-tu cette nouvelle chemise que je t'ai achetée ? Elle pourrait être trop longue.

JOBS 3.1.2

Que feras-tu quand tu seras grand ?

Avant tout, je veux t'expliquer la différence entre *work* et *job*. Ce que tu appelles *job* est la tâche que tu as à faire, ce pour quoi tu es payé. À l'inverse, on entend par *work* le métier que tu fais, la fonction que tu occupes.

EXAMPLES:

What do you do?
I am a policeman; that is my job.

What do you do in your job?
I work with other policemen to keep public order.

DIFFERENT JOBS

accountant/comptable
An accountant sorts out my money and taxes. He works in an office. (Un comptable s'occupe de mon argent et de mes impôts. Il travaille dans un bureau.)

baker/boulanger
The baker makes bread and we buy it in the morning. He works in a bakery. (Le boulanger fait le pain et nous l'achetons le matin. Il travaille dans une boulangerie.)

barman OR barmaid/barman OU barmaid
The barman serves drinks in the pub. - He is my hero! - He works in a pub. (Le barman sert de la bière au pub. C'est mon héros ! Il travaille dans un pub.)

builder/maçon
The builder builds buildings and houses. He works on a building site. (Le maçon construit des bâtiments et des maisons. Il travaille sur un chantier.)

butcher/boucher
The butcher prepares and sells meat. He works in a butcher's. (Le boucher prépare et vend la viande. Il travaille dans une boucherie.)

chef/cuisinier
The chef prepares and cooks food. He works in a kitchen. (Le cuisinier prépare et cuisine la nourriture. Il travaille dans une cuisine.)

cleaner/personnel d'entretien (femme ou homme de ménage)
The cleaner cleans. He/She works in offices, bars and houses. (Le personnel d'entretien nettoie. Il/Elle travaille dans des bureaux, des bars et des maisons.)

JOBS

dentist/dentiste

The dentist looks after people's teeth. He works in a dentist's. (Le dentiste prend soin des dents des gens. Il travaille dans un cabinet dentaire.)

doctor/médecin

The doctor looks after people's health. He works in a hospital or surgery. (Le médecin prend soin de la santé des gens. Il travaille dans un hôpital ou dans un cabinet médical.)

fireman/pompier

The fireman extinguishes fire. He works in a fire station and in buildings. (Le pompier éteint le feu. Il travaille dans une caserne de pompier ou dans des bâtiments.)

hairdresser/coiffeur

The hairdresser cuts and styles people's hair. He works in a hairdresser's. (Le coiffeur coupe et coiffe les cheveux des gens. Il travaille dans un salon.)

judge/juge

The judge judges and sentences people. He works in a court. (Le juge juge et prononce des sentences. Il travaille dans un tribunal.)

lawyer/avocat

The lawyer defends and prosecutes people. He works in a court and in his office. (L'avocat défend et accuse les gens. Il travaille dans un tribunal et dans son cabinet.)

nurse/infirmière OU infirmier

The nurse looks after patients. She/He works in a hospital. (L'infirmière/infirmier prend soin des patients. Elle/il travaille dans un hôpital.)

policeman/policier

The policeman keeps public order. He works in the police station and in the city. (Le policier maintient l'ordre public. Il travaille dans un commissariat et en ville.)

plumber/plombier

The plumber sorts out problems with the water system. He works in all types of buildings. (Le plombier répare les problèmes du circuit d'eau. Il travaille dans tous les types de bâtiments.)

postman/facteur

The postman delivers letters. He works on the streets. (Le facteur remet les lettres. Il travaille dans les rues.))

JOBS

receptionist/réceptionniste
The receptionist receives visitors. He/She works in a reception. (Le/La réceptionniste reçoit les visiteurs. Il/Elle travaille à la réception.)

shop assistant/vendeur OU vendeuse
The shop assistant sells products and helps customers. He/she works in a shop. (Le vendeur/La vendeuse vend des produit et aide les clients. Il/Elle travaille dans un magasin.)

secretary/secrétaire
The secretary sorts out appointments, meetings and writes e-mails. She works in an office. (La secrétaire organise des rendez-vous, des réunions et écrit des mails. Elle travaille dans un bureau.)

vet/vétérinaire
The vet looks after animals. He works in a veterinary. (Le vétérinaire prend soin des animaux. Il travaille dans une clinique vétérinaire.)

waiter OR waitress/serveur OU serveuse
The waiter takes orders and brings food. He/She works in restaurants. (Le serveur/La serveuse prend les commandes et apporte la nourriture. Il/Elle travaille dans des restaurants.)

JOBS

TRADUISONS !

WORDS

letters	lettres
good smell	parfum/odeur agréable
newspaper	journal
court	tribunal
stolen	volé
understandable	compréhensible
thief	voleur
interview	entretien
system	système/installation
quote	devis
sum	somme/montant
immediately	immédiatement/ tout de suite
pain	douleur
compliment	compliment
to pay a compliment	faire un compliment
in trouble	ennuyé/ayant des soucis
fire	feu
hero	héros
stairs	escalier
kind	gentil
coward	lâche
flames	flammes
loser	perdant
tale	histoire/anecdote

VERBS

to daydream	rêver les yeux ouverts/rêvasser
to start	commencer
to pass	passer/réussir
to take on	engager
to introduce	introduire/ présenter
to escape	s'échapper/ échapper

JOBS

A DAY OUT

À sept heures le facteur est arrivé avec trois lettres. Elles étaient toutes pour ma femme.
À sept heures et demie je suis allé prendre le pain chez le boulanger. J'aime l'odeur du pain le matin.
Après je suis allé prendre le journal, mais quand je suis entré dans le magasin la vendeuse n'était pas là.
J'ai pris un journal et j'allais sortir quand j'ai vu un policier. À ce moment-là j'ai commencé à rêver les yeux ouverts.
J'étais au tribunal, mon avocat faisait voir le journal volé au juge et j'étais entre deux policiers.
Ensuite mon comptable a parlé : "Vous pensez peut-être qu'il est stupide de voler un journal qui ne coûte qu'une livre, mais c'est compréhensible… Parce qu'il n'a plus d'argent ! Et pourquoi n'a-t-il pas d'argent ? Parce qu'il a besoin d'un travail… Et pourquoi n'a-t-il pas de travail ?"
"Parce que c'est un voleur !" a hurlé le juge.
J'ai décidé de payer le journal.
À une heure de l'après-midi, j'avais un entretien pour un nouveau travail, je suis donc allé chez le coiffeur.
Oui ! Il faut deux heures pour arranger mes cheveux.
Pendant que j'allais chez le coiffeur, j'ai vu deux maçons sur un chantier et j'ai demandé ce qu'ils étaient en train de construire.
"Une clinique vétérinaire" a dit un maçon.
Et j'ai demandé : "Et vous faites quoi ?"
"Je suis plombier" m'a-t-il dit "je répare toute l'installation d'eau."
Vingt minutes après, j'avais mal à une dent, je suis donc allé chez le dentiste

pour avoir un devis. Il m'a dit la somme et la douleur est tout de suite passée.
Après le coiffeur, c'était l'heure du déjeuner et je suis allé au pub pour une bière rapide, puis au restaurant.
Le serveur m'a apporté un plat de pâtes et m'a fait des compliments sur mes cheveux. Après j'ai fait des compliments au cuisinier et je suis allé à mon entretien. Tandis que j'entrais dans l'immeuble où je devais passer l'entretien, un SMS est arrivé. C'était mon comptable. "S'ils ne t'engagent pas, tu auras des soucis !"
À la réception j'ai donné mon nom et la secrétaire du patron est venue me chercher.
Dans le bureau du patron je me suis présenté et il m'a fait des compliments sur mes cheveux... Je parlais au patron quand j'ai entendu une femme crier "Au feu !".
Le patron a appelé les pompiers et moi, en essayant d'être un héros, je me suis échappé.
Tandis que je descendais en courant des escaliers, je suis tombé.
À l'hôpital, l'infirmière m'a apporté un journal, elle était très gentille.
Incroyable : j'étais sur la première page !
"Un lâche se casse une jambe en s'échappant d'un bâtiment en flammes !"
Le médecin m'a dit que je devais rester quatre jours à l'hôpital.
Après est arrivée la femme de ménage.
"Vous êtes un loser !" m'a-t-elle dit.
"Il y avait le feu !" ai-je répondu.
"Pas parce que vous vous êtes échappé !" a-t-elle dit. "Parce que nous n'avez pas réussi à mettre le boucher dans cette petite histoire stupide !"

MONEY

3.1.3

À chaque pays sa monnaie…

Une fois le bon magasin choisi, pour acheter des fruits, des légumes, des pantalons ou une paire de chaussures… tu auras toujours besoin d'argent !

€

cents	cents
euro	euro

MONNAIE ANGLAISE

pence	centimes de livre
pound	livre sterling (100 pences)

MONNAIE AMERICAINE

cents	centimes
dollar	dollar (100 cents)

ABOUT MONEY

account/compte
I have nothing in my bank account. (Je n'ai rien sur mon compte courant.)

bank/banque
The bank opens at five. (La banque ouvre à cinq heures.)

banknote/billet (de banque)
I keep my banknotes in my wallet. (Je garde mes billets dans mon portefeuille.)

cash/espèces
I always pay in cash. (Je paie toujours en espèces.)

change/monnaie
I gave the shop assistant one pound for the chewing gum and she only gave me four pence change! (J'ai donné une livre à la caissière pour le chewing gum et elle ne m'a rendu que quatre pence de monnaie !)

MONEY

cheque OR check/chèque
I will write a cheque/check for the new car. (Je ferai un chèque pour la nouvelle voiture.)

cheque OR check book/carnet de chèques
I need a new cheque/check book; is the bank open? (J'ai besoin d'un nouveau carnet de chèques ; la banque est-elle ouverte ?)

credit card/carte bancaire/carte de crédit
I need to block my credit card; I can't find it! (J'ai besoin de bloquer ma carte bancaire, je ne la retrouve pas !)

cash point/distributeur de billets
Is there a cash point near the hotel? (Y a-t-il un distributeur de billets près de l'hôtel ?)

coin/pièce (de monnaie)
Every English coin has the Queen's head on it. (Sur chaque pièce anglaise il y a le visage de la reine.)

PIN number/code secret
I can never remember my PIN number!
(Je ne me souviens jamais de mon code secret !)

WEATHER

3.1.4

Quel temps va-t-il faire ?

Maintenant que tu as acheté ton sac à main et tes nouvelles chaussures, et que tu es certainement allé chez le coiffeur, tu dois à tout prix te renseigner sur les prévisions météorologiques pour éviter qu'une grosse averse ne te tombe dessus à l'improviste.

Qu'est-ce qui est plus imprévisible qu'une femme ? Le temps en Grande-Bretagne. C'est gagné !

METEO

En anglais, pour parler du temps, on emploie toujours *it* :
it's raining, it's snowing, it's sunny;
it rained, it snowed, it was sunny;
it will rain, it will snow, it will be sunny.

WEATHER

TRADUISONS !

WORDS

cloud	nuage
cloudy	nuageux
damp	humide
fog	brouillard
foggy	brumeux
rain	pluie
rainy	pluvieux
snow	neige
snowy	neigeux
storm	tempête
stormy	orageux
sun	soleil
sunny	ensoleillé
thunder	tonnerre
wind	vent
windy	venteux

LA TEMPÉRATURE

chilly	frisquet
cold	froid
freezing	très froid/gelé
hot	très chaud
warm	chaud

A WEEKEND IN GREAT BRITAIN

Le temps en Grande-Bretagne est vraiment fou !
Nous sommes arrivés à Londres, c'était très nuageux et il faisait frisquet.
Il n'y avait pas le fameux brouillard de Londres.
Après seulement trente minutes, il pleuvait et nous étions sans parapluie. Mais ce n'était pas un problème, parce que cinq minutes après il y avait du soleil.
Deux heures après, nous sommes arrivés à Manchester et c'était neigeux !
Le jour d'après nous sommes allés en Ecosse et là il faisait très froid !
Nous dormions à la montagne et cette nuit-là il y avait une tempête de neige.
Le jour d'après, c'était très beau dehors, tous les arbres étaient couverts de neige et il faisait chaud.
Après le déjeuner un vent incroyable est arrivé.
Nous avons vu toutes les quatre saisons en deux jours !

PLACES 3.1.5

Comment t'orienter ?

Maintenant que tu es capable de te déplacer librement, d'acheter des vêtements, des chaussures, de la nourriture, de demander des renseignements concernant le temps, tu peux aller te balader en ville… mais vers où ?

TRADUISONS !

WORDS

car park	place de parking
castle	château
cathedral	cathédrale
church	église
park	parc
railway station	gare
town hall	mairie
city	ville
capital	capitale
village	village
centre	centre
city centre	centre-ville
suburbs	banlieue
beach	plage
cliff	falaise
coast	côte
countryside	campagne
forest	forêt
hill	colline
lake	lac
river	rivière/fleuve
sea	mer
seaside	bord de mer
shore	rive/bord
stream	ruisseau/courant
woods	bois (les)
near	près
waves	vagues
so much	tant/tellement
noise	bruit
milk	lait
cheese	fromage
blackberry	mûre (baie)
vast	vaste
at least	au moins
difficult	difficile
historic	historique
soul	âme
sometimes	quelquefois/de temps en temps

VERBS

to live	habiter/vivre
to wash	laver
to win	vaincre/gagner
to flow	couler
to pick	cueillir

PLACES

NEAR MY HEART

En Angleterre, j'habite à la campagne.
Près de ma maison il y a un ruisseau où je me lave le matin.
Si vous suivez le ruisseau, vous arrivez à une rivière. La rivière coule à travers une forêt et arrive à la mer.
J'aime aller à la mer. J'aime marcher au bord avec ma femme.
Les vagues font tellement de bruit que je n'entends pas sa voix.
C'est très beau.
Si vous regardez au-dessus de la plage, vous voyez le vieux château sur la colline.
Près de la plage, il y a un petit village, où j'achète le lait et le fromage.
Derrière le village, il y a les bois où je cueille des mûres.
Quand j'étais enfant, j'aimais regarder la mer. Si grande, si vaste.
À Lyon, j'habite en banlieue, mais je travaille dans le centre-ville.
Devant mon bureau il y a la mairie.
Depuis la fenêtre je vois seulement des voitures et de l'agitation, mais au moins, à côté de ma maison il y a un parc.
À Lyon il est difficile de trouver une place de parking pour la voiture, je vais donc travailler en tramway.
Lyon est une ville importante en France, mais la capitale est Paris.
Paris est une ville historique, parce que c'est là que David Beckham joue au football.
J'aime la France, mais je dis toujours à mes amis qui habitent à Lyon : "Allez de temps en temps à la campagne, sans ordinateur, sans portable et vivez un peu avec votre âme. Juste pour un week-end."
Mais ils n'ont jamais le temps.

IDIOMS

AMERICAN ENGLISH

Avant de nous intéresser aux *idioms*, je veux “détruire” une légende.

Dans mon travail, on me demande souvent : “Mais en américain aussi, c'est comme ça ?”
Écoute-moi bien, s'il te plaît :
L'AMÉRICAIN N'EXISTE PAS !
Je sais que beaucoup d'Américains aiment à penser qu'ils ont leur propre langue, mais ce n'est pas le cas. Les Américains ont très certainement des mots d'argot ou d'autres façons de dire les choses. Par exemple “ascenseur” se dit *lift* en anglais et *elevator* aux États-Unis. Or, *elevator* est “quelque chose qui élève”, et ça **reste de l'anglais** !

Chaque région de Grande-Bretagne possède son argot, comme chaque région de France et le cas de l'Amérique n'est simplement qu'une version différente…
En Angleterre, les enfants grandissent avec des dessins animés et des films américains, et aucun enfant n'a eu de problème à les comprendre, parce qu'ils sont en anglais !
D'ailleurs, j'ai moi-même plus de mal à comprendre quelqu'un de Liverpool que quelqu'un de New York !

Ce concept erroné d'“américain” a été tellement diffusé qu'il existe même un dictionnaire d'américain, qui n'est rien d'autre qu'un dictionnaire d'anglais !
Je te le répète : ils ont quelques mots différents (en réalité très peu) et une orthographe qui change un peu pour certains mots, mais au États-Unis on parle la langue que je vais t'apprendre :
L'anglais fait de *idioms* !
Nous, les Anglais, aimons nos *idioms* et nous les employons très souvent. Il est essentiel de connaître les plus répandus pour pouvoir les utiliser, mais aussi pour comprendre les Anglais et leur langue. Maintenant je vais te montrer les plus importants !

IDIOMS

A

ALL EARS

(tout oreille)
En français : être tout ouïe

On est *all ears* quand on est très attentif et concentré sur ce que quelqu'un s'apprête à dire, parce que l'on considère que c'est très important.

Bob: Your idea was stupid! Ton idée était stupide !
Kevin: Well, if you have a better idea, I'm all ears! Bien, si tu as une meilleure idée, je suis tout ouïe !

ALL HELL BROKE LOOSE

(tout l'enfer s'est libéré)
En français : c'est l'enfer

Si l'on dit que *all hell broke loose*, on veut dire que l'enfer s'est vraiment déchaîné, qu'il est arrivé quelque chose de vraiment terrifiant et grave.

Pino: What's wrong? Qu'est-ce qui ne va pas ?
Oliver: My wife found lipstick on my shirt and all hell broke loose. Ma femme a trouvé du rouge à lèvres sur ma chemise et ça a été l'enfer.

APPLE OF MY EYE

(pomme de mon œil)
En français : prunelle de mes yeux, mon amour

Dire à quelqu'un *apple of my eye* signifie qu'on l'adore au point d'en être gâteux !
Don't criticise Angela in front of the boss: she is the apple of his eye. Ne critique pas Angela devant le patron, c'est la prunelle de ses yeux.

ASK FOR TROUBLE

(demander des ennuis)
En français : s'attirer des ennuis

On emploie cette expression pour parler d'une personne qui agit toujours au risque de provoquer des ennuis, qui les "attire", cherche des problèmes.

If you go out with Lucy tonight, you're asking for trouble. She's married! Si tu sors avec Lucy ce soir, tu vas t'attirer des ennuis, elle est mariée !

A BAD EGG

(un mauvais œuf/un œuf pourri)
En français : un sale type/une mauvaise personne

Attention à ne pas confondre cette expression avec "une pomme pourrie" qui est assez répandue en français, mais qui possède une autre signification.

His accountant was a bad egg and he lost all his money. Son comptable était un sale type et il a perdu tout son argent.

A PIECE OF CAKE

(un morceau de gâteau)
En français : c'est du gâteau/c'est simple comme bonjour

Si on le dit à propos de quelque chose, c'est pour préciser que c'est vraiment très simple, tout comme manger une part de gâteau !

James: I don't know how to finish with Suzy. Je ne sais pas comment en finir avec Suzy.
Joe: Just say «Goodbye!»; it's a piece of cake. Dis-lui simplement "Au revoir !", c'est simple comme bonjour/c'est du gâteau.

A CASH COW

(une vache à sous)
En français : être une vache à lait

Si on le dit à propos de quelque chose ou de quelqu'un, c'est parce que l'on pense que cette chose ou cette personne fournit continuellement de l'argent, comme une vache donne du lait chaque jour. On l'emploie surtout dans les affaires et dans le marketing.

Arabian countries export coal and plastic, but their cash cow remains their oil. Les pays arabes exportent du charbon et des matières plastiques, mais leur vache à lait reste le pétrole.

IDIOMS

A FLASH IN THE PAN

(un éclair dans la poêle)
En français : un feu de paille

On l'emploie pour indiquer que quelqu'un a connu un moment de gloire très éphémère.

That man had one good idea, but nothing after that. He was a flash in the pan.
Cet homme a eu une bonne idée, mais plus rien après ça. C'était un feu de paille.

A PAIN IN THE NECK

(une douleur au cou)
En français : être casse-pieds

Cette expression sert à désigner une personne ou une situation qui dérangent, ennuyeuses ou trop insistantes, qui cassent les pieds en somme.

Lenny: How is your boss with you, now? Comment se comporte ton patron avec toi maintenant ?
David: He's a pain in the neck! He's always telling me to do this or to do that…
Il est casse-pied ! Il est toujours à me dire de faire ceci ou cela…

TRADUISONS !

WORDS		VERBS	
dangerous	dangereux	to kill	tuer
drastic	drastique	to forget	oublier
ago	il y a (valeur temporelle)	to do on purpose	faire exprès
		to suffocate	suffoquer
shut up!	Tais-toi !	to know	connaître/savoir
thank goodness	heureusement	to find out	venir à savoir/ découvrir

PHILIPPE, LAURENT ET GÉRARD (THE LETHAL PLAN)

Laurent et Philippe sont en train de comploter pour se débarrasser de Gérard.
L : Nous devons tuer Gérard, c'est un casse-pieds.
P : Mais ce n'est pas un peu drastique ?
L : Il l'a fait exprès, il l'a cherché.
P : Et comment allons-nous le tuer ? Je suis tout ouïe !
L : Très facile : pendant qu'il dort, je l'étoufferai.
P : Mais c'est dangereux, tout le monde le connaît !
L : On le connaissait : il était célèbre, mais il y a tant d'années. Il a été un feu de paille.
P : Hein ?
L : Rien.
P : Quand sa mère va le découvrir, ce sera l'enfer…
L : Donc ?
P : Sa mère nous aidera, c'est notre vache à lait !
L : Cette femme est une mauvaise personne, tuons-la elle aussi !
P : Ne touche pas à la mère de Gérard, c'est la prunelle de mes yeux !
L : Tais toi !
P : Heureusement qu'il n'y a plus d'*idioms*… Sinon tu m'aurais tué, moi aussi !

B

BACK TO SQUARE ONE

(retourner à case un)
En français : retourner à la case départ

Cette expression trouve son origine dans de nombreux jeux de société, dans lesquels on part de la première case du plateau pour arriver à la dernière, et gagner. Dans la plupart de ces jeux, quand on commet une erreur, on doit revenir au début et repartir. Comme dans la vie !

Our plan didn't work and so it's back to square one. Notre plan n'a pas fonctionné, alors c'est retour à la case départ.

BELOW THE BELT

(sous la ceinture)
En français : un coup bas

Nous, les hommes, avons un point sensible et délicat "sous la ceinture" : disons qu'un coup porté à cet endroit peut provoquer un torrent de larmes…
Si on tient des propos cruels, des insultes gratuites, c'est en anglais un commentaire qui se situe sous la ceinture, digne d'un coup bas. Contrairement à ce qui est dit dans le préambule, cette expression très courante s'applique aussi bien aux hommes qu'aux femmes..

Toby: I will never forgive Ali. Je ne pardonnerai jamais à Ali.
Carl: Why not? Pourquoi ?
Toby: He insulted me and that was Ok, but he also insulted my mother, which was totally below the belt. Il m'a insulté et ça, je veux bien, mais il a aussi insulté ma mère, ce qui est assurément un coup bas.

BETWEEN THE DEVIL AND THE DEEP BLUE SEA

(entre le diable et la profonde mer bleue)
En français : être entre l'enclume et le marteau

Exactement comme en français, cette expression renvoie à une situation où l'on est confronté à un choix difficile.

Laura: So, are you taking the job in Glasgow or Baghdad? Donc, tu vas accepter le travail à Glasgow ou à Bagdad?
Tom: I don't know; it's between the devil and the deep blue sea. Je ne sais pas, je suis entre l'enclume et le marteau.

BEND THE TRUTH

(plier la vérité)
En français : déformer la vérité/ne pas dire toute la vérité

Cette expression renvoie aux occasions où l'on est tenu de dire la vérité, mais qu'à moitié, en laissant une partie dans l'ombre.

Anna: Why did you tell John that you are a natural blonde? Pourquoi as-tu dit à John que tu étais une vraie blonde ?
Alice: Because I am a natural blonde. I just didn't tell him that my hairdresser helps me to keep my hair natural blonde! Parce que je suis une vraie blonde. Je ne lui ai simplement pas dit que mon coiffeur m'aide à garder ma blondeur naturelle !
Anna: So, you bent the truth? Alors tu as déformé la vérité ?
Alice: A little. Un tout petit peu.

BENEFIT OF THE DOUBT

(bénéfice du doute)
En français : accorder le bénéfice du doute

On accorde le bénéfice du doute à quelqu'un quand on lui offre la possibilité de prouver que les choses ne sont pas comme elles semblent l'être, quand on lui donne l'occasion de donner sa propre version des choses.

John: So, what did my wife say? Alors, qu'a dit ma femme ?
Olive: She thinks you are not going to the gym, but I think she will give you the benefit of the doubt. Elle pense que tu ne vas pas au sport, mais je pense qu'elle t'accordera le bénéfice du doute.
John: If she finds out about us, we're dead! Si elle apprend pour nous, nous sommes morts !
Violin music Un air de violon
The end. Fin.

IDIOMS

BEYOND ME

(au-delà de moi)
En français : passer au-dessus de la tête

Je dois dire que les Français ont des expressions assez surprenantes. Par exemple, nous, les Anglais, n'avons pas l'onomatopée "pff" qui, à elle seule, permet de dire que nous ignorons totalement quelque chose. L'expression *beyond me* est proche de cette onomatopée, mais peut aussi renvoyer à d'autres expressions courantes comme "je n'en sais rien", "je n'en sais strictement rien", ou mieux encore "ça me passe par dessus la tête", "je n'en ai pas la moindre idée", c'est-à-dire ne pas avoir la moindre idée ou opinion sur un sujet. Ce n'est donc pas une simple façon de dire "je ne sais pas", c'est bien plus. Le niveau d'ignorance est à son maximum.

Earl: How does a computer work? Comment fonctionne un ordinateur ?
Jonny: Don't ask me, it's beyond me! Ne me le demande pas… ça me passe au-dessus de la tête ! (Pfff… ne me le demande pas)

BITE YOUR TONGUE

(se mordre la langue)
En français : se mordre la langue

Lorsque l'on voudrait dire quelque chose et que l'on décide qu'il vaut mieux s'abstenir.

She will insult you, but, please, just bite your tongue! Elle va t'insulter, mais s'il te plaît, mords-toi la langue !

TRADUISONS !

WORDS		VERBS	
against	contre	to pay	payer
bonnet	capot	to save	économiser/ épargner
imbecile	imbécile	to stop	arrêter
ugly	moche/laid		
honest	honnête/sincère		
dangerous	dangereux		

THE ACCIDENT

Trois amis vont à une fête en voiture. Simon conduit, mais les autres ne savent pas que Simon ne sait pas conduire ; ils sont à la campagne quand la voiture sort de la route et percute un arbre.
Joe: Pourquoi as-tu percuté un arbre ?
Simon: Je ne sais pas.
Joe: Grrrr !
Simon: Qu'est-ce qu'il a dit ?
Terry: Je n'en ai pas la moindre idée… Attends, ah oui… il se mord la langue.
(Terry regarde sous le capot.)
Terry: Combien as-tu payé pour cette voiture ?
Simon: Cinquante euros.
Terry: Ok, je t'accorde le bénéfice du doute.
Simon: Les gars, je n'ai peut-être pas été complètement sincère avec vous.
Joe: Quoi ?
Simon: Je ne sais pas conduire.
Joe: Nous avons vu ! Tu es un imbécile, pas seulement moche, mais stupide aussi !
Simon: Attends! Ça, c'est en-dessous de la ceinture ! Je voulais venir avec vous parce que si je restais à la maison, je devais laver le chien, j'étais donc entre l'enclume et le marteau.
Terry: Je comprends.
Simon: J'ai économisé beaucoup pour acheter cette voiture, et maintenant je retourne à la case départ.
Joe: T'es quand même un imbécile.
Terry: Arrête d'être casse-pieds, Joe !

IDIOMS

C

CAN'T MAKE AN OMELETTE WITHOUT BREAKING A FEW EGGS

(on ne peut pas faire une omelette sans casser des œufs)
En français : on ne fait pas d'omelette sans casser des œufs

Cette expression signifie qu'il faut de temps en temps accepter de faire des choses désagréables afin d'arriver à ses fins, afin d'obtenir le résultat escompté.

John: In order to have my book published, I had to kiss everybody in the publishing house! Pour que mon livre soit publié, j'ai dû embrasser tout le monde dans la maison d'édition !
Terry: I know, John, but your book is horrible! And you can't make an omelette without breaking a few eggs!Je le sais, John, mais ton livre est horrible ! Tu ne peux pas faire d'omelette sans casser des œufs !

CLEAR THE AIR

(nettoyer l'air)
En français : tirer les choses au clair

Après une dispute, tout est relativement lourd : l'ambiance, et surtout l'air. Pour que tout s'arrange (*sort out*), il vaut mieux parler, se défouler et justement "nettoyer" l'air devenu trop lourd.

I shouted a lot, she shouted a lot, but at least we cleared the air. J'ai beaucoup crié, elle a beaucoup crié, mais au moins on a tiré les choses au clair.

COME WHAT MAY

(vienne ce que peut)
En français : advienne que pourra

Cela signifie que, bien que l'on soit conscient des nombreux risques encourus, on décide quand même de faire certaines choses, parce que l'on pense que ça en vaut la peine.

Tracy: I want to get a tattoo. Je veux me faire faire un tatouage.
Cheryl: But you're only 16; your father will kill you! Mais tu n'as que 16 ans, ton père te tuera !

Tracy: I don't care! I'm doing it, come what may. Je m'en fiche ! Je le fais, advienne que pourra.

COUGH UP

(sortir/extraire en toussant)
En français : sortir/extraire/extirper/débourser

Cette expression est vraiment moche, mais elle est très courante chez nous !
To cough signifie « tousser », *to cough up* s'emploie pour décrire l'action de tousser afin d'expulser les glaires. On l'emploie pour parler des choses que les gens ont du mal à donner, comme de l'argent ou des renseignements.

During the war, the Germans tortured English soldiers to make them cough up information. Pendant la guerre, les Allemands torturèrent les Anglais pour leur extirper des renseignements.

TO MAKE +

Retiens que le verbe *to make*, signifie généralement "faire". Mais quand on emploie :
to make **+ pronom personnel complément**.

il signifie "obliger", "contraindre".
On n'utilise PRESQUE JAMAIS le verbe *to oblige* en anglais, on préfère exprimer la même chose avec *to make* suivi du pronom personnel complément.

I will make you stay here. Je t'obligerai à rester ici.

IDIOMS

CREAM OF THE CROP

(la crème de la récolte)
En français : la crème des crèmes/le haut du panier

C'est simplement le meilleur, ou les meilleurs, ce qu'il y a de mieux.
Le terme anglais *the crop* (la récolte) renvoie au blé que les paysans récoltent chaque année.

PSG bought the best players in the world, the cream of the crop, but Birmingham City is still a better team. Le PSG a acheté les meilleurs joueurs du monde, mais Birmingham City est toujours une meilleure équipe.

CRASH COURSE

(course de choc)
En français : cours/stage accéléré/intensif

Un cours ou un stage intensif est indispensable quand on veut apprendre quelque chose en très peu de temps, on choisit donc le chemin le plus rapide.

Yuri: I got a job with Microsoft. J'ai obtenu un poste chez Microsoft.
Dylan: Great, aren't you happy? Super, tu n'es pas content ?
Yuri: Yes, but I bent the truth. I told them that I could program an operating a system. Si, mais je n'ai pas dit toute la vérité. J'ai raconté que j'étais capable de programmer un système d'exploitation.
Dylan: Are you crazy? Tu es fou ?
Yuri: Don't worry. I'm taking a crash course in operating systems tonight! Ne t'en fais pas. Cette nuit je prendrai un cours intensif de système d'exploitation !

TRADUISONS !

WORDS		VERBS	
dead	mort	to happen	arriver/se passer
it is worth it	ça en vaut la peine		
mess	carnage/désordre		
ridiculous	ridicule		

FALLING IN LOVE

Deux adolescents, Steve et Billy, discutent du fait que Billy est amoureux de sa prof de littérature.
Billy : Je veux lui dire que je l'aime et que je veux l'emmener en Amérique avec moi.
Steve : Mais tu es fou ? Si ta mère l'apprend, tu es mort.
Billy : Et qui le lui dira ?
Steve : Moi, si tu ne débourses pas 100 euros !
Billy : Toi, tais-toi ! De toute façon, elle est la meilleure, la crème des crèmes, donc ça en vaut la peine.
Steve : Il va y avoir un carnage.
Billy : Advienne que pourra, je l'aime et on ne peut pas faire d'omelette sans casser des œufs.
Steve : Tu es vraiment ridicule, tu le sais ?
Billy : Steve, écoute…
Steve : Je suis tout ouïe !
Billy : Nous devons tirer les choses au clair, toi et moi. Je suis désolé de t'avoir déçu l'an dernier.
Steve : Je pense que tu dois prendre un cours accéléré de vie, mon ami !

IDIOMS

D

DELIVER THE GOODS

(livrer la marchandise)
En français : satisfaire les attentes, tenir sa (ses) promesse(s)

Cette expression est naturellement employée dans le commerce, mais pas seulement. *To deliver the goods* signifie faire ce que les gens attendent que l'on fasse, et de ce fait que leurs attentes soient satisfaites.

The boss wants us to increase sales by 50% this year, but with the global crisis it will be difficult to deliver the goods! Le patron veut que nous augmentions les ventes de 50 % cette année, mais avec la crise mondiale, il sera difficile de satisfaire ses attentes !

Nous, les Anglais, employons tellement cette expression, que souvent nous n'utilisons que le verbe *to deliver* :

My husband promised me a nice holiday for our anniversary. I hope he delivers. Mon mari m'a promis de belles vacances pour notre anniversaire (de mariage). J'espère qu'il tiendra sa promesse.

DIE IS CAST (THE)

(le dé est jeté)
En français : les dés sont lancés, le sort en est jeté

J'aime beaucoup cette expression ! Un bel exemple de la sagesse du grand Jules César. C'est pourquoi je pense que ma traduction ne sert à rien.

Bill: Why did you send Gianna to the London meeting? She doesn't understand English! Pourquoi as-tu envoyé Jeanne à la réunion à Londres ? Elle ne comprend pas l'anglais !!
Colin: Too late! The die is cast. Trop tard ! Le sort en est jeté.

DOG EAT DOG

(chien mange chien)
En français : la loi de la jungle/la loi du plus fort

Cette expression s'emploie quand quelqu'un écrase l'autre pour en tirer des avantages. C'est ce qui est censé justifier les mauvais agissements de celui qui "écrase" pour favoriser sa situation. C'est une forme de survie, ce qu'on appelle donc "la loi du plus fort". En définitive, c'est aussi le malheur des uns qui fait le bonheur des autres. Bien sûr, elle est très courante dans le monde des affaires.

Ian: David, you sacked Toby? But he has a family! David, tu as licencié Toby ? Mais il a une famille !
Joe: I know and I'm sorry, but it's a dog eat dog world, Ian. Je sais et je suis désolé, mais on est dans un monde où seul le plus fort survit, Ian.

DOGHOUSE (IN THE)

(dans la niche)
En français : être au coin/être puni

Quand quelqu'un a fait une sacrée bêtise et qu'il a mis en colère quelqu'un d'autre, en anglais nous disons qu'il est "dans la niche". L'expression s'emploie très souvent avec les enfants, mais elle est aussi valable pour les adultes, parce que tu sais comment sont les femmes, n'est-ce pas ? Si tu fais une bêtise, elles ne te parlent plus pendant des jours et quand tu leur demandes ce qui se passe, elles répondent : "Rien !" J'ai vite compris que c'était un mensonge : je sais maintenant que si une femme te dit qu'il n'y a rien, c'est que tu es dans le pétrin ! Comme un enfant qui a commis une grosse bêtise !

Olive: Jessica, your little boy looks sad, is he ok? Jessica, ton enfant semble triste, il va bien ?
Jessica: He ate all my biscuits, so he's in the doghouse. Il a mangé tous mes biscuits, il est puni.

DOWN TO EARTH

(en bas par terre)
En français : avoir les pieds sur terre

Se dit d'une personne réaliste, posée, directe et qui a le sens pratique.

I like my boss. He doesn't make empty promises; he is very down to earth. J'aime mon patron. Il ne fait pas de promesses en l'air, il a les pieds sur terre.

IDIOMS

DRESSED TO KILL

(habillé pour tuer)
En français : se faire beau/se faire remarquer/être sur son 31

Généralement, quand une femme veut qu'on reste bouche bée, elle porte ses plus beaux vêtements, ses accessoires les plus beaux et les plus voyants, mais aussi ses chaussures toute neuves.
Quand une femme s'habille pour être vue et remarquée, en anglais on dit qu'elle "s'habille pour tuer".

Dans la chanson Danse Away de Roxy Music, il y a une phrase géniale. Le personnage pleure la femme qui l'a quitté. À un moment, il la voit avec un autre et dit "You dressed to kill, and guess who is dying ?" (Tu t'es habillée pour tuer et devine qui est en train de mourir ?)
Ouah !!!

DYING FOR SOMETHING (TO BE)

(mourir pour quelque chose)
En français : mourir d'envie de...

En anglais, nous disons que "nous sommes en train de mourir pour quelque chose" quand on a hâte que cette chose arrive.

So, what did he say? I'm dying to know! Alors, qu'a-t-il dit ? Je meurs d'envie de savoir !

TRADUISONS !

WORDS		VERBS	
without	sans	to happen	arriver/survenir
doubt	doute	to promise	promettre
		to keep	garder/conserver

THE LYING GAME

Deux enfants de 10 ans, Freddy et Jonny, sont en train de jouer, mais Freddy est un peu triste.

Jonny: Qu'est-ce qui s'est passé ?
Freddy: Je suis puni.
Jonny: Pourquoi ?
Freddy: Parce que j'ai promis à ma mère de ranger ma chambre et puis je ne l'ai pas fait.
Jonny: Elle ne te laissera pas venir au cinéma samedi ?
Freddy: Je ne sais pas, les dés sont jetés.
Jonny: Dis-lui que tu n'as pas rangé ta chambre parce que tu as appelé Paul et qu'il t'a retenu au téléphone pendant une heure.
Freddy: Mais après Paul sera puni par sa mère.
Jonny: Et alors ? Le malheur des uns fait le bonheur des autres. Allez ! Tu ne peux rater le film, j'ai trop envie de le voir ! Et puis il y aura aussi Lilly, je dois être sur mon 31.
Jonny: Ouah, Lilly, cette fille si posée à l'école ?
Freddy: Ça, c'est certainement la pire histoire que John ait jamais écrite !
Jonny: Je sais, il devrait parler à un spécialiste.

F-G

FACE THE MUSIC

(faire face à/affronter la musique)
En français : assumer ses responsabilités/faire face à ses responsabilités

Lorsque l'on commet une erreur lourde de conséquences arrive le moment où il faut faire face à ses responsabilités. "La musique" renvoie ici aux accusations, aux reproches et aux dégâts que l'on a provoqués...

My wife found Lucy's telephone number in my jeans, so I'm in the doghouse. I'll have some more beer, then I'll go home and face the music.
Ma femme a trouvé le numéro de téléphone de Lucy dans la poche de mon jeans, alors je suis puni. Je vais boire encore quelques bières avant de rentrer pour faire face à mes responsabilités.

FIND YOUR FEET

(trouver ses pieds)
En français : prendre ses marques/chercher ses marques

On apprend à chaque nouvelle expérience, nouveau travail, nouvelle activité ou lors de l'apprentissage d'une nouvelle langue. C'est précisément au début que les problèmes se font sentir. C'est comme se déplacer sur la glace pour la première fois. On commence par tomber, parce qu'il est difficile de contrôler ses pas pour trouver l'équilibre. Quand on parvient à rester debout et à maîtriser l'usage de ses pieds, on avance avec plus d'aisance.

He is still finding his feet with the new team, but he's a great player!
Il cherche encore ses marques dans la nouvelle équipe mais c'est un bon joueur !

FLOG A DEAD HORSE

(fouetter un cheval mort)
En français : C'est peine perdue !

En anglais, on ne fouette un cheval qu'au moyen du verbe *to whip*, jamais avec *to flog*, comme c'est le cas ici. L'expression renvoie au fait de dépenser beaucoup d'énergie inutilement pour tenter d'obtenir l'impossible. Il n'y a donc rien à faire, aucun espoir, ce serait comme fouetter un cheval mort pour tenter de le faire avancer.

Hélène: Joe said he doesn't love me anymore, but tonight I will wait for him with roses and wine. Joe a dit qu'il ne m'aimait plus, mais ce soir je vais l'attendre avec des roses et du vin.
Janet: You're flogging a dead horse, Hélène, he doesn't want you! C'est peine perdue, Hélène, il ne veut plus de toi !

FULL OF HOT AIR

(rempli d'air chaud)
En français : un beau parleur/c'est du pipeau !

L'expression s'applique à une situation où rien n'est vrai. Elle sert aussi à désigner une personne qui est "remplie d'air chaud", c'est-à-dire sans consistance, qui promet beaucoup mais ne fait absolument rien. C'est un peu ce que Dalida chantait : "Encore des mots, toujours des mots, les mêmes mots, rien que des mots…"

You promised me a promotion, you promised me an increase in my salary, but nothing… it was all hot air!
Tu m'as promis une promotion, tu m'as promis une augmentation, mais rien… c'était du pipeau !

Kylie: Samuel is taking me to Venice this summer! Samuel m'emmène à Venise cet été !
Yasmin: Samuel is full of hot air, Kylie. Please: be more down to earth. Kylie, Samuel est un beau parleur ! S'il te plaît, redescends sur terre.

GET THE MESSAGE

(comprendre le message)
En français : On s'est bien compris ?/Pigé ?

La différence entre le verbe *to get* et le verbe *to understand* est que le premier signifie plus précisément "cerner, saisir un concept", surtout lorsque l'idée n'est pas clairement exprimée. Cette expression renvoie aux situations où il faut saisir un message implicite, dont il faut comprendre les sous-entendus.

Antoine : David, I heard that you are going out with my daughter. I hope you don't hurt her, because I don't want to hurt you… do you get the message? David, j'ai su que tu sortais avec ma fille. J'espère que tu ne la feras pas souffrir parce que je ne veux pas te faire du mal… Tu as bien compris ?
David: Yes, I get the message. Oui, j'ai bien compris.

GO BANANAS

(devenir une banane)
En français : devenir dingue/piquer une crise

L'expression renvoie au fait de perdre complètement la tête, de devenir fou de rage ou de joie.

Oh my God! I have broken my mother's favourite vase… she will go bananas!
Oh mon Dieu ! J'ai cassé le vase préféré de ma mère… elle va piquer une crise !

GO DOWN WELL
(descendre bien)
En français: bien le prendre/bien passer

Cette expression est utilisée pour dire qu'une idée ou qu'une proposition est bien acceptée.

Mike: So, did you ask the boss if you can work less for more money? And did your idea go down well?
Alors, as-tu demandé à ton patron si tu pouvais travailler moins et gagner plus ? Et ton idée est bien passée ?
Bob: No, it didn't go down well. He sacked me! Non, ce n'est pas du tout passé. J'ai été licencié !

TRADUISONS !

WORDS

disaster	catastrophe
mistake	erreur
pointless	inutile
less	moins
rent	loyer

VERBS

to convince	convaincre
to offer	offrir/proposer

TIME TO PAY

Jim et Ken, deux colocataires, discutent ensemble : Ken a perdu son travail et ne peut plus payer le loyer.

Jim: Que s'est-il passé ?
Ken: Pour obtenir ce poste, je n'ai pas dit toute la vérité. De toute façon tout était difficile et je n'ai pas trouvé mes repères. Et puis j'ai causé une catastrophe et le patron m'a convoqué. Je suis allé dans son bureau pour assumer mes responsabilités. J'ai essayé de le convaincre que j'allais vite apprendre le travail, mais c'était peine perdue. Il a dit que je n'étais qu'un beau parleur. Je lui ai alors proposé qu'il baisse mon salaire, mais ma proposition n'est pas du tout passée.
Jim: Mais tu es vraiment stupide !
Ken: Allez, ne pique pas ta crise, Jim.
Jim: Écoute-moi bien, si tu ne peux plus payer le loyer, je vais devoir trouver quelqu'un d'autre qui pourra le faire, c'est bien compris ?
Ken: Oui, c'est bien compris.

IDIOMS

H

HAND IN GLOVE

(main dans le gant)
En français : être comme cul et chemise

Cette expression permet de désigner la complicité propre à deux personnes qui se fréquentent souvent et s'entendent parfaitement.

Be careful what you say, when Judy is here. She is hand in glove with the boss.Fais très attention à ce que tu dis en présence de Judy. Elle est comme cul et chemise avec le patron.

HARD UP

(dur au-dessus)
En français : être fauché/être sans le sou

Lorsque l'expression *hard up* est employée pour désigner une personne, elle signifie que cette dernière a très peu d'argent. *Hard up* peut s'appliquer également aux entreprises pour exprimer la même idée. En réalité, tout le monde sait qu'elles manquent rarement de trésorerie même si elles passent leur temps à prétendre le contraire. C'est systématique !

I would like to come with you to Paris, but I'm hard up at the moment!
J'aimerais bien venir avec toi à Paris, mais en ce moment je suis fauché !

HEAD IN THE CLOUDS

(la tête dans les nuages)
En français : avoir la tête dans les nuages

Avoir la tête dans les nuages, chez les Anglais comme chez les Français, c'est être très distrait, être rêveur, au point de ne plus avoir les pieds sur terre.

She's a dreamer. When I talk to her, I feel she isn't there. She has her head in the clouds. C'est une rêveuse. Quand je lui parle, j'ai l'impression qu'elle est absente. Elle a la tête dans les nuages.
Get your head out of the clouds and listen! Redescends sur terre et écoute-moi !

HEART IN THE RIGHT PLACE

(avoir le cœur au bon endroit)
En français : avoir de bonnes intentions/avoir bon cœur

L'expression s'applique, dans les deux langues, aux personnes qui, même lorsqu'elles se trompent, sont convaincues d'avoir agi avec de bonnes intentions, motivées par de bons sentiments.

Olive: My little Tommy tried to cook dinner and he burned the whole kitchen! Mon petit Tommy a voulu préparer le dîner et il a mis le feu à la cuisine !
Anne : Ah, poor little boy, at least his heart was in the right place. Ah, le pauvre garçon, ça partait pourtant d'une bonne intention.

HEART ON YOUR SLEEVE (to wear your)

(porter le cœur sur la manche)
En français : montrer ses sentiments/être sincère et franc

Cette expression s'applique aux personnes sensibles et émotives, qui ne cherchent pas à dissimuler ce qu'elles ressentent.

He gets very emotional at weddings. He has always worn his heart on his sleeve. Il est très ému lors des mariages. Il est très émotif et n'arrive pas à dissimuler ce qu'il ressent.

HOT POTATO

(pomme de terre chaude)
En français : un sujet tabou

Attention à ne pas confondre cet idiom avec l'expression “refiler la patate chaude”, assez courante en français, mais qui n'a pas le même sens.

Nobody talked about the reduction in staff at the meeting. I think it's still a hot potato for everybody. Personne n'a mentionné la réduction du personnel à la réunion. Je pense que c'est encore tabou pour tout le monde.

IDIOMS

TRADUISONS !

WORDS		VERBS	
actor	acteur/comédien	to think	penser
famous	célèbre	to buy	acheter
director	metteur en scène/ réalisateur	to work	travailler
		to explain	expliquer
affair	histoire d'amour/ liaison	to understand	comprendre
way	façon/manière		
favour	faveur/service		

CONVERSATION NEAR THE LAKE

Toby et son ami Gerry parlent près d'un lac.

Toby: Gerry ? Gerry ?!!
Gerry: Hein ? Quoi ?
Toby: Excuse-moi, mais tu avais la tête dans les nuages. À quoi tu pensais ?
Gerry: Je pensais au jour où je deviendrai un acteur célèbre. J'ai passé un casting aujourd'hui.
Toby: Comment ça s'est passé ?
Gerry: Je n'en sais rien, un des acteurs était comme cul et chemise avec le réalisateur et il avait un super costume. Si je n'étais pas aussi fauché, je m'en achèterais un aussi.
Toby: Pourquoi tu ne travailles plus avec M. Jennings, déjà ?
Gerry: Depuis ma liaison avec sa petite amie, il ne veut plus me voir.
Toby: Tu as eu une histoire avec sa petite amie ?!
Gerry: Oui, mais ça partait d'un bon sentiment !
Toby: Quoi ?
Gerry: Elle n'était pas bien pour lui, d'une certaine façon je lui ai rendu service…
Toby: Pourquoi ne lui expliques-tu pas ?
Gerry: Je ne peux pas. C'est un sujet tabou pour lui.
Toby: Vas-y, sois franc et sincère et tu verras bien !

I

IF IT ISN'T BROKE DON'T FIX IT!

(si ce n'est pas cassé, ne le répare pas)
Attention, dans cette expression, *broke* est grammaticalement incorrect : pour que la phrase soit juste, il devrait y avoir *broken*, mais cet *idiom* se dit ainsi !

J'aime beaucoup cette expression que j'employais souvent quand je travaillais pour des sociétés américaines ; à de nombreuses occasions les gens doivent changer ou modifier les choses et je ne comprenais pas bien pourquoi. En somme, si tout va bien, pourquoi faire en sorte que ça change ? Si rien n'est cassé, pourquoi vouloir réparer ? Ça rappelle un peu l'expression française : "on ne change pas une équipe qui gagne."

Writer (écrivain): I am going to change the story. J'ai l'intention de changer l'histoire.
Fan: But the story is wonderful! Please, if it isn't broke, don't fix it! Mais l'histoire est fabuleuse ! S'il vous plaît, si elle est bien, pourquoi la changer ?

IGNORANCE IS BLISS

(l'ignorance est paradis)
En français : mieux vaut ne pas savoir

Si une personne ignore quelque chose de mauvais, elle se sent bien. Ne pas savoir certaines choses est parfois moins douloureux et permet de mieux se sentir.

I didn't know the neighbour was a hooligan, until the police arrived. Ignorance is bliss! Je ne savais pas que le voisin était un hooligan, jusqu'à ce que la police arrive. Mieux vaut ne pas savoir !

IN A NUTSHELL

(dans une coquille de noix)
En français : en résumé, en deux mots

Cette expression s'emploie quand on veut faire un bref résumé de quelque chose, c'est-à-dire en peu de mots à la place d'un long discours.

Boss (Patron): Did you send the e-mail? Vous avez envoyé le mail ?
Linda: I wanted to, but I was out of the office. Je voulais l'envoyer mais je n'étais pas au bureau.
Boss (Patron): So, in a nutshell, no! Donc, en résumé, non !
Linda: Exactly. Exactement.

IN THE LONG RUN

(dans le long cours)
En français : à long terme

On l'emploie pour parler de quelque chose qui est difficile au moment présent, mais qui, à long terme, aura des résultats positifs.

I am buying a house, which is killing me financially, but in the long run it is worth it. Je suis en train d'acheter une maison qui me tue financièrement, mais à long terme, ça en vaut la peine.

IN THE BAG

(dans le sac)
En français : c'est chose faite/c'est dans la poche/l'affaire est dans le sac

Cette expression est très belle ! Supposons que tu dois capturer une souris. La souris est le but que tu t'es fixé. Dès que tu l'attrapes, tu la mets dans un petit sac. *It's in the bag!*

Simon: Did you ask Judy to go out with you? Tu as demandé à Judy de sortir avec toi ?
Len: Yes. It's in the bag! Oui. C'est dans la poche !

TRADUISONS !

WORDS		VERBS	
share	action (boursière)	to sell	vendre
sure	sûr/certain	to see	voir
rich	riche	to leave alone	laisser tranquille
sand	sable		
happy	heureux/content		

THE PRICE OF THE SAND

Trois amis, Patrick, Daniel et Karl parlent ensemble. Patrick a acheté des actions dans une nouvelle société qui veut vendre du sable aux pays arabes !

Daniel : Combien d'actions as-tu acheté ?
Patrik : 200 ! Je vais être riche !
Daniel : Tu es sûr ?
Patrick : Très sûr ! L'affaire est dans le sac !
Daniel : Mais pourquoi les as-tu achetées ?
Patrick : En deux mots, ils vendent du sable aux Arabes pour presque rien. Ils en vendront certainement beaucoup ! Je ne verrai pas l'argent tout de suite, mais à long terme, tu verras !
(Patrick s'en va en dansant.)
Daniel : Mais les Arabes ont déjà beaucoup de sable, Karl !
Karl : Je sais, mais il est heureux, parfois il vaut mieux ne pas savoir.
Daniel : Non, je dois dire quelque chose à Patrick.
Karl : Écoute, il est heureux, mieux vaut qu'il ne sache rien !

K-L

KILL TWO BIRDS WITH ONE STONE

(tuer deux oiseaux avec une pierre)
En français : faire d'une pierre deux coups

Les gentils Français sont bien moins cruels que les Anglais. En tout cas on le suppose, parce qu'on ne sait pas qui ou quoi la pierre va frapper ! Mais l'idée est la même.

I am going to the supermarket near David's house because I need to speak to him. That way, I can kill two birds with one stone. Je vais au supermarché près de la maison de David parce que je dois lui parler. Comme ça je ferai d'une pierre deux coups.

LAST RESORT

(le dernier recours)
En français : le dernier recours

C'est exactement comme en français. Cet *idiom* permet de dire que, quand on a épuisé toutes les possibilités, et qu'il n'en reste plus qu'une, on doit s'en contenter en dernier recours !

William: Would you work as a funeral director? Tu travaillerais comme responsable de pompes funèbres ?
Jonathan: Only as a last resort. Seulement en dernier recours.

LEARN THE ROPES

(apprendre les cordes)
En français : apprendre les ficelles (du métier)

J'aime beaucoup cet *idiom* aussi. Il vient du monde de la marine et renvoie au fait qu'un nouveau marin devait apprendre à manipuler les cordes pour diriger le bateau et pouvoir naviguer. On l'emploie pour indiquer la période durant laquelle une personne apprend une chose nouvelle, quand elle débute sa carrière.

My job was difficult at the beginning because I was learning the ropes. It is easy, now. Mon travail était très difficile au début, parce que j'apprenais les ficelles (du métier). Maintenant c'est facile.

LET SLEEPING DOGS LIE

(laisse les chiens dormir allongés)
En français : on ne réveille pas un chat qui dort

Comme en français, cette expression invite à ne pas évoquer certains arguments délicats, et à mettre de côté les choses qui pourraient provoquer un conflit, pour profiter d'un moment de paix.

Robert: I will never forgive Bill for telling the Boss I am lazy. I must tell him what I think of him! Je ne pardonnerai jamais à Bill d'avoir dit au patron que je suis fainéant. Je dois lui dire ce que je pense de lui !
Jody: Oh, come on Robert, let sleeping dogs lie, please. Oh, allez Robert, ne réveille pas le chat qui dort, s'il te plaît.

LIGHT AT THE END OF THE TUNNEL

(lumière à la fin du tunnel)
En français : voir le bout du tunnel

Même dans les situations difficiles et désespérées, on entrevoit très souvent un espoir : comme un rayon de soleil au bout d'un tunnel, un moyen de se sortir d'une situation critique, "la solution !".

Boss (Patron): The crisis is very bad; this time I can't see the light at the end of the tunnel. La crise est très grave ; cette fois-ci je ne vois pas le bout du tunnel.

LIGHTS ARE ON, BUT NOBODY IS AT HOME (THE)

(les lumières sont allumées, mais il n'y a personne à la maison)
En français : être ailleurs, distrait, être perdu dans ses pensées

Cet *idiom*, c'est mon chouchou ! *I love it!* Et je l'emploie souvent.
Si tu vois une maison avec les lumières allumées, tu penses qu'il y a quelqu'un dedans, n'est-ce pas ? Imaginons que la maison soit une tête, et que les fenêtres

soient des yeux. Cette expression s'emploie quand une personne est perdue dans ses pensées, distraite, et vraiment très fatiguée : avec les yeux ouverts (les lumières allumées) mais le cerveau ailleurs (mais personne à l'intérieur).

Laura: Are you coming to the party, Sarah? Tu viens à la fête, Sarah ?
Sarah: He? Hein ?
Laura: The party, tonight! La fête, ce soir !
Sarah: What? Quoi ?
Laura: Oh dear, the lights are on, but nobody is at home! Mon dieu, tu es avec nous ?

LICK SOMEONE'S BOOTS

(lécher les bottes de quelqu'un)
En français : faire de la lèche, lécher les bottes de quelqu'un

En français, il y a une autre expression très proche de celle-ci, sauf que ce ne sont pas les bottes qui sont léchées ! Quoiqu'il en soit, cet *idiom* permet d'indiquer celui qui fait de la lèche, le lèche-c…

I worked in that company for twenty years and I never licked the manager's boots. That is why he respected me! J'ai travaillé dans cette société pendant 20 ans et je n'ai jamais fait le lèche-bottes avec le patron, c'est pour cette raison qu'il me respecte !

LOOK ON THE BRIGHT SIDE

(regard du côté lumineux)
En français : voir le bon côté des choses

Cette expression est une invitation à toujours considérer le côté positif, lumineux de chaque chose, de chaque personne ou de chaque situation.

Lenny: I have lost all my hair! J'ai perdu tous mes cheveux !
Charles: Well, look on the bright side… you will save money on shampoo! Et bien, vois le bon côté des choses… tu économiseras l'argent du shampoing !

TRADUISONS !

WORDS		VERBS	
wrong	mauvais/faux/ erroné	to sack	licencier
confuse	confus/perdu	to send	envoyer/expédier
hope	espoir	to need	avoir besoin de
car	voiture	to break	casser

LOOKING FOR A JOB

Boris et Fred parlent du fait que Boris a perdu son travail.

Fred: Pourquoi ils t'ont licencié ?
Boris: J'ai envoyé les mauvais dossiers aux mauvaises personnes.
Fred: Pourquoi ?
Boris : J'étais perdu, j'apprenais les ficelles du métier !
Fred: Pourquoi tu n'as pas fait le lèche-bottes avec le patron ? En dernier recours ?
Boris: Non !
Fred: Ok, mais regarde le bon côté des choses, tu auras plus de temps pour la PlayStation.
Boris: J'ai besoin d'argent !
Fred: Il y a peut-être un poste chez le boulanger.
Boris: Vraiment ? Heureusement ! Je vois le bout du tunnel !
Fred: Oui, mais Rocco travaille là aussi.
Boris: Rocco ? Mais j'ai cassé sa voiture. Il ne me parle pas.
Fred: Il vaudrait mieux ne pas réveiller le chat qui dort.
Boris: Hein ?
Fred: La voiture de Rocco que tu as cassée !
Boris: Quand ?
Fred: Tu es où là ? Eh!
Boris: Hein ?
Fred: Écoute, tu pourrais être mécanicien ! Comme ça, tu travailles, et tu répares aussi la voiture de Rocco, et tu fais d'une pierre deux coups !

M

MADE OF MONEY

(fait d'argent)
En français : plein aux as

Cette expression s'emploie pour décrire et parler d'une personne qui a beaucoup d'argent.

Little boy (petit garçon): Mom, I want a new bike and a new pair of tennis shoes and a new toy car! Maman, je veux une nouvelle bicyclette et de nouvelles baskets et une nouvelle petite voiture !
Mother (Maman): Steven, I'm not made of money! Steven, je ne suis pas pleine aux as !

AFFORD

Après avoir vu cette expression, je voudrais t'apprendre quelque chose d'important :
to can afford (être en mesure de/se permettre financièrement).

Voici quelques exemples :
I am going to America for a holiday. I can afford it, now.
Je vais en vacances en Amérique. Je peux me le permettre maintenant.

I love the jacket, but I can't afford it.
J'adore cette veste, mais je ne peux pas me permettre de l'acheter.

John: Why didn't you come to the pub with us, last night? Pourquoi n'es-tu pas venu au pub avec nous hier soir ?
Jack: I couldn't afford it; I am not working. Je ne pouvais pas me le permettre, je ne travaille pas.

MAKE A KILLING

((commettre un meurtre)
En français : faire fortune/faire un malheur

Cette expression signifie se faire énormément d'argent grâce à quelque chose.

Gary had an idea. He sold hamburgers outside the discos at night. He made a killing! Gary a eu une idée. Il a vendu des hamburgers devant les discothèques le soir. Il a fait fortune !

MAKE A MOUNTAIN OUT OF A MOLE HILL

(faire une montagne d'une taupinière)
En français : faire un drame/en faire toute une histoire

Cette expression s'emploie quand une personne a une réaction disproportionnée dans certaines situations. Un petit problème comparable à un petit tas de terre laissé par une taupe est perçu comme une montagne.

Timothy: I didn't go to work, today, because I was ill. My wife called my doctor and asked him to come immediately with an ambulance! I only had a cold!… She always makes a mountain out of a mole hill! Je ne suis pas allé travailler aujourd'hui parce que j'étais malade. Ma femme a appelé le médecin et lui a demandé de venir tout de suite avec une ambulance ! Je n'avais qu'un rhume !… Elle en fait toujours toute une histoire !

MAKE UP FOR LOST TIME

(récupérer le temps perdu)
En français : rattraper le temps perdu

Si on arrive au bureau avec une heure de retard, on peut toujours rester une heure de plus le soir, pour rattraper.

Andrew: I'm going to America next week with my daughter. We are staying there for three months. Je vais en Amérique avec ma fille la semaine prochaine. On va y rester trois mois.
Bert. Three months? Just you and your daughter? Trois mois ? Seulement toi et ta fille ?
Andrew: Yes, I was never around in recent years because of my job. I want to make

up for lost time with her. Oui, je n'étais jamais à la maison ces dernières années à cause de mon travail. Je veux rattraper le temps perdu avec elle.

MISS THE BOAT

(rater le bateau)
En français : rater le coche, rater une occasion

Cette expression renvoie simplement au fait de ne pas avoir pu saisir une opportunité, qui ne se présentera peut-être plus jamais.

Charles: Boss, I heard that there is a chance to work in the American branch of our company. I talked to my wife and she understands that it's a great opportunity for me. Patron, j'ai entendu qu'il y a une possibilité de travailler pour la filiale américaine de notre société. J'en ai parlé avec ma femme et elle comprend que c'est une grande opportunité pour moi.
Boss (Patron): Well, it isn't really a problem because the opportunity is for Mr. Smith, not for you. Et bien, ce n'est pas vraiment un problème, parce que cette opportunité est pour M. Smith, pas pour vous !
Charles: Oh no, so have I missed the boat? Oh non, donc j'ai raté le coche ?
Boss (Patron): No, Charles, there was no boat to miss for you! And, stop making a mountain out of a mole hill! Non, Charles, il n'y avait aucun coche à rater pour vous ! Et arrêtez d'en faire un drame !

MIXED FEELINGS

(émotions mélangées)
En français : être partagé/avoir des sentiments partagés

Quand une chose se situe à cheval entre un côté positif et un côté négatif, elle entraîne justement un mélange d'émotions.

Mark: Sally is going to work in America. Well, on the one hand I am happy for her, but on the other hand I will miss her enormously. I have mixed feelings about it... Sally va travailler en Amérique. Bon, d'un côté je suis heureux pour elle, mais d'un autre côté elle me manquera énormément. Je suis partagé à ce propos..

MORE THAN MEETS THE EYE

(plus que rencontre l'œil)
En français : ça cache quelque chose, il y a anguille sous roche

On emploie cette expression quand on soupçonne que quelque chose nous est dissimulé dans certaines situations. En réalité, on nous cache bien quelque chose, qu'on ne peut voir et qui n'a pas été dit.

Alan: At work, nobody is talking to me. What did I do wrong? Au bureau personne ne me parle. Qu'ai-je fait de mal ?
William: Nothing, everything is fine. Rien, tout va bien.
Alan: No, William, everything is calm, but there is more than meets the eye. Non William, tout est calme, mais il y a anguille sous roche.

IDIOMS

TRADUISONS !

WORDS		VERBS	
rich	riche	to invest	investir
loser	loser/perdant	to lose	perdre
relationship	rapport/relation	to change	changer
sometimes	parfois/de temps en temps	to die	mourir
		to exaggerate	exagérer
scooter	scooter		

FROM RAGS TO RICHES

Thomas quitte son village. Il n'emporte que quelques vêtements et peu d'argent. Un an après, il revient au volant d'une Mercedes, habillé en Armani et accompagné d'un top model. Il va prendre un verre au pub du village, pour la première fois depuis un an.

Bill: Regarde Thomas ! Il est plein aux as !
Bob: Je le sais, il a fait fortune à Wall Street.
Bill: Moi je ne peux pas me permettre d'acheter un scooter, et lui vient en Mercedes !
Thomas: Salut les gars ! Je vous avais dit d'investir à Wall Street… vous avez raté une grosse opportunité.
Bill: Moi je vais à Wall Street ! Je dois rattraper le temps perdu… Tu viens Bob ?
Bob: Je ne sais pas, je suis partagé… D'un côté, j'aime l'idée de devenir riche, mais de l'autre je ne veux pas changer.
Bill: Tu es un loser ! Et tu mourras ici avec les autres losers !
Bob: N'en fais pas toute une histoire, s'il te plaît. Vas-y toi, et moi je reste ici avec ta copine.
Bill: Pourquoi ? Quelle relation as-tu avec ma copine ? Il y a anguille sous roche ?
Bob: Ne dis pas des choses stupides… nous sommes seulement amis, amis très proches, et de temps en temps nous nous embrassons près du lac, la nuit.
Bill: Ah, ok.

N

NEST EGG

(œuf dans le nid)
Cet *idiom* ressemble à l'expression française "la poule aux œufs d'or", mais elle ne revêt pas le même sens.

Tu as mis un peu d'argent de côté, un magot ? Tu as fait un investissement qui t'apportera de l'argent dans le futur ? Et bien ça, c'est ton œuf dans le nid. Une sécurité pour l'avenir.

Samuel: I want to buy a new motorbike, but I can't afford it, now. Je veux acheter une nouvelle moto, mais je ne peux pas me le permettre pour l'instant.
Tom: Sell your stamp collection! Vends ta collection de timbres !
Samuel: Are you crazy? That collection is my nest egg for when I get old. Tu es fou ? Cette collection est mon magot pour quand je serai vieux.

NEXT TO NOTHING

(à côté de rien)
On pourrait traduire cette expression par "presque rien" mais il n'existe pas vraiment d'équivalent en français. Cet *idiom* signifie "très peu", "presque rien".

Hey, there are holidays to Cuba that cost next to nothing! I love Cuba… the beaches are full of girls wearing next to nothing! Eh, il y a des séjours à Cuba qui ne coûtent presque rien ! J'adore Cuba… les plages sont remplies de filles qui ne portent presque rien !

NOT FOR ALL THE TEA IN CHINA

(même pas pour tout le thé de Chine)
En français : pas même pour tout l'or du monde

Quand on refuse de faire quelque chose à n'importe quel prix.

Terry: Suzie, will you please go out with me for one evening? Please. Suzie, s'il te plaît, tu sortirais avec moi un soir ? S'il te plaît.
Suzie: Not for all the tea in China! Même pas pour tout l'or du monde !

IDIOMS

NOTHING DOING

(rien faisant)
En français : pas question

Cette expression indique un refus catégorique à une offre.

John: Please, darling, the World Cup is only every four years! And it's the final! S'il te plaît, chérie, la coupe du monde a lieu seulement tous les quatre ans ! Et c'est la finale !
Wife: Secret Story is on now, nothing doing! Secret Story passe maintenant, pas question !

IDIOMS

TRADUISONS !

WORDS

only/just	seulement
come on!	Allez !
Reason	motif/raison

ON HOLIDAY

C'est bientôt l'été et ma femme veut prévoir les vacances.

Femme: Regarde ! L'Espagne à seulement 800 euros pour deux, hôtel 5 étoiles !
L'Espagne ne coûte presque rien maintenant.
John : Nous ne pouvons pas.
Femme : Pourquoi pas ? Nous avons 5 000 euros à la banque !
John : C'est pour notre avenir !
Femme : Allez !
John : Non, même pas pour tout l'or du monde.
Femme : S'il te plaît…
John : Pas question.
Femme : Alors j'y vais seule !
John : Parfait.

IDIOMS

O

OUT OF ORDER

(hors d'ordre)
Out of order signifie deux choses en anglais :

En panne
Si un ascenseur ne fonctionne pas, tu peux voir une petite affiche sur laquelle est écrit *Out of order*.

Personne qui a absolument tort
Comme on dit en français "il a tous les torts", "il a dépassé les limites", ou alors "il est à côté de la plaque". Si on vexe vraiment les gens, ou si on prononce des propos qui peuvent les déranger, voire les humilier, on est justement mis à l'écart.

That man asked my wife to go to dinner with him in front of me! He was totally out of order! Who is he?! Cet homme a demandé à ma femme de dîner avec lui devant moi. Il était carrément à côté de la plaque. Mais il est qui ???

OUT OF THE QUESTION

(en dehors de la question)
En français : hors de question

Exactement comme en français, une chose est hors de question si on ne peut absolument pas la prendre en considération et la considérer comme une option possible.

Boss: I want you to work on Saturdays from now on. Dorénavant, je veux que tu travailles les samedis.
Sally: I'm sorry, but that is out of the question; that is my shopping day! Je suis désolée mais c'est hors de question, c'est le jour où je fais du shopping !

ON THE MAP

(sur la carte)
On pourrait traduire cette expression par "tout le monde en parle", mais il n'existe pas réellement un équivalent en français de cet *idiom.*

Les informations que contiennent les cartes sont généralement importantes. Elles sont visibles et connues. Si toi, ou ton affaire, êtes indiqués sur la carte, cela veut dire que vous êtes devenus importants.

Pino: Hey, Sara, everybody is talking about your banana and fish sandwiches. Eh, Sarah, tout le monde parle de tes sandwich à la banane et au poisson.
Sarah : See, I am putting us on the map. Tu vois, je nous fais connaître !
Pino: Yes, but they are saying that they are horrible! Oui, mais ils disent qu'ils sont dégueulasses !

OUT OF THIS WORLD

(hors de ce monde)
En français : c'est sensationnel/extraordinaire

Si on dit que quelqu'un ou quelque chose est *out of this world*, ça signifie que l'on considère cette personne ou cette chose comment étant sublime, hors du commun.

You have to see the new Spielberg movie. It is out of this world! Tu dois voir le nouveau film de Spielberg. Il est extraordinaire !

IDIOMS

TRADUISONS !

WORDS

everywhere partout

THE FILM

Une société de production cinématographique veut tourner un film dans un petit café de campagne. Le jeune Daniel comprend l'enjeu que représente cette occasion pour le café de sa famille, mais pas son père.

Daniel: Ils vont faire un film ici, Papa, tout le monde va parler de nous !
Papa : Non, c'est hors de question.
Daniel: Mais pourquoi ? En tant qu'opportunité, c'est extraordinaire ! Tu es fou !
Papa : Tu dépasses les limites, Daniel.

IDIOMS

P

PAID PEANUTS

(payé cacahuètes)

On pourrait traduire l'expression par "trois fois rien" ou par "trois francs six sous", mais la plus proche serait "payer avec des cacahuètes". En effet, si on paie avec des cacahuètes, c'est qu'on paie vraiment très peu.

Tony: I like my job, but they pay peanuts where I work, so it's difficult to pay for the house. I need an extra job. J'aime mon métier, mais ils paient trois fois rien là où je travaille, il est donc difficile de payer la maison. J'ai besoin d'un travail en plus.

PLAY YOUR CARDS RIGHT

(joue bien tes cartes)
En français : jouer toutes ses cartes

La vie est un jeu. tu n'es pas d'accord ? Au travail, en amour, en tout. Mon père disait que la vie, c'est comme jouer aux échecs ; on apprend à être stratégique et on devine les intentions de ses adversaires. Jouer aux cartes, c'est pareil ; on ne peut pas choisir les cartes que la vie nous donne mais il est indispensable d'en faire bon usage, et de ne les montrer à personne !

You have a great business idea. If you play your cards right, you could make a killing and then you will be made of money! Tu as une idée de business très bonne. Si tu joues toutes tes cartes, tu pourrais faire fortune et ensuite tu seras plein aux as.

(A) PENNY FOR YOUR THOUGHTS

(un penny pour tes pensée)
En français : à quoi penses-tu ?

Quand on est avec quelqu'un qu'on apprécie, et qui semble soucieux, on aimerait qu'il nous confie ses soucis. En anglais, nous disons quelque chose de très beau : *A penny for your thoughts*, c'est-à-dire qu'on se montre disponible, quitte à payer, pour que la personne nous révèle ses pensées.

Cette expression est assez claire pour se passer d'exemples, il me semble !

PIGS WILL FLY

(les cochons voleront)
En français : quand les poules auront des dents

Cette expression s'emploie pour dire qu'une chose est tellement inconcevable qu'elle ne pourra se produire que le jour où l'on verra des cochons voler, ou quand les poules auront des dents en France !

John: I think Birmingham City is strong enough to win the Champions League next year. Je pense que Birmingham City est assez forte pour gagner la ligue des champions l'année prochaine.
Paul: Yes, and pigs will fly! Oui, quand les poules auront des dents !

IDIOMS

PLAN B

(plan B)
En français : plan B

Cette expression est géniale ! Elle est très courante, comme tous les *idioms* que nous avons vus jusqu'à présent. Si on élabore un plan, il vaut toujours mieux en avoir un de secours, car au cas où le premier ne fonctionnerait pas, il y a toujours le plan B, n'est-ce pas ?

Ok, I will try to fix the broken toilet, but plan B is to call the plumber! Ok, j'essaierai de réparer les toilettes hors service, mais le plan B est d'appeler le plombier !

PLAY WITH FIRE

(jouer avec le feu)
En français : jouer avec le feu

Cette expression renvoie à quelqu'un qui se met en danger.

You shouldn't send romantic messages to Lucy via Facebook; you are really playing with fire. Her boyfriend is enormous and very jealous! Tu ne devrais pas envoyer des mots doux à Lucy sur facebook, tu joues vraiment avec le feu. Son fiancé est costaud et très jaloux !

PULL SOMEONE'S LEG

(tirer la jambe de quelqu'un)
En français : se moquer de quelqu'un, se payer la tête de quelqu'un

D'après ce que je sais du français, il y a plusieurs façons "de se moquer" de quelqu'un : Une plutôt méchante, qui peut servir quand quelqu'un trahit la confiance d'un autre ; et une plutôt gentille, plutôt amusante. Cet *idiom* renvoie à la deuxième façon, plus drôle, pour simplement plaisanter, en charmant l'autre.

Carl: I told Sally that she has passed her exams, but she doesn't believe me! J'ai dit à Sally qu'elle a réussi ses examens, mais elle ne me croit pas !
Anne : Of course she doesn't believe you; you are always pulling her leg! I will tell her. C'est normal qu'elle ne te croit pas, tu te moques toujours d'elle. Je lui dirai.

IDIOMS

TRADUISONS !

WORDS

tired of	fatigué de/las de
factory	usine
well	bien
pregnant	enceinte

FRIENDS

Bruce en a assez de son travail et Lenny essaie de lui donner des conseils pour changer sa situation.

Bruce: Je suis las de mon travail, je veux trouver quelque chose d'autre.
Lenny: Écoute, si tu joues toutes tes cartes, je te trouverai un travail dans mon usine.
Bruce: Ils paient bien ?
Lenny: Ils paient très bien.
(Bruce réfléchit en silence)
Lenny: À quoi penses-tu ?
Bruce: Tu te moques de moi ? Parce que si c'est le cas, tu joues avec le feu.
Lenny: Non, Bruce, je peux t'aider.
Bruce: Merci.
Lenny: Un jour tu pourrais devenir un manager important.
Bruce: Oui, quand les poules auront des dents !
Lenny: Écoute, s'ils ne te prennent pas dans mon usine, il y a un plan B. Tu peux être baby sitter… Lucy est enceinte !!

Q-R

QUICK FIX

(réparation rapide)

On peut facilement traduire cette expression par “solution miracle”, “réparation de fortune”, qui serait donc une solution d’urgence, imprévue et occasionnelle.

There is no quick fix solution to this problem. We need time. Il n’y a pas de solution miracle pour ce problème. Nous avons besoin de temps.

(AS) QUIET AS A MOUSE

(silencieux comme une souris)
L’expression française la plus proche de cet *idiom*, pour signifier que quelqu’un fait preuve de mutisme total, ne fait aucun bruit, serait “muet comme une carpe”.

Mary: Is your new baby letting you sleep? Le nouveau-né vous laisse dormir ?
Olive: Oh, yes, we are very lucky, she is as quiet as a mouse. Oh oui, nous avons de la chance, elle est très silencieuse.

RAINING CATS AND DOGS

(pleuvant chats et chiens)
En français : il pleut des cordes

Pour cet *idiom* aussi, je pense qu’il n’y a rien à ajouter.

Can you believe it? We finally had our holiday in Spain and it rained cats and dogs for two weeks! Vous n’allez pas nous croire. Nous avons finalement passé nos vacances en Espagne et il a plu des cordes pendant deux semaines !!

RED TAPE

(ruban rouge)
Il n’existe pas d’expression similaire en français pour traduire cet *idiom* qui renvoie à la bureaucratie.
La bureaucratie, les Français sont champions dans le domaine.

Shelley: My husband had an accident in America and nobody helped him. Mon mari a eu un accident en Amérique et personne ne l'a aidé.
Diana: Why not? Pourquoi ça ?
Shelley: Red tape. La bureaucratie.
Diana: Red tape? La bureaucratie ?
Shelley: Yes, he didn't have insurance. Oui, il n'avait pas d'assurance.

ROCK THE BOAT

(balancer le bateau)
Cet *idiom* pourrait être traduit par l'expression "jouer les trouble-fête" ou "semer le trouble".

Si quelqu'un "balance le bateau", cela signifie qu'il cause des problèmes dans une situation qui était auparavant stable, en tout cas en apparence.

Glen: The boss doesn't pay enough. I want to tell him that I want more money! Le patron ne paie pas assez. Je veux lui dire que je veux plus d'argent !
Dave: Don't rock the boat, please! The situation is already bad, Glen. Ne joue pas les trouble-fête, s'il te plaît ! La situation est déjà grave, Glen.

RUN OUT OF STEAM

(épuiser la vapeur)
On pourrait traduire cette expression par "avoir une baisse de régime", ou "ne plus avoir de batterie", mais il n'existe pas réellement d'équivalent en français.

Les vieux trains étaient à vapeur, et s'il n'y avait plus de vapeur, le train ralentissait jusqu'à s'immobiliser complètement.
En anglais, quand une personne ou même une chose commence à ralentir, on dit qu'elle "n'a plus de vapeur", elle a perdu toute son énergie, son enthousiasme.

Manchester United started very well, but then ran out of steam in the second half of the season. Manchester United avait très bien commencé, mais a connu une baisse de régime dans la seconde partie de la saison.

TRADUISONS !

WORDS

umbrella	parapluie
reason	motif/raison
weapon	arme
law	loi
alone	seul/tout seul

VERBS

to rob	voler/dévaliser

GENTLEMAN THIEF

Deux malfaiteurs qui en ont assez de ne pas avoir d'argent décident de dévaliser une banque.

Bones: Ok, tu es prêt à dévaliser la banque avec moi ?
Rocky: Maintenant ? Il pleut des cordes dehors !
Bones: J'ai deux parapluies.
Rocky: Oui, mais ce n'est pas une solution miracle, Bones ! Où allons-nous mettre les parapluies quand nous devrons entrer ? Nous devons être très silencieux !
Bones: Il faut toujours que tu crées des problèmes, hein ?
Rocky: Toujours ?
Bones: Oui, même quand nous étions dans le groupe. Tu trouvais toujours des problèmes dans mes plans. Le groupe s'est séparé pour cette raison.
Rocky : Non, à la fin le groupe n'avait plus d'énergie. De toute façon, tu ne peux pas prendre des parapluies dans la banque.
Bones : Hein ?
Rocky : Un parapluie pourrait être employé comme une arme, donc selon la loi, ils ne peuvent être emportés dans les lieux publics... tu sais comment est la bureaucratie pour les banques !
Bones : J'y vais tout seul.

S

SALT OF THE EARTH

(le sel de la terre)
L'équivalent français n'existe pas, mais on pourrait rendre cet *idiom* par des tournures telles que "perle rare", " très précieux" ou "trésor", qui peuvent facilement le remplacer.

Quand on dit de quelqu'un qu'il est "le sel de la terre", on veut dire qu'il est honnête, candide, et qu'il a bon fond. En somme, autant de qualités qui en font quelqu'un de bien, un être intègre. C'est un énorme compliment pour nous, les Anglais.

I really miss my father. He always gave me important advice and help. He was the salt of the earth. Mon père me manque vraiment. Il m'aidait beaucoup et me donnait toujours de très bons conseils. C'était quelqu'un de bien.

SELL LIKE HOT CAKES

(vendent comme des gâteaux chauds)
En français : se vendre comme des petits pains

Quand une chose se vend très bien.

Danny: Yesterday, I got married for the tenth time! Hier je me suis marié pour la dixième fois !
Bob: If you wrote a book about your life, it would sell like hot cakes! Si tu écrivais un livre sur ta vie, il se vendrait comme des petits pains !

SECOND NATURE

(seconde nature)
L'expression équivalente en français serait "c'est dans ma nature" mais elle est moins utilisée qu'en anglais. On lui préfère des tournures comme "c'est tout moi/ toi", "c'est inné" qui ne sont pas tout à fait identique à l'*idiom* anglais.

Si quelque chose fait partie de ton caractère, cela signifie que c'est dans ta nature d'être ainsi. Si tu fais quelque chose qui renvoie à ta "seconde nature", c'est qu'elle fait aussi partie de ton caractère !

Teaching English is second nature to John. He has been teaching for many years. Enseigner l'anglais est inné chez John. Il enseigne depuis de nombreuses années.

(N)EITHER

Avant de passer au prochain idiom, je dois te donner une mini-leçon sur *either* et *neither* :

either s'emploie quand il y a un choix à faire entre deux choses ;
neither signifie "aucun des deux".

Un homme va dans un bar qui ne vend que du café et du lait.

Man: A juice, please. Un jus de fruit, s'il vous plaît.
Barman: We don't sell juices. You can have either coffee or milk. Nous ne vendons pas de jus de fruit. Vous pouvez avoir du café ou du lait.
Man: Neither, I will go to a different bar. Aucun des deux, j'irai dans un autre bar.

SEE RED

(voir rouge)
En français : voir rouge

Signifie qu'on est extrêmement en colère, qu'on "se fâche tout rouge".

When I see people on the news who hurt children, I see red and have to turn off the tv. Quand je vois au journal télévisé des gens qui font du mal aux enfants, je vois rouge et je dois éteindre la télé.

IDIOMS

SEEING IS BELIEVING

(voir c'est croire)
En français : il faut le voir pour le croire

On emploie cette expression quand on a des doutes sur l'existence de quelque chose et qu'on n'y croit pas jusqu'à ce qu'on la constate de nos propres yeux.

I'm going to the pub, later, because Tony says his new girlfriend is a supermodel. Is that possible? Well, seeing is believing! J'irai au pub, tout à l'heure, parce que Tony dit que sa nouvelle copine est un top model. Comment est-ce possible ? Bien, il faut le voir pour le croire !

SELL YOUR SOUL

(vendre son âme)
En français : vendre son âme au diable

Cette expression s'emploie pour désigner une personne qui a changé catégoriquement et soudainement d'idée à propos de quelque chose.

Benny: Hey, John... I saw your brother today with the Scotland football shirt on. Did he sell his soul to the devil? Eh, John... J'ai vu ton frère aujourd'hui avec le maillot de l'Écosse. Il a vendu son âme au diable ?
John: Yes. Oui.

SET IN STONE

(gravé dans la pierre)
En français : c'est scellé dans la pierre, c'est immuable, c'est comme ça

Dans la Bible, Dieu a donné à Moïse les pierres sur lesquelles étaient inscrits les dix commandements. Ces pierres, en tant que lois divines, ne pouvaient être changées. En anglais, si une règle concernant le travail ou la vie privée est gravée dans la pierre, c'est qu'elle ne peut changer. Un point c'est tout!

Listen, the guest list isn't set in stone. You can add a person if you want! Écoute, la liste des invités n'est pas scellée dans la pierre. Tu peux ajouter quelqu'un si tu veux !

SHORT AND SWEET

(court et doux)
En français : court mais intense/court mais bon

Cette expression permet de décrire une expérience qui, même brève, a été plutôt agréable.

I had three days holiday, so we went to the coast for the weekend. It was short and sweet. I relaxed with a book. J'ai eu trois jours de vacances, et nous sommes allés sur la côte pour le week end. Ce fut court mais bon. Je me suis détendu avec un livre.

SOFT SPOT (have a)

(avoir un point tendre)
En français : avoir un petit faible

Cet *idiom* renvoie aux points faibles que tout le monde connaît, ces choses auxquelles personne ne peut résister.

Terry: Why is your wife so big? Pourquoi ta femme est-elle aussi grosse ?
John: She has a soft spot for cakes. Elle a un petit faible pour les gâteaux.
Terry: Does she have a soft spot for you, too? Pour toi aussi elle a un petit faible ?
John: No, just for cakes. Non, seulement pour les gâteaux.

SWEETEN THE PILL

(adoucir la pilule)
En français : faire passer la pilule

Tu as quelque chose de négatif à dire à quelqu'un ? Peux-tu trouver un moyen d'atténuer la douleur ? Peux-tu dire quelque chose, n'importe quoi, qui puisse rendre le coup moins pénible ? As-tu un peu de sucre à mettre sur le cachet amer que doit avaler ton enfant ?

He lost his job, but his boss sweetened the pill. He is giving him a few hours work in the evenings, until he finds something else. Il a perdu son travail, mais son patron fait passer la pilule. Il lui donne quelques heures de travail le soir jusqu'à ce qu'il trouve quelque chose.

IDIOMS

SWIM AGAINST THE TIDE

(nager contre la marée)
En français : aller à contre-courant

Celui qui dit ou fait l'opposé de ce que fait la majorité des gens nage contre la marée, ou plutôt à contre-courant. Souvent, ça demande beaucoup de courage.

When the fashion was mini-skirts, Harriet wore long skirts. When the fashion was long hair, she cut her hair short. She was never a sheep and always swam against the tide.
Quand la mini-jupe était à la mode, Harriet portait des jupes longues. Quand les cheveux longs étaient à la mode, elle se coupait les cheveux courts. Elle n'a jamais été un mouton et elle est toujours allée à contre-courant.

IDIOMS

TRADUISONS !

WORDS

mind	esprit
thing	chose
ridiculous	ridicule
against	contre
dummy	stupide/ imbécile

VERBS

to give	donner
to write	écrire

ABOUT MADNESS

Theo et Brian sont deux intellectuels, ils sont en train de discuter.

Theo: Je pense que Freud avait un grand esprit.
Brian: Il était fou.
Theo: Ah oui ? Si lui était fou, je vendrais mon âme pour être fou. Pense au moment où ses livres sont sortis. Ils allaient à contre-courant, mais ils se vendaient comme des petits pains.
Brian: Theo, je sais que tu as un petit faible pour Sigmund, mais il a dit beaucoup de choses ridicules.
Theo: Brian, tout n'était pas gravé dans la pierre, c'était seulement des idées.
Brian: Il était fou.
Theo: Non ! C'était quelqu'un de bien.
Brian: Pourquoi as-tu ce petit faible pour Freud ?
Theo: Je n'ai pas de petit faible pour lui, idiot !
Brian: Tu vois ? Je dis quelque chose contre Freud et tu vois rouge.
Theo: Je sais que pour toi c'est inné de mettre les gens en colère, mais maintenant je vais te dire quelque chose pour faire passer la pilule, je te dis que tu n'es pas le seul. Je vais faire en sorte que cela soit bref et productif, prêt ?
Brian: Oui.
Theo: Tu es un imbécile.
Brian: Ah oui ?
Theo: Oui, il faut le voir pour le croire ! Et moi je te vois, et tu es un imbécile.

T

TAKE IT OR LEAVE IT

(prends-le ou laisse-le)
En français : à prendre ou à laisser

Les gens n'ont pas toujours envie de négocier ou de discuter. Si quelqu'un te dit *take it or leave it*, cela veut dire qu'il n'a aucune intention de négocier : c'est à prendre ou à laisser !

Egyptian farmer (Paysan égyptien): I will give you one camel for your wife. Take it or leave it. Je te donnerais un de mes chameaux contre ta femme. C'est à prendre ou à laisser.
John: I'll take it! Marie, darling! Please go with this nice man. Je prends ! Marie, chérie ! S'il te plaît, va avec ce gentil monsieur.
Egyptian farmer (Paysan égyptien): Hey, crazy Englishman! You forgot to take your camel! Eh, fou d'Anglais ! Tu as oublié de prendre ton chameau !

Sache que je plaisante, je n'échangerais jamais ma Marie adorée pour un chameau, pour qui me prends-tu, hein ? Et puis, où est-ce que je le mettrais ? Si j'avais un jardin plus grand… pourquoi pas !

TAKE SOMEBODY FOR A RIDE

(emmener quelqu'un faire un tour)
En français : ridiculiser quelqu'un, tourner quelqu'un en ridicule

Nous avons déjà parlé des deux façons qui consistent à se moquer de quelqu'un, l'une plus amusante, et l'autre plus méchante ; cet *idiom* renvoie à la deuxième façon de ridiculiser quelqu'un.

A lot of these salesmen take you for a ride. They bend the truth so much that you don't really know what you are buying. La plupart de ces vendeurs te tournent en ridicule. Ils déforment tellement la vérité que tu ne sais même plus ce que tu achètes.

TALK SHOP

(parler magasin)

En français, pour traduire cet *idiom* qui permet de désigner celui qui parle de son travail, on utilise en général "parler boutique".

Si je ne m'abuse… cette expression peut facilement renvoyer au défaut qu'ont certaines personnes qui, même sorties du bureau, n'arrivent pas à décrocher et continuent à parler de leur travail…
Shop symbolise le travail, n'importe quelle ambiance de travail et pas uniquement un magasin.

I have a friend from Marseille. I have known him for twenty years, but I don't know what he does, because he never talks shop. J'ai un ami de Marseille. Je le connais depuis vingt ans, mais je ne sais pas ce qu'il fait parce qu'il ne parle jamais de travail.

THERE WASN'T A SOUL

(il n'y avait pas une âme)
En français : il n'y avait (il n'y a pas) âme qui vive

Exactement comme en français, cet *idiom* renvoie aux situations où il n'y a personne.

We are playing really badly, in fact, on Saturday there wasn't a soul at the game. Not even the referee came! On joue vraiment très mal, en fait, samedi il n'y avait pas âme qui vive au match. Même pas l'arbitre !

THINK AGAIN

(penser de nouveau)
En français : penser à deux fois, bien réfléchir

Si une personne te dit *think again*, soit elle te conseille de changer d'idée, soit elle te l'impose en te l'ordonnant subtilement. C'est comme dire "je ne pense vraiment pas, mieux vaut que tu y réfléchisses à deux fois, parce que je n'accepte pas ce que tu veux toi !".

John: Tonight, I am going to the pub. Ce soir, je vais au pub.
Wife (Femme): Think again, you have to wash the dog. Réfléchis bien, tu dois laver le chien.

IDIOMS

TRADUISONS !

WORDS		VERBS	
true	vrai	to meet	connaître/rencontrer
come on!	allez !		
opinion	opinion/avis		

GOSSIP

Anne et Lucy critiquent leur amie Amber.

Anne : Tu as rencontré le nouveau petit ami d'Amber ?
Lucy : Oui, celui qui ne parlait que boutique à la fête… elle devrait y réfléchir à deux fois cette fille, il la tourne en ridicule.
Anne : Ce n'est pas vrai ! Allez !
Lucy : C'est mon opinion, à prendre ou à laisser.
Anne : Je suis allée chez elle hier et il n'y avait pas âme qui vive. Sont-ils partis ?

U

UNDER A PERSON'S THUMB

(sous le pouce)
En français : être sous la coupe de quelqu'un

Cette expression s'emploie pour indiquer une personne qui est complètement dominée par une autre.

Amber is totally under her boyfriend's thumb. When he says "jump", she jumps.
Amber est totalement sous la coupe de son fiancé. Quand il dit "saute", elle saute.

UP IN THE AIR

(en haut dans l'air)
En français : sans fondement, en l'air, vague, en suspens

On emploie cette expression quand beaucoup de choses arrivent, mais qu'il n'y a encore aucune certitude, rien n'est concret.

I have a chance to go to America to work, but I have to finish many things here, first, so everything is up in the air. J'ai l'opportunité d'aller travailler en Amérique, mais j'ai beaucoup de choses à terminer ici, donc tout est en suspens.

W-Y

WAITING GAME

(jeu d'attente)
En français : temporiser, jouer la pendule

Parfois il vaut mieux attendre sans rien faire pour voir si les choses changent d'elles-mêmes. C'est une tactique.

Hannah: Did Lenny call? Lenny a appelé ?
Lisa: No, he's playing the waiting game. He wants to see if I will go crazy without him. Non, il joue la pendule. Il veut voir si je vais devenir folle sans lui.

WALK ON AIR

(marcher sur l'air)
En français : être au septième ciel, être aux anges

Cet *idiom* renvoie au moment où on est tellement heureux qu'on a l'impression de flotter dans l'air, sans toucher le sol.

Jason: Hey, you got the job! How do you feel? Eh, tu as obtenu le poste ! Comment te sens-tu ?
Lucy: I'm walking on air! Je suis aux anges !

WEAR MANY HATS

(porter plusieurs chapeaux)
On retrouve la même expression en français : "avoir plusieurs casquettes", qu'on emploie pour désigner quelqu'un qui fait différents métiers.

The school caretaker has to wear many hats. He has to be a plumber, a gardener and a security guard. Le gardien de l'école a plusieurs casquettes. Il doit être plombier, jardinier et agent de sécurité.

YOU CAN'T TEACH AN OLD DOG NEW TRICKS

(tu ne peux pas apprendre des nouveaux trucs à un chien)
En français, l'équivalent de cette expression est certainement "on n'apprend pas à un vieux singe à faire de nouvelles grimaces".

Elle renvoie au fait qu'il est difficile d'enseigner quelque chose à quelqu'un d'âgé, dont les habitudes sont désormais impossibles à changer.
Il y a beaucoup de comparaisons entre les personnes et les animaux en anglais. Certaines sont blessantes, d'autres plus nobles. En anglais, si on dit à une dame *you are an old dog*, c'est très blessant. Si au contraire on dit à un vieux marin *you are an old sea dog*, on exprime de l'admiration et de l'affection.
Avec le mot *tricks* on comprend qu'il s'agit d'ordres ; apprendre à un chien à donner la patte est facile quand il est jeune, mais quand il est plus vieux, ça devient plus compliqué, voire impossible. Avec le temps, les vieilles habitudes deviennent des automatismes.

My Grandmother is learning English, but she isn't making much progress. You can't teach an old dog new tricks. Ma grand-mère apprend l'anglais, mais elle ne fait pas beaucoup de progrès. On ne peut pas apprendre à un vieux singe à faire de nouvelles grimaces.

IDIOMS

TRADUISONS !

WORDS	
agitated	agité/énervé
lawyer	avocat
way	façon/moyen
angry	en colère
positive	positif
tactic	tactique

VERBS	
to look	regarder
to look like/seem	sembler
to think	penser
to wait for	attendre

THE BOSS

Frank et Freddy parlent du patron de l'agence où ils travaillent.

Frank: Le patron est énervé. Il attend une réponse de Paris.
Freddy: Il est le patron ? Il n'est pas l'avocat ?
Frank : Si, il porte plusieurs casquettes ici, parce que c'est la société de son père.
Freddy : Pourquoi n'appelle-t-il pas Paris ?
Frank : Parce qu'il joue la pendule. C'est sa façon de faire et tu ne peux pas apprendre à un vieux singe à faire de nouvelles grimaces.
Freddy : Il semble en colère…
Frank : Je pense que si Paris appelle aujourd'hui avec une réponse positive, tu le verras très heureux. Mais pour l'heure il temporise.

FINAL PART

SOLUTIONS AND TRANSLATIONS

VOCABULARY

REGULAR VERBS

IRREGULAR VERBS

SOLUTIONS AND TRANSLATIONS

EXERCICE n. 1

1. I am thin.
2. We are old and tired.
3. They are drunk.
4. You are generous.
5. She is fat.
6. We are happy.
7. The car is fast.
8. He is generous.
9. I am fat.
10. We are sad.

EXERCICE n. 2

1. She is generous because she is drunk.
2. He is tired because he is old.
3. They are fast because they are young.
4. We are slow because we are fat and drunk.
5. I am nice, but he is young and handsome.
6. She is beautiful, but she is not elegant.
7. We are fat, but we are fast.
8. You are thin and young, but you are slow.
9. They are honest and generous.
10. We are handsome and nice, but we are not elegant.

EXERCICE n. 3

1. We are with you.
2. Are you with him?
3. He and she are with me.
4. Are he and she with me?
5. You are with them.
6. You are not with her.
7. I am not with them.
8. Are you with me?
9. Aren't you with him?
10. We are not with you.

EXERCICE n. 4

1. We have a small garden.
2. I have a fat dog.
3. She has an ugly brother.
4. They have a thin mother.
5. He has a beautiful wife.
6. He has a beautiful, but sad sister.
7. Have you a boyfriend?
8. I am young, but I have a big car.
9. I am not beautiful, but I have a handsome boyfriend.
10. She has two brothers and a sister.

EXERCICE n. 5

1. He has got a fast red car.
2. I have a big white house.
3. They have a slow black dog.
4. He has a black eye.
5. She has an orange hat.
6. We have a brown bike.
7. Have you got a black and white television?
8. Have you got a grey cat?
9. Have you got a black pen?
10. I have a green apple.
11. I haven't got time.
12. She hasn't got money for me.
13. We haven't got a beautiful house.
14. We haven't got a beautiful car.
15. You haven't got time for me!

GRAMMAR - STEP 1

EXERCICE n. 6

1. My father is under the car in the garage.
2. My grandmother is in the bedroom with her book.
3. The black cat is in the cellar because it is cool.
4. The bedroom is near the bathroom.
5. My brother is in the living room with his friend, but without the dog.
6. My sister is in the garden.
7. My mother is in the kitchen.
8. My grandfather is in bed and the cat is under the bed.
9. My cousin is in the car in the garage.
10. My parents are in the cellar.

EXERCICE n. 7

1. is
2. Is
3. Are
4. Has
5. has
6. is
7. Is
8. Have
9. is
10. have/am
11. is
12. are
13. have
14. has
15. are
16. is
17. are/are
18. has
19. are
20. are/have

EXERCICE n. 8

1. She has two big ugly dogs.
2. He hasn't got a black bike.
3. Have you got four euros? I have no money.
4. No, I haven't got four euros because I haven't got a job.
5. He has two big, red eyes because he is tired.
6. We have forty chickens in our garden.
7. Have you got a big, white chicken?
8. They haven't got a big, white chicken but they have a nice grey rabbit.
9. They have seven small (o little) children because they haven't got a tv.
10. You haven't got two fast legs because you are old and drunk.

GRAMMAR - **STEP 1**

EXERCICE n. 9

1. I go to my house in my yellow car.
2. My wife and her mother go shopping with my money!
3. I am in the garden with my dog and my cat, which are old and tired.
4. Sarah has my red car because her green bike is broken.
5. They are in their car with my brother and his friend.
6. My book is on the table; your book (o yours) is in the bedroom.
7. His father is old and thin; mine is fat.
8. Our parents are old; their parents (o theirs) are young.
9. Her bag is big and new, but yours is old and dirty.
10. Her mother is English; their mother (o theirs) is American.

EXERCICE n. 10

1. I am my mother's son.
2. He is Marie's husband.
3. The cooks' hat is white.
4. Peru's mountains are beautiful.
5. My grandfather's newspaper is on the table.
6. Tomorrow's newspaper.
7. I have my brother's radio.
8. He has my father's car.
9. The workers' canteen is open.
10. I am my readers' guide.

EXERCICE n. 11

1. My father is under the yellow car in the garage with my sister.
2. I am in front of a drunk and stupid person in the mirror.
3. Beside the bed there is a black book on the table.
4. In front of my house there is a house with a pool and a big car.
5. I am behind you; don't go fast because I am on a bike.
6. Inside my house in the kitchen, under the table there is a mouse.
7. Grandmother is outside the house; she is in the garden reading under a tree.
8. I sleep between my brother and my sister in a small bed and under the bed sleeps my grandfather.
9. They are near Lyon, but far from my house.
10. Near here there is a cinema and inside there is my friend among the 100 people inside; he went there to see a film.

EXERCICE n. 12

1. for
2. to
3. to
4. for
5. to
6. for
7. to
8. for
9. to
10. to

EXERCICE n. 13

1. Those sweets are yours.
2. These cups are big.
3. That man is nice.
4. This bar is ugly.
5. That bar is beautiful.
6. Those men are honest.
7. These children are fast.
8. This coffee is mine.
9. These cars are slow.
10. That girl is with that man with the green jacket; that one with the blue eyes is with this girl here.

EXERCICE n. 14

1. Who is the woman with the red skirt and green eyes?
2. Who is that mad man in the road?
3. Who are you to ask me who I am?
4. Who are those children in the pub?
5. Who commands in this house?
6. Who are these men in black?
7. Who is the tall girl?
8. Who is fat and stupid?!
9. Who knows who those old men are in my garage?
10. Who are you to ask me who I am?

EXERCICE n. 15

1. What is a “plouc”?
2. What are these green things on my plate?
3. What do you eat in London?
4. What?
5. What are we?
6. What are you?
7. What is that?
8. What have you got?
9. What have I got in my bag?
10. What has he got that I haven’t got?

EXERCICE n. 16

1. Where is the cinema?
2. Where are my beautiful, black shoes?
3. Where is the train station?
4. Where is my money?
5. Where does he play?
6. Where are you?
7. Where am I?
8. Where is it?
9. Where is the shop?
10. Where do I go?

EXERCICE n. 17

1. How are the children?
2. How can I cook without a kitchen?
3. How can you resist with him?
4. How do I look with this red hat?
5. How do you know my name?
6. How do you like your pasta?
7. How can I know?
8. How are the children where you work?
9. How are you?
10. How am I? Beautiful or ugly?

EXERCICE n. 18

1. Are there two fat girls at the bar?
2. There are no men at the bar today because there is the football match.
3. That girl isn't there this evening.
4. There are those sweets in the kitchen.
5. There is no money for the holiday.
6. There is no hope with that team.
7. There are two horses in the stable.
8. There are two Indian boys in my class.
9. There is time!
10. There are two red cats on the roof of my house.

GRAMMAR - **STEP 2**

EXERCICE n. 19

1. much
2. many
3. a lot of
4. a lot of
5. much
6. many
7. much
8. a lot of
9. much
10. many

EXERCICE n. 20

1. There is not enough work to do.
2. There are not enough people on the bus.
3. There is not enough panic about the crisis!
4. We have not enough rabbits in the garden.
5. There is not enough interest in my sister!

EXERCICE n. 21

1. Do
2. Is
3. Do
4. do
5. are
6. do
7. is
8. does
9. do
10. isn't
11. have
12. do
13. is
14. do
15. is
16. am
17. are
18. do
19. do
20. does
21. is
22. do
23. does
24. am
25. do/are

EXERCICE n. 22

1. I usually swim with my brother.
2. She never sleeps.
3. I often walk.
4. I never eat pasta.
5. They usually drink white wine.
6. We always go to the cinema on Sundays.
7. My mother always does the shopping on Mondays.
8. Georges rarely goes to the doctor.
9. I won't answer you because you are stupid.
10. Jeanne works in a restaurant.
11. I often write emails.
12. I always speak with my boss.
13. I usually answer the telephone.
14. Every week I send orders to clients.
15. I call the clients when there are problems.
16. I work in customer service.
17. I work in the reception.
18. I don't call the clients
19. I don't understand when my boss speaks to me on the telephone.
20. I sometimes take part in the meetings.

EXERCICE n. 23

J: Hi love, where are you?
M: In front of the tv; I'm watching a film.

M: Where are you? I am waiting for you!
J: Why are you waiting for me, my love?
M: I haven't got any money for the hairdresser.

J: Hi love, do you miss me?
M: Yes, I miss you, but who are you?
J: I am getting angry!
M: Aaah, it's you!

J: Love, what are you doing?
M: I am crying.
J: Don't cry! I'm coming home!
M: That is why I am crying.

J: Are you at home?
M: Yes, I am making a cake with a lot of love.
J: For who?

M: What are you watching on the tv?
J: I don't know; I'm not hearing it.
M: Why aren't you hearing it?
J: Because you are talking to me!

EXERCICE n. 24

B: When will you send the material?
E: I am sending it, now.

B: Are you in the office?
E: Yes, I am turning on the pc.

B: Are you in the office?
E: Yes, but I'm turning off the pc, now.

B: Is Durand there?
E: No, he's eating in the canteen.

B: And what is he eating?
E: I don't know what Durand is eating!!

B: What are you doing?
E: I am talking with Mr. Smith; do you know him?

B: What time will the delivery arrive?
E: I am looking into it, now.

B: I am waiting.
E: Ok, they are delivering it, now.

B: Is Frank finishing the project?
E: No, but I am helping him.

B: What is he doing, now?
E: He is waiting for me.

EXERCICE n. 25

1.
Mother: What is Timmy doing?
Father: He is trying to find his ball.
Mother: Is he looking under the bed? Because the ball is there.

2.
Boss: What are you doing?
Secretary: I am calling the client.
Boss: Isn't he answering?
Secretary: No, but I am waiting.
Boss: I am going.
Secretary: Bye!

3.
Karl: What is happening?
Lisa: The dog is eating, my mother is cooking, my father is cleaning his motorbike and I am talking to you.

4.
Sales Manager: What are you doing?
Lucy: I am sending an email, Tom is sleeping on his desk, Jean is drinking a coffee and Hubert is reading the newspaper.
Sales Manager: Ah, so all is normal!

EXERCICE n. 26

1. These days, I am painting.
2. I am reading a book.
3. My wife is going to Yoga often these days.
4. I'm not going to the restaurant because I'm dieting.
5. I am studying English.
6. Where are you going? I am going to the doctor; I am ill.
7. We are studying; we aren't playing!!
8. Are you doing the French translation?
9. Hey! Hello, where are you going?
10. We are going to George Michael's concert.
11. I am working on the Star project.
12. I'm making/doing a conference call.
13. We are trying to sell to Russia.
14. Are you trying out new software?
15. I'm not going to work at seven a.m.
16. S/he is booking the hotel for the Boss.
17. I am covering for my colleague who is at home.
18. Are they buying our products?
19. We are not opening a new office.
20. We are closing the office.

EXERCICE n. 27

Shop keeper: We are losing money with this crisis.
Assistant: I have an idea; let's sell for less.
Shop keeper: No!
Assistant: But everybody is selling for less now, and they are working!

EXERCICE n. 28

1. work
2. is sleeping
3. is raining
4. singing/is talking
5. play
6. is writing
7. is working/cooks
8. swim
9. takes
10. eats
11. making
12. comes
13. gives
14. are giving
15. works
16. running
17. is falling
18. love
19. am studying
20. is walking

EXERCICE n. 29

1. too much
2. too many
3. too much
4. too much
5. too much
6. too many
7. too much
8. too much
9. too many
10. too many

EXERCICE n. 30

1. On Sunday morning, I am painting the kitchen.
2. This evening, I am seeing my mother.
3. Tonight, I am leaving for London.
4. This evening, I am sleeping at my friend's house.
5. Tomorrow, I am leaving my girlfriend.
6. I am taking a shower.
7. This afternoon, I am doing my homework with Alex.
8. Tomorrow morning, I am washing the car.
9. On Wednesday, I am buying a cat.
10. On Saturday, I am buying Christmas presents.

EXERCICE n. 31

1. This evening, I am leaving the office at 8 p.m.
2. We are having a meeting at 4 p.m.
3. Tomorrow, we are meeting all our London colleagues.
4. The new Boss is arriving at 12.
5. Are we moving to a new office on Tuesday?
6. This afternoon, the Boss is making a moving speech.
7. Monday morning, they are paying us.
8. At 2 p.m., I am sending the fax.
9. Are you calling the supplier after lunch?
10. I am not going to the office with them.

EXERCICE n. 32

K: What are you doing, this evening?
L: I am watching a film with Mary.
K: Mary?
L: Yes, I am taking her to the cinema.
K: I will come with you! (deciso ora)
L: Are you crazy? They are showing a violent film; you are sensitive.
K: Ok thanks, Rocco; you are kind to protect me!

W: This evening, we are celebrating my Birthday!
S: Who is coming?
W: Everybody is coming?
S: Are they bringing presents?
W: I hope so!

EXERCICE n. 33

C: I need the X file.
J: I will send it to you, now.

J: Gianni, will you help me lift the sofa?
J: I will try!/I'll try!

C: Where is Mr. Jones?
J: I will ask Marta./I'll ask Marthe.

M: I will return at 3 a.m.
J: I will not open the door after twelve!

C: Will you book me a table at the "Canard boiteux" for this evening?
J: Of course! I will call immediately!

J: Will you kiss me while I sleep?
M: No! I won't.
J: Good!

C: Is the flight booked?
J: Now I will check.

M: I am going to Bingo.
J: I will stay here.

T: Don't eat the cake. It's for Sunday!
A: I won't.

T: Now I will book the hotel.
A: Ok, now I will tell my mother.

EXERCICE n. 34

1. OM will lose on Sunday.
2. She will leave you for this.
3. Take Julie to the cinema and she will love you.
4. John will not (won't) come with us.
5. Suzy will hate you for this.
6. The email will arrive on Monday.
7. My colleagues will be happy that they will be giving us more money now.
8. The package will arrive today.
9. I think that Mr. Baker will receive you soon (or shortly).
10. You will get a promotion for that project.
11. The London Boss will speak during the conference call.
12. Your idea will be liked.
13. They will hate your idea.
14. They will cut expenses this year.
15. The clients will be happy with the discount.

EXERCICE n. 35

B: On Saturday my husband is taking me shopping on Saturday.
M: I'm going to find a husband like yours!
C: I will give you mine, if you want him!

C: Tomorrow evening, I am eating with my sister at her house. Do you want to come, Marie?
M: Yes! Now, I will call my husband.
B: Will she make a cake?

EXERCICE n. 36

1. Yesterday evening, I cooked, ate, cleaned the house, then went to bed.
2. Today, I worked, watched a film, took my son to school, then slept.
3. This morning, I bought the milk, went home, and then returned to bed.
4. Yesterday, we finished the project, then went to celebrate
5. I wrote a letter, then slept for 3 hours.

EXERCICE n. 37

On Monday, I saw a handsome man.
I asked him to go out with me.
We went to the lake, and then ate.
While we were eating, he asked me to kiss him, but my mouth was full of bread.
When my mouth was empty, he was kissing another.
"You are a playboy!", I shouted.
"But she is my sister", he said.
I saw in the mirror that my face was red.
While we were finishing eating the bill arrived.
He paid for everything and afterwards we went to the bar and got a bottle of wine.
While we were drinking, he asked me for a kiss, but my mouth was full of wine.
When my mouth was empty, he was kissing another.
"Is she your sister too?", I asked.
"No, I'm a playboy", he said.
I went out, took a taxi and went home.
When I arrived home, I saw some flowers on the table with a message.
The message was "I love you".
While I was smiling because of the message, my neighbor entered.
"Suzy!", she said, "you are in my house! Did you drink wine again?".

EXERCICE n. 38

1. While I was cleaning, Simon called me.
2. I was talking, when she started to cry.
3. While I was watching the game, I fell.
4. He was running, when he broke his leg.
5. While s/he was asking me a question, I forgot her/his name.
6. I was sorting out the bedroom, when I found a pound!
7. I was undressing, when your wife arrived!
8. While we were playing, we heard a scream.
9. I was falling asleep, when s/he gave me a kick.

EXERCICE n. 39

1. présent : I am aiming my pistol.
   passé : I was aiming my pistol.
   futur : I will be aiming my pistol.
2. présent : I allow people in my house.
   passé : I allowed people in my house.
   futur : I will allow people in my house.
3. présent : I avoid stupid people.
   passé : I avoided stupid people.
   futur : I will avoid stupid people.
4. présent : I am begging her to go out with me.
   passé : I was begging her to go out with me.
   futur : I will be begging her to go out with me.
5. présent : I behave very well, when she is with me.
   passé : I behaved very well, when she was with me.
   futur : I will behave very well, when she is with me.
6. présent : He is boiling eggs for breakfast.
   passé : He was boiling eggs for breakfast.
   futur : He will be boiling eggs for breakfast.
7. présent : She is counting her money to see if she can buy a new dress.
   passé : She was counting her money to see if she could buy a new dress.
   futur : She will be counting her money to see if she will be able to buy a new dress.
8. présent : I complain to the father, when the child behaves badly at school.
   passé : I complained to the father, when the child behaved badly at school.
   futur : I will complain to the father, when the child will behave badly at school.
9. présent : I am cleaning my garage.
   passé : I was cleaning my garage.
   futur : I will be cleaning my garage.
10. présent : I am concentrating on my work.
    passé : I was concentrating on my work.
    futur : I will be concentrating on my work.
11. présent : The postman delivers letters to my house, sometimes.
    passé : The postman delivered letters to my house, sometimes.
    futur : The postman will deliver letters to my house, sometimes.
12. présent : I dislike everything he says.
    passé : I disliked everything he said.
    futur : I will dislike everything he will say.

13. présent : I am describing the party to Simon.
    passé : I was describing the party to Simon.
    futur : I will be describing the party to Simon.
14. présent : She develops projects for big companies.
    passé : She developed projects for big companies.
    futur : She will develop projects for big companies.
15. présent : I don't decide what to do in my house.
    passé : I didn't decide what to do in my house.
    futur : I won't decide what to do in my house.
16. présent : She isn't forcing her son to study.
    passé : She wasn't forcing her son to study.
    futur : She will not be forcing her son to study.
17. présent : They are improving conditions, finally.
    passé : They were improving conditions, finally.
    futur : They will be improving conditions, finally.
18. présent : I am learning Russian.
    passé : I was learning Russian.
    futur : I will be learning Russian.
19. présent : They live in a big house.
    passé : They lived in a big house.
    futur : They will live in a big house.
20. présent : We are launching the new product in January.
    passé : We were launching the new product in January.
    futur : We will be launching the new product in January.
21. présent : I am watching tv and opening my mail, while Tina is cleaning the room.
    passé : I was watching tv and opening my mail, while Tina was cleaning the room.
    futur : I will be watching tv and opening my mail, while Tina will be cleaning the room.
22. présent : They shout, scream and complain about everything.
    passé : They shouted, screamed and complained about everything.
    futur : They will shout, scream and complain about everything.
23. présent : The police arrest, the lawyers accuse and the judge sentences.
    passé : The police arrested, the lawyers accused and the judge sentenced.
    futur : The police will arrest, the lawyers will accuse and the judge will sentence.

24. présent : I park the car, press the button, then pull out the ticket.
passé : I parked the car, pressed the button, then pulled out the ticket.
futur : I will park the car, press the button, then pull out the ticket.
25. présent : I regret that I refuse to remove the offensive poster.
passé : I regretted that I refused to remove the offensive poster.
futur : I will regret that I will refuse to remove the offensive poster.

EXERCICE n. 40

1. Before going out, clean the bathroom and kitchen.
2. I went to school without having done my homework.
3. Why don't you speak/talk instead of crying?
4. Stop repeating always the same words.
5. Instead of playing tennis, why don't you study?
6. We are used to listening to your/his/her nonsense.
7. They are tired of repeating always the same words.
8. My mother is fond of music.
9. We are afraid of making a bad impression.
10. I'll start painting the bathroom, then I'll finish cleaning the kitchen.

GRAMMAR - **STEP 3**

EXERCICE n. 41

1. The sun is above the mountain.
2. I walked against the wind.
3. I slept among the trees.
4. Behind the mountain, there is a river.
5. About 6 o'clock, we went away.
6. The temperature in the forest was 5 below zero.
7. Jane was beside (*ou* next to) me.
8. Between the two mountains, there was a beautiful pub.
9. Despite the cold, we swam in the river.
10. During our walk, I fell.
11. It was beautiful, except for the rain.
12. I ran like the wind.
13. There was a WC in front of the pub.
14. Unlike Mark, I found the WC without any problems.
15. After the pub we slept under a tree until dawn.

EXERCICE n. 42

1. in
2. on
3. in
4. at
5. in
6. in/on
7. at
8. on
9. On
10. on/at
11. at/at
12. in/at
13. in/on
14. in
15. at/at
16. on
17. in/at/in
18. in/on
19. in
20. at

EXERCICE n. 43

Aboard the plane, I asked for a drink.
The hostess poured hot coffee into my cup, while the plane was going against the wind.
Through the window, I saw a bird among the clouds and when I looked down, I saw boats on the sea.
Suddenly, I smelled whiskey and when I looked around, I saw that I was sitting in between two Scots.
During the flight, I spoke with an American lady near me.
She put her coffee onto the little table and listened to my funny jokes.

EXERCICE n. 44

Yesterday morning at 10.15, I was in a bar in the centre of Lille.
In front of me, there was a lady sitting on the table, who was pouring wine into a glass.
When there was no more wine, she fell onto the floor (oppure ground).
On the wall, there was a photo of a bird that was flying through the clouds.
Outside, I saw a child, who was waiting for his Mom in front of a shop.
While I was helping the woman, her boyfriend arrived.
At eleven, I went to the Hotel.
I put my hands into my pocket and I got the keys for my room.
Inside the room, there was a letter from my wife.
"Dear ex-husband, today I was shopping with Mary and we saw you molesting a woman in a bar.
Tomorrow, I will help you find a new house!"

EXERCICE n. 45

1. Tom: If I find a job, I will buy a car.
   Tim: If I had known yesterday, I would have sold you mine.
   Tum: If I could drive, I would buy a beautiful, fast car.

2. Sara: If I have the money, I will go to New York this summer.
   Julie: If I had the time, I would come with you.
   Lisa: If I had had the time and the money, I would have gone to New York last year.

3. Marie: If you come with me, I will be happy.
   Emma: If you had asked me before, I would have said yes.
   Carmen: If you had asked me, I would have come.

4. FC: If you play like on Saturday again, we will lose.
   P: I will play well; you will see.
   FC: I'm sorry; I wanted to say, if you played today, you would not play well.
   P: Why? Am I not playing?
   FC: No!

EXERCICE n. 46

I was walking with Charles, when we saw a bar.
The bar was old and ugly, but I said, "that bar could be a gold mine, look at how many offices there are in the area. If I had money, I would buy that bar and I would get rich!".
Charles, unlike me, has got a lot of money, so at lunchtime, he went to the bar and he asked the owner, "Would you sell this bar?".
The owner answered "I would sell it but I have to ask my wife; call me at 6 p.m."
Afterwards in the office Charles said, "If he sells me that bar, I'll get rich".
At 6 p.m. Charles called the owner, but the owner said, "I'm sorry, but my wife doesn't want to sell".
One month later the council of Lyon decided to open a new exhibition centre next to (or beside) that bar.
Charles was sad. "If he had sold me that bar, I would have gotten rich", he said.

EXERCICE n. 47

1. If everybody is going to the cinema, I will stay at home.
2. You have something in your eye.
3. I want to buy something for you.
4. Somebody ate my ice cream!
5. Nobody wants to come with me!
6. I have nothing to hide!
7. I would give you everything, but I have nothing!
8. Every day, I hope you arrive.
9. Everytime I go there I come back tired.
10. Sometimes s/he calls me.
11. Everything I do, I do for you.
12. Everybody needs somebody to love.
13. Nobody understands me.
14. I need somebody, sometimes.
15. If you eat something, you'll feel better.

EXERCICE n. 48

1. John is a	tall, young, handsome, white man.
2. John's wife is	short, old, fat, ugly woman.
3. He had a	long, brown, wooden leg.
4. She had a	short, old, nice, glass table.
5. They were in a	new, fast, blue, metal car.
6. I have a	new, soft, white, cotton t-shirt.
7. She wears	modern, pink, plastic glasses.
8. She had	big, beautiful brown eyes.
9. He was a	tall, old, thin boy.
10. She is a	young, nice, polite girl.

EXERCICE n. 49

1. He is as fast as a leopard.
2. He is as fat as a pig.
3. I am as big as an elephant.
4. She is as slow as a snail.
5. She is as busy as a bee.
6. I am as dangerous as a lion.
7. He eats as much as a horse.
8. He is as blind as a bat.
9. She is even lighter than a feather.
10. A lion eats even more than a camel.

EXERCICE n. 50

1. as
2. like
3. As
4. as
5. like
6. as/as
7. like
8. as/as
9. like
10. as

EXERCICE n. 51

1. hotter
2. deepest
3. livelier
4. sadder
5. ugliest
6. smallest
7. most unpleasant
8. more destructive
9. softest
10. aucun, évidemment ! Heat est un substantif, pas un adjectif.

EXERCICE n. 52

Dear Mr. Smith,
On Monday, a fat, slow, white dog arrived.
On Tuesday, a fatter and slower dog than the first arrived.
On Wednesday, the fattest and slowest dog of all arrived.
On Thursday, a thin, slow, stupid, black dog arrived.
On Friday, a stupider dog than that of Thursday and fatter than that of Wednesday arrived.
On Saturday, the worst dog in the world arrived. A dog called 'Lucky' with a wooden leg and a broken glass eye.

I want my money back!

Mr. Jones

EXERCICE n. 53

Yesterday evening at 7:30, I was in a taxi with my wife.
I was sitting (or sat) behind the driver and I was looking at the photos of the new house, while my wife listened to the radio.
The driver spoke with (or to) us, but I couldn't hear (did not hear) what he was saying. From behind, I saw that the driver had long black hair and big ears.
Suddenly, I heard a scream and I touched my wife's arm.
I wanted to see what had happened, so I told the taxi driver to stop.
I went towards the house, but my wife didn't want to come with me.
When I was outside of the house, I couldn't see anything, so I went into the garden to see better.
Through the window, I couldn't see anything because it was all dark so I decided to go behind the house. I entered through the back door.
Inside the house, I heard someone whisper. I wanted to run away, but I was too curious.
After 5 minutes, I heard somebody shout "away! away from here!"
I wanted to die.
Slowly I walked into the living room and I saw everything.
It was a television, turned on at maximum volume, with an old lady, who slept (or was sleeping) in front of it.

GRAMMAR - **STEP 4**

EXERCICE n. 54

1. J: My love, you are tired. How come?
   W: Because I have been cleaning all day.
   J: I know, I have been watching you all day.
   W: You have been watching me all day? Why didn't you help me?
   J: Because I didn't want to disturb you!
2. J: Since when have they been building that house?
   L:They have been working for two years.
   J: Has it been raining until now?
   L: No, the problem is that there are only two builders!

EXERCICE n. 55

1. yet
2. again
3. still
4. still
5. again
6. again
7. still
8. yet
9. yet
10. again
11. still
12. still
13. yet
14. again

EXERCICE n. 56

1. Permettre
2. Savoir
3. Permettre
4. Réussir
5. Permettre
6. Savoir/réussir
7. Savoir
8. Savoir/réussir
9. Savoir
10. Réussir

EXERCICE n. 57

1. I can't help you, but maybe James can.
2. Can you come with us?
3. I can't listen to this music!
4. But, can you dance?
5. I can't talk to you; my wife is jealous even though she envies you because of your husband.
6. I will be able to pay you in 50 years.
7. I could speak Chinese when I was a child because we lived in China.
8. She will be able to take you to school, when she has a car.
9. Can we talk (or speak) tomorrow?
10. I can because it is mine!

EXERCICE n. 58

1. She will be there; you could meet her to speak (with her).
2. If you don't feel well, you could see a doctor.
3. I'm sorry, I could have been with you.
4. Give Caroline a kiss; she could leave tomorrow.
5. Could you buy me a book? Then tomorrow, I will bring you the money.
6. If I find time this summer, I could come to London.
7. You could have called me.
8. I could have eaten with you.
9. If I hadn't seen you, I couldn't have given you the money.
10. If I hadn't studied, I couldn't have gone to University.

EXERCICE n. 59

1. If I could, I would go away with you.
2. I would do it, if I could.
3. Would you do it, if you could?
4. If we could, we would buy you a car.
5. If he could, he would marry Lucy.
6. If I had money, I would buy a house.
7. If we could, we would go to London.
8. If I could come, I would be happy.
9. If I had known you were there, I could have bought you a beer and I would have.
10. If I had known you were at home, I would have come to your home.

EXERCICE n. 60

G: Do you think I should change woman?
M: You should be happy, no other woman would take you.
G: You shouldn't say that; you are my friend!
M: What should I say? It's true!

EXERCICE n. 61

1. You should stay at home this evening; it might rain.
2. You should have called the office; they might have found your mobile.
3. I might stay at home and watch the film; it should be good.
4. Should I forgive her? It might be better.
5. They shouldn't cause problems; they might regret it.

EXERCICE n. 62

1. I have to get the kids (or children) from school.
2. I must smoke less!
3. I have to get a license, if I want to drive here.
4. You have to pay taxes.
5. You must help me more!

EXERCICE n. 63

If I can go to visit Frank in hospital, today, I will go.
I would have gone, yesterday, but I worked.
I could ask Tommy to come with me.
I would go alone, but I haven't got a car.
I must go, today, and I should take a present (or gift).
Something Frank will like.
Flowers? An apple? A blonde?
I should ask advice from his mom.
The doctor said that he has to stay in hospital for two weeks.
I couldn't stay in a hospital, I would get (or go) crazy
I might be crazy, already.
Wouldn't it be better to go tomorrow?
I wouldn't want to go there, now; he might be sleeping.
As long as I don't go for nothing.
Should I stay, or should I go?
Would Frank be offended, if I didn't go?
I wouldn't want him to be offended.
I must go, yes! At the end of the day, it was me who pushed him down the stairs
But if I had known that he would break his leg, I would not have done it!
I'm not going.

GRAMMAR - **STEP 5**

EXERCICE n. 64

1. C: This evening, I am having a party, are you coming?
   L: Yes, but first I have to get my son from the school, take him to his grandmother, then get a bottle of wine to bring to the party.
2. C: This evening I am having a party, are you coming?
   T: No, sorry, I have to get shampoo from the supermarket, wash my hair, and then take my husband to the theatre.

EXERCICE n. 65

1. Let's see what's on at the cinema, this evening.
2. Let's play football!
3. Let's ask Susan where they are going, this evening.
4. Let's sleep a little (or a bit).
5. Let's listen to a little music.

EXERCICE n. 66

Anne: The crisis accounts for one million Euros less in profit this year.
Boss: But we were aiming for fifty million more! So, we have to cut back on staff by 30%.
Anne: Yes, but we must also beef up the advertising budget, if we want to build up a better relationship with our clients.
Boss: We can't spend more; if we do we will close down and I won't back down this time!
Anne: Oh no, something has cropped up and I have to answer for it! I have to run!

EXERCICE n. 67

Andy: It's a bad day.
Jake: Why?
A: I didn't go to my wife's birthday party and I must sort things out because she's angry.
J: Why didn't you go?
A: Because the car ran out of petrol and by the time I arrived (or got there) the party had already finished.
J: Couldn't she wait?
A: No, I called her and said "can you put off the party for two hours. I'm arriving!".
J: Did you point out that the car had stopped?
A: Yes, but she just (or only) said "no, I will bring forward ... our divorce!". I wanted to make up for it, but nothing doing.
J: So, you have to sort out a lawyer, now.
A: I can't, I have run out of money!

ENGLISH IN USE
GOING ABROAD

DIALOGUE ENTRE UN TOURISTE FRANÇAIS ET UN ANGLAIS

IT: Excuse me! Where is Buckingham Palace, please?
E: From here?
IT: Yes, from here.
E: Ok, go straight on, then take the second road on your right, go straight on until you see a traffic light, at the traffic light turn left then go straight until you get to a roundabout. From there take the first left, then ask again.
IT: Perfect, thanks.

LES HOMMES TRÈS ÉLÉGANTS DE BIRMINGHAM (JOURNAL D'ALICE)

At six in the morning, we got ready and we called a taxi.
There was a lot of traffic on the road and it took us twenty minutes to get to the train station.
We got our tickets and the train arrived 10 minutes later.
The train stopped at seven stations before it arrived at the central station.
From there, we took the bus to the airport.
It took us three minutes to get on the bus with all our luggage (or baggage).
After thirty five minutes, we got off the bus in front of the airport.
The check-in took fifteen minutes.
Our plane landed in London at 11 o'clock (A.M.).
In London, we took the underground to get to the hotel.
At the reception, I spoke: «Good morning, is there a double room, please?»
«Certainly. How long will you be staying?»
«Just for tonight, thank you.»
«Ok, we have a room with a shower for one hundred pounds per night.»
«Ok, that's fine, thanks.»
The next day, we took a train to the destination of my heart, Birmingham.
The city of Birmingham is in the centre of England and is famous for its men who are all really handsome and intelligent… and for its fantastic football team.
After the paradise of Birmingham, we took a train to the coast. Next destination: Ireland.
On the coast, we took a ferry to Ireland.
The sea was calm and beautiful.
At the port, we got off the ferry and we went around all day.
That evening, we returned to Italy and I slept on the plane, dreaming about the really handsome men of Birmingham.

SITUATIONS AND WORDS
REAL LIFE

GROCERY SHOPPING

Since they started showing Dr. House in the afternoon, I have to do the shopping.
I took the shopping list and went to the supermarket.
While I was taking the trolley, I looked at it. Ok, first thing salad, then vegetables. I couldn't find the fruit, so I asked another man. He laughed.
When I found the fruit, I took two apples and two bananas.
Then I took meat, beef, sausage and fish.
Then, the only thing that interested me. A cake.
There was no more food on the list.
Now I had to find detergent and soap. No problem.
When the trolley was full, I queued at the till.
In Italy they don't love to queue. They really suffer. It is torture for them.
For me, it is the shopping that is the torture. I am happy when I am in the queue because it has finished.

A DAY OUT

At 7 o'clock in the morning, the postman arrived with three letters. They were all for my wife. At 7.30 I went to get the bread from the Bakers (or Baker's).
I like the smell of bread in the morning.
After, I went to get the newspaper but when I entered into the shop, the shop assistant wasn't there.
I took a newspaper and was leaving, when I saw a policeman.
In that moment, I started to daydream.
I was in court (or in the court room), my lawyer was showing the stolen newspaper to the judge and I was between two policemen.
Then my accountant spoke, "Maybe you think it is stupid to steal a newspaper that costs only a pound, but it's understandable ... because he has run out of money! And why hasn't he got any money? Because he needs a job and why hasn't he got a job?"
"Because he's a thief!" shouted the judge.
I decided to pay for the newspaper.
At one in the afternoon, I had an interview for a new job, so I went to the hairdressers.
Yes! It takes two hours to sort out my hair.
While I was going to the hairdressers, I saw some builders on a building site and I

asked them what they were building.
"A vets", said a builder.
"And what do you do?" I asked.
"I am a plumber" he said "I sort out the water system".
After twenty minutes, my tooth hurt (or I had a bad tooth), so I went to the Dentist for a quote. He told me the sum and the pain passed immediately.
After the hairdressers, it was lunchtime and I went to the pub for a quick (or fast) beer, then to the restaurant.
The waiter brought me a plate of pasta and complimented me on my hair.
After, I paid my compliments to the chef and went to my interview.
While I was entering into the building where I had my interview, an sms arrived. It was my accountant. "If they don't take you on, you are in trouble".
At the reception, I gave my name and the secretary of the boss came to get (or receive) me.
In the bosses' office, I introduced myself and he complimented me on my hair.
I was talking to the boss when I heard a woman shout "fire!".
The boss called the fire man and I, trying to be a hero, escaped.
While I was running down the stairs, I fell.
In hospital, the nurse brought me a newspaper. She was very kind.
Incredibly, I was on the front page!
"Coward breaks a leg escaping from a building in flames!"
The doctor said I had to remain (or stay) there for four days.
After, the cleaning lady arrived.
"You are a loser", she said.
"There was fire!" I answered.
"Not because you escaped!" she said. "Because you couldn't put the Butchers (or get the Butchers) in your stupid little story (or tale)", she said.

A WEEKEND IN GREAT BRITAIN

The weather in Great Britain is really crazy!
We arrived in London and it was very cloudy and chilly.
There was no famous London fog.
Only thirty minutes later (or after) it was raining and we were without an umbrella!
But it wasn't a problem because, five minutes later, the sun was in the sky.
Two hours later, we were in Manchester and it was snowy.

The day after, we went to Scotland and there it was very (or really) cold.
We slept in the mountains and that night there was a snow storm.
The day after, it was very (or really) beautiful outside. All the trees were covered in (or with) snow and it was warm.
After lunch, an incredible wind arrived and we saw the trees were green, again.
We saw all four seasons, in two days!

NEAR MY HEART

In England, I live in the countryside (or in the country).
Near my house, there is a stream where I wash in the morning.
If you follow the stream, you will arrive at a river. The river flows through a forest and arrives at the sea.
I like to go to the sea (or seaside). I like to walk on the shore with my wife.
The waves make so much noise, I can't hear her voice.
It's really beautiful.
If you look up from the beach, you can see the old castle on the hill.
Near the beach, there is a small village, where I buy milk and cheese.
Behind the village, there are woods, where I pick blackberries.
When I was a child, I loved to watch (or look at) the sea. So big, so vast.
In Lyon, I live in the suburbs, but I work in the city centre.
In front of my office, there is the town hall.
From my window, I can see only cars and chaos, but at least near my house there is a park.
In Lyon it is difficult to find a parking lot for the car, so I go to work by tram.
Lyon is an important city in France, but the capital is Paris.
Paris is an historical city because it is there that David Beckham plays football.
I love France, but I always say to my friends, who live in Lyon "go to the countryside sometimes, without your pc, without your cell phone and live a little with your soul. Just for a weekend".
But they never have time.

SITUATIONS AND WORDS
IDIOMS

PHILIPPE, LAURENT ET GÉRARD (THE LETHAL PLAN)

L: We have to kill Gérard; he's a pain in the neck.
P: But isn't that a little drastic?
L: He did it on purpose; he asked for trouble.
P: And how are we going to kill him? I'm all ears.
L: Very easy. While he's sleeping, I will suffocate him.
P: But it's dangerous, everybody knows him.
L: They knew him, he was famous, but many years ago. He was a flash in the pan.
P: Eh?
L: Nothing.
P: When his mom finds out, all hell will break loose!
L: So?
P: His mom helped us: she's our cash cow!
L: That woman is a bad egg; let's kill her, too!
P: Don't touch Gérard's mom; she is the apple of my eye!
L: Shut up!
P: Thank goodness the idioms have finished… otherwise you would have killed me too!

THE ACCIDENT

Joe: Why did you hit a tree?
Simon: I don't know.
Joe: Gnnnnnff!
Simon: What did he say?
Terry: It's beyond me…wait, oh yes…he's biting his tongue.
(Terry looks under the bonnet.)
Terry: How much did you pay for this car?
Simon: Fifty euros.
Terry: Ok, I'll give you the benefit of the doubt.
Simon: Guys, maybe I bent the truth with you.
Joe: What?
Simon: I can't drive.
Joe: We saw that! You are an imbecile, not only ugly, but also stupid.
Simon: Wait! That is below the bolt! I wanted to come with you because, if I stayed home, I would have had to wash the dog, so I was between the devil and the deep blue sea.

Terry: I get it (comprendre le concept).
Simon: I saved a lot of money to buy this car and now I'm back to square one.
Joe: Anyway, you're an imbecile.
Terry: Stop being a pain in the neck, Joe!

FALLING IN LOVE

Billy: I want to tell her that I love her and that I want to take her to America with me.
Steve: Are you crazy? If your mom finds out, she will kill you.
Billy: And who will tell her?
Steve: Me, if you don't cough up 100 euros.
Billy: You shut up! Anyway, she is the best, the cream of the crop, so it's worth it.
Steve: There will be a mess.
Billy: Come what may, I love her and you can't make an omelette without breaking a few eggs.
Steve: You are really ridiculous, do you know that?
Billy: Steve, listen...
Steve: I'm all ears.
Billy: We have to clear the air you and me. I'm sorry I let you down last year.
Steve: I think you have to take a crash course in life, my friend!

THE LYING GAME

Jonny: What happened?
Freddy: I'm in the doghouse.
Jonny: Why?
Freddy: Because I promised my mother I'd sort out my bedroom, then I didn't do it.
Jonny: Won't she let you come to the cinema on Saturday?
Freddy: I don't know; the die is cast.
Jonny: Tell her you didn't sort out your bedroom because Paul called you and he kept you on the telephone for an hour.
Freddy: But then Paul will be in the doghouse with his mom.
Jonny: So? It's dog eat dog. Come on! You can't miss the film. I'm dying to see it. Lilly will be there, too, so I have to be dressed to kill.
Freddy: Wow, Lilly? The down to earth girl at school?
Jonny: This is, without doubt, the worst tale (or story) John ever wrote.
Freddy: I know, he should speak to a professional.

TIME TO PAY

Jim: What happened?
Ken: To have that job, I bent the truth. Anyway, everything was difficult and I couldn't find my feet. Then I caused a disaster and the boss called me. I went into his office to face the music. I tried to convince him that I would learn the job well, but it was like flogging a dead horse. He said I was full of hot air.
So, I offered to work for less money, but that didn't go down well.
Jim: But, you are incredibly stupid!
Ken: Come on, Jim, don't go bananas!
Jim: Listen to me, if you don't pay the rent, I have to find somebody who can, get the message?
Ken: Yes, I got it.

CONVERSATION NEAR THE LAKE

Toby: Gerry? Gerry?!!
Gerry: Huh? What?
Toby: Sorry, but you had your head in the clouds. What were you thinking about?
Gerry: I was thinking about when I will be a famous actor. I had an audition, today.
Toby: How did it go?
Gerry: I don't know, one of the actors was hand in glove with the director and he had a beautiful suit. If I wasn't so hard up, I would buy one, too.
Toby: Why don't you work with Mr. Jennings, again?
Gerry: Because after that affair with his girlfriend, he doesn't want to see me, anymore.
Toby: You had an affair with his girlfriend?!
Gerry: Yes, but my heart was in the right place!
Toby: What?
Gerry: She wasn't good for him, in some way, I did him a favour.
Toby: Why don't you explain this to him?
Gerry: I can't, it's a hot potato with him.
Toby: Go there with your heart on your sleeve and you will see!

THE PRICE OF THE SAND

Daniel: How many shares did you buy?
Patrick: 200! I will be rich!
Daniel: Are you sure?
Patrick: Very sure. It's in the bag!
Daniel: But why did you buy them?
Patrick: In a nutshell, they sell sand to the Arabs for next to nothing. Surely, they will sell a lot! I won't see the money immediately, but in the long run, you'll see!
Daniel: But the Arabs already have a lot of sand, Karl!
Karl: I know, but he's happy. Sometimes ignorance is bliss.
Daniel: No, I have to say something to Patrick.
Karl: Listen! He's happy, if it isn't broke don't fix it!

LOOKING FOR A JOB

Fred: Why did they sack you?
Boris: I sent the wrong files to the wrong people.
Fred: Why?
Boris: I was confused, I was still learning the ropes!
Fred: Why didn't you lick the Bosses' boots? As a last resort?
Boris: No!
Fred: Ok, but look on the bright side, you'll have more time for the play-station.
Boris: I need money!
Fred: Maybe there is a job at the baker's.
Boris: Really? thank goodness! There is light at the end of the tunnel!
Fred: Yes, but Rocco works there too.
Boris: Rocco? But I broke his car. He doesn't speak (or talk) to me.
Fred: It would be better to let sleeping dogs lie.
Boris: Eh?
Fred: Rocco's car, that you broke.
Boris: When?
Fred: The lights are on, but nobody is at home, today, eh?
Boris: Eh?
Fred: Listen, you could be a mechanic! That way, you work and you could sort out Rocco's car and kill two birds with one stone!

FROM RAGS TO RICHES

Bill: Look at Thomas! He's made of money.
Bob: I know, he made a killing on Wall Street.
Bill: I can't afford a scooter and he arrives in a Mercedes!
Thomas: Hi guys! I told you to invest on Wall Street…you missed the boat.
Bill: I'm going to Wall Street! I have to make up for lost time. Are you coming, Bob?
Bob: I don't know, I have mixed feelings ...On the one hand, I like the idea of getting rich, but on the other hand I don't want to change.
Bill: You are a loser! And you will die here with all the other losers!
Bob: Don't make a mountain out of a mole hill, please. You go, I'll stay here with your girlfriend.
Bill: Why? What kind of relationship have you got with my girlfriend? There is more than meets the eye?
Bob: Don't say stupid things… we are just friends, very close friends and sometimes we kiss near the lake, at night.
Bill: Ah, ok.

ON HOLIDAY

Wife: Look! Spain for only 800 euros for two, five star hotel! Spain costs next to nothing now.
John: We can't.
Wife: Why not? We have 5000 euros in the bank!
John: That is our nest egg!
Wife: Come on!
John: No, not for all the tea in China.
Wife: Please
John: Nothing doing.
Wife: Then I will go alone.
John: Perfect!

THE FILM

Daniel: They will make the film here dad, we will be on the map!
Father: No, it's out of the question.
Daniel: But why? As an opportunity, it's out of this world! You're crazy!
Father: You are really out of order, Daniel.

FRIENDS

Bruce: I am tired of my job. I want to find something else.
Lenny: Listen, if you play your cards right, I'll find you a job in my factory.
Bruce: Do they pay well?
Lenny: They pay very well.
Lenny: A penny for your thoughts.
Bruce: Are you pulling my leg? Because if you are, you are playing with fire.
Lenny: No, Bruce, I can help you.
Bruce: Thank you.
Lenny: One day, you could become (or get to be) an important manager.
Bruce: Yes, and pigs will fly.
Lenny: Listen, if they don't take you on at my factory there is Plan B. You can be a babysitter... Lucy is pregnant!

GENTLEMAN THIEF

Bones: Ok, are you ready to rob the bank with me?
Rocky: Now? It's raining cats and dogs outside!
Bones: I have two umbrellas.
Rocky: Yes, but that's a quick fix, Bones! Where will we put the umbrellas when we have to enter? We have to be as quiet as a mouse!
Bones: You always have to rock the boat, eh?
Rocky: Always?
Bones: Yes, even when we were in the group. You always found problems with my plans. The group ended for that reason.
Rocky: No, the group ran out of steam in the end. Anyway, you can't take umbrellas into the bank.
Bones: Eh?
Rocky: An umbrella could be used as a weapon, so by law they can't be taken into public places... you know how the red tape is for banks.
Bones: I'm going alone.

ABOUT MADNESS

Theo: I think that Freud had a great mind.
Brian: He was crazy.
Theo: Oh yes? If he was crazy, then I would sell my soul to be crazy. Think about when his books came out. They (or he) totally swam against the tide, but they sold like hot cakes.
Brian: Theo, I know you have a soft spot for Sigmund, but he said a lot of ridiculous things.
Theo: Brian, it wasn't all set in stone; they were just ideas.
Brian: He was crazy.
Theo: No! He was the salt of the earth.
Brian: Why have you got a soft spot for Freud?
Theo: I haven't got a soft spot for him, you dummy!
Brian: See? I say something against Freud and you see red!
Theo: I know that for you it is second nature to get people angry, but now I'll tell you something and to sweeten the pill, I will tell you that it's not only (or just) you. I'll make it short and sweet, ready?
Brian: Yes.
Theo: You are a dummy.
Brian: Oh yes?
Theo: Yes, and seeing is believing and I can see you, and you're a dummy.

GOSSIP

Anna: Have you met Amber's new boyfriend?
Lucy: Yes, the guy who talked shop at the party… she should think again that girl, he is taking her for a ride.
Anna: It's not true, come on!
Lucy: That's my opinion, take it or leave it.
Anna: I went to her house, yesterday, and there wasn't a soul. Have they gone away?

THE BOSS

Frank: The boss is agitated. He's waiting for a call from Paris.
Freddy: Is he the boss? Isn't he the lawyer?
Frank: Yes, he wears many hats here because it's his father's company.

Freddy: Why doesn't he call Paris?
Frank: Because he's playing the waiting game. It's his way and you can't teach an old dog new tricks.
Freddy: He seems angry...
Frank: I think that, if Paris calls today with a positive answer, you'll see him very happy. But for now he is playing the waiting game.

VOCABULARY

A
aboard à bord
about environ/concernant
above au-dessus (sans contact)
across à travers/d'un point à un autre
actor acteur/comédien
address adresse
advice conseil
affair liaison amoureuse
after après
afternoon après-midi
against contre
agitated agité/énervé
ago il y a (valeur temporelle)
air air
airport aéroport
alone seul/tout seul
already déjà
always toujours
among parmi
angry en colère
apple pomme
apple pie tarte aux pommes
April avril
area quartier
arm bras
around autour/tout autour
as long as tant que
at least au moins
attic grenier
August août
aunt tante
autumn automne
awful horrible

B
back dos
back door la porte de derrière
bad mauvais
bad day mauvaise/sale journée
bad impression mauvaise impression
bag sac
ball balle/ballon
banana banane
bank banque
bank account compte bancaire
bat chauve-souris
bathroom salle de bain
beach plage
beautiful beau
bed lit
bedroom chambre
bee abeille
beef bœuf
before avant
behind derrière
belly ventre
below sous
beside à côté de
between entre
beyond au-delà
big grand/gros
bike bicyclette
bikini bikini
bill note/addition
bird oiseau
birthday anniversaire
black noir
blackberry mûre (baie)
blind aveugle
blouse chemisette/chemisier
blue bleu
boat bateau
bonnet capot
book livre
boss chef/patron

bottom derrière/postérieur
boyfriend fiancé/petit-ami
bra soutien-gorge
bread pain
breakfast petit déjeuner
breasts seins/poitrine
bridge pont
brother frère
brown marron
builders maçons
bus autobus
busy pris/occupé
buttocks fesses
by proche, dans (temporel)
by the time d'ici à (ce que)/maintenant que

C

cake gâteau
camel chameau
canteen cantine
capital capitale
captain capitaine
car automobile/voiture
car park place de parking/stationnement
cardigan gilet en laine
carrot carotte
cash espèces
cash point distributeur de billets
cashier caissière
castle château
cat chat
cathedral cathédrale
cellar cave
centre centre
changing room vestiaire
check-in check-in/enregistrement
cheek joue
cheese fromage
cheesecake gâteau au fromage
chemist's pharmacie
cheque/check chèque
chest poitrine/torse
chicken poulet
child (pluriel children) enfant
chilly frisquet
chin menton
chips frites
chocolate cake gâteau au chocolat
church église
city ville
city centre centre-ville
clean propre
client client
cliff falaise
cloth tissu
clothes vêtements
cloud nuage
cloudy nuageux
coast côte
coat manteau
coffee café
coin pièce de monnaie
cold froid
collaboration collaboration
colleague collègue
come on! Allez !
compliment compliment
confused confus/troublé
cook cuisinier
cool frais
cotton coton
could be pourrait être
countryside campagne
court tribunal
cousin cousin
coward lâche

credit card carte bancaire/carte de crédit
crew personnel de bord
crisis crise
cup tasse
customer client
customer service service client

D
dad papa
damp humide
dangerous dangereux
dark obscur
daughter fille
dawn aube
day (all) jour (toute la journée)
dead mort
December décembre
deep profond
delicious délicieux
delivery livraison
desk bureau (meuble)
despite malgré
dessert dessert
destination destination
detergent détergent
difficult difficile
dinner dîner
director metteur en scène
disaster désastre
discount remise
doctor médecin
dog chien
door porte
doubt doute
down en bas
drastic drastique
dress robe
driver conducteur/chauffeur
drunk ivre
dummy modèle
during durant

E
ear oreille
eight huit
eighteen dix-huit
eighty quatre-vingt
elegant élégant
elephant éléphant
eleven onze
employee employé
enormous énorme
equipment équipement
essential essentiel
evening soir
every chaque
everybody tout le monde
everything tout
everywhere partout
except sauf/excepté
exhibition foire-expo/salon
expenses dépenses
eye œil

F
face visage
factory usine
famous célèbre
fantastic fantastique
far loin
fast rapide
fat gros
father père
favour faveur
fax fax
feather plume

February février
ferry bac/ferry
fifteen quinze
fifty cinquante
finance finance
finger doigt
fire feu
first premier/première
fish poisson
five cinq
flames flamme
flight vol
fog brouillard
foggy brumeux
food nourriture
foot pied
for pour
for less pour moins
forest forêt
four quatre
fourteen quatorze
forty quarante
freezing très froid/gelé
Friday vendredi
friend ami
from depuis/de (provenance)
fruit fruit
full plein/rempli
funny amusant
furniture meubles/mobilier

G

garage garage
garden jardin
generous généreux
genitals organes génitaux
gift cadeau
glass verre
gold mine mine d'or
good bon
good smell parfum/odeur agréable
grandchild petit-enfant
grandfather grand-père
grandmother grand-mère
grapefruit pamplemousse
grateful reconnaissant
green vert
grey gris
ground terre/sol
guide guide

H

hairdresser coiffeuse
hand main
handsome beau
happy heureux/content
hat chapeau
head tête
health santé
hero héros
high haut
high volume haut volume
hill colline
historic historique
holiday vacances
home maison (au sens affectif)
homework devoir (à faire à la maison)
honest honnête/sincère
hope espoir
horse cheval
hospital hôpital
hot très chaud
hotel hôtel
house maison (au sens physique)
hundred cent
husband mari

I

ice cream glace (crème glacée)
idea idée
imbecile imbécile
immediately tout de suite/immédiatement
impolite impoli
in dans/en/dedans/à
in a loud voice à voix haute
in front of devant
information information
inside dans/à l'intérieur
instead of au lieu de
intelligence intelligence/renseignements
interview entretien
invoice facture
island île
it is worth it cela en vaut la peine

J

jacket veste
January janvier
jealous jaloux
jeans jeans
job travail
joke plaisanterie/blague
journey voyage
juice jus
July juillet
jumper pull
June juin
jungle jungle
just seulement/juste
justice justice

K

keys clés
kick coup de pied
kind gentil
kitchen cuisine
knee genou
knickers culotte/slip

L

lake lac
land terre
landing atterrissage
last year l'année dernière
law loi
lawyer avocat
leg jambe
leopard léopard
less moins/en moins
letter lettre
lift ascenseur
light léger
light blue bleu clair
like comme/semblable à
lingerie lingerie
lion lion
living room séjour/salon
long long
loser perdant
low bas
lucky chanceux
luggage bagage
lunch déjeuner

M

mad fou
man homme
March mars
marvellous merveilleux
match match/allumette
material matériel
May mai
maybe peut-être
meeting réunion/rencontre

melon melon
mess désordre/gâchis
metal métal
midday midi
midnight minuit
milk lait
mind esprit
mirror miroir
mom maman
Monday lundi
money argent
morning matin
mother mère
motorbike moto
motorway autoroute
mountain montagne
mouse souris
mouth bouche
museum musée
music musique

N

name nom
narrow étroit
nature nature
near près
neck cou
neighbour voisin
nephew neveu
never jamais
new nouveau/nouvelle
newspaper journal
nice bon/mignon/sympathique
niece nièce
night nuit
nine neuf
nineteen dix-neuf
ninety quatre-vingt-dix
nobody personne
noise bruit
nonsense non-sens/absurdité
noon midi
nose nez
nothing rien
November novembre

O

October octobre
odour odeur
of de
off hors de
offended vexé
office bureau (pièce)
often souvent
old vieux
on sur/au-dessus (avec contact)
one un
only seulement
open ouvert
opinion opinion/avis
opposite en face de
orange orange
order commande/ordre
out (of) dehors/hors de
outside dehors/au dehors de
owner propriétaire

P

package paquet/colis
pain douleur
palm paume
parents parents
park parc
parking lot parking
passenger passager
peace paix

VOCABULARY

pear poire
peas petits pois
pen stylo
pepper poivre
perfect parfait
photo photo
pig cochon
pineapple ananas
pink rose
plane avion
plastic plastique
playboy playboy/séducteur
pleasant agréable
plus plus/en plus
pocket poche
pointless inutile/sans intérêt
police station poste de police/commissariat
polite poli
pollution pollution
pool piscine
poor pauvre
pork viande de porc
port port
positive positif
potato pomme de terre
power pouvoir
pregnant enceinte
present cadeau
private parts parties intimes
problem problème
product produit
profit profit
progress progrès
project projet
promise promesse
promotion promotion
pudding pudding
purple violet
purse sac à main/portefeuille (pour dames)

Q

question question
queue queue/file d'attente
quote devis

R

rabbit lapin
railway station gare
rain pluie
rainy pluvieux
rarely rarement
reader lecteur
ready prêt
reason motif/raison
reception réception
red rouge
regarding qui concerne/concernant
relationship rapport/relation
relatives membres de la famille
rent loyer
restaurant restaurant
rich riche
ridiculous ridicule
river rivière
road route
roof toit
room pièce/chambre
roundabout rond-point
route route/itinéraire

S

sad triste
safe sûr/certain
safely en toute sécurité

salad salade
salt sel
same même/identique
sand sable
Saturday samedi
sausage saucisse
school école
scooter scooter
scorpion scorpion
Scots Écossais
scream hurlement
sea mer
seaside plage
second second/deuxième
secret secret
sensitive sensible
September septembre
serious serieux
seven sept
seventeen dix-sept
seventy soixante-dix
shallow peu profond
share action/quote-part
shelf étagère
ship navire
shirt chemise
shop magasin
shop assistant vendeur/vendeuse
shopping list liste des courses
shore rive/bord
short petit/court
shut up! Tais-toi !
since depuis/puisque/étant donné que
sister sœur
six six
sixteen seize
sixty soixante
skirt jupe
slow lent
small petit
snail escargot
snow neige
snowy neigeux
so ainsi, donc
so much tant, tellement
soap savon
socks chaussettes
sofa divan
somebody quelqu'un
something quelque chose
sometimes parfois/de temps en temps
son fils
soon bientôt
sorry désolé
soul âme
speech discours
spring printemps
square place/carré
stable étable
stairs escaliers
steel acier
stolen volé
storm tempête
stormy orageux
story histoire
strawberry fraise
stream courant/ruisseau
street route/rue
suburbs banlieue
suddenly soudain
suit costume
sum somme/montant
summer été
sun soleil
Sunday dimanche
sunny ensoleillé

supermarket supermarché
supplier fournisseur
sure sûr
swimming pool piscine
system système

T

table table
tactic tactique
tale histoire/petite histoire
tall grand (pour les personnes)
tea thé
team équipe
tear larme/déchirure
telephone téléphone
television télévision
temperature température
ten dix
than que
thank goodness heureusement
that ce/que (conjonction)
the only thing la seule chose
there là
these ces
thief voleur
thin maigre
thing chose
thirteen treize
thirty trente
this ce
those ceux-là
three trois
throat gorge
through à travers
thumb pouce
thunder tonnerre
Thursday jeudi
tie cravate
tights collants
till caisse (nom)
time temps
tired (of) fatigué/las (de)
to à
toe orteil
toilette toilettes
torture torture
towards vers
tower tour
town hall mairie
toy jouet
traffic trafic/embouteillage
traffic lights feu tricolore
train train
train station gare
translation traduction
transport transport
tree arbre
trifle diplomate (pâtisserie)
trip voyage (court)
trolley chariot
trouble (in) (dans le) pétrin
trousers pantalon
true vrai
t-shirt t-shirt
Tuesday mardi
turned off éteint
turned on allumé
TV télé
twelve douze
twenty vingt
two deux

U

ugly laid/moche
uncle oncle
under sous

underground/tube métro
underpants sous-vêtements
understandable compréhensible
ungrateful ingrat
unlike à la différence de
unlucky malchanceux
until jusqu'à/jusqu'à ce que
up en haut
usually d'habitude

V
valley vallée
vampire vampire
vast vaste
vegetables légumes
village village
violent violent

W
walk balade/promenade
wall mur
wallet portefeuille pour hommes
wardrobe mistress costumière
warm chaud
water eau
watermelon pastèque
waves vagues
way façon, rue
weapon arme
wedding mariage
Wednesday mercredi
well bien
white blanc
wide large
wife épouse
wind vent
window fenêtre/hublot
windy venteux
wine vin
winter hiver
with avec
within dans/à l'intérieur
without sans
wonderful merveilleux
wooden en bois
wood bois (petite forêt)
work travail
wrong faux/erroné

Y
yellow jaune
young jeune

REGULAR **VERBS**

infinitive	past simple	past participle	signification
to accept	accepted	accepted	accepter
to add	added	added	ajouter
to admire	admired	admired	admirer
to admit	admitted	admitted	admettre
to allow	allowed	allowed	autoriser
to advise	advised	advised	conseiller
to afford	afforded	afforded	se permettre
to agree	agreed	agreed	approuver (être d'accord)
to analyse	analysed	analysed	analyser
to announce	announced	announced	annoncer
to annoy	annoyed	annoyed	ennuyer/agacer
to answer	answered	answered	répondre
to applaud	applauded	applauded	applaudir
to appreciate	appreciated	appreciated	apprécier
to approve	approved	approved	approuver
to argue	argued	argued	se disputer
to arrest	arrested	arrested	arrêter (police)
to arrive	arrived	arrived	arriver
to ask	asked	asked	demander
to attach	attached	attached	joindre
to attack	attacked	attacked	attaquer
to attend	attended	attended	assister
to attract	attracted	attracted	attirer
to avoid	avoided	avoided	éviter
to bake	baked	baked	cuire au four
to behave	behaved	behaved	se comporter
to belong	belonged	belonged	appartenir
to bless	blessed	blessed	bénir
to boil	boiled	boiled	bouillir
to bomb	bombed	bombed	bombarder
to book	booked	booked	réserver
to bore	bored	bored	ennuyer
to borrow	borrowed	borrowed	emprunter
to bounce	bounced	bounced	rebondir
to breathe	breathed	breathed	respirer
to burn	burned	burned	brûler
to bury	buried	buried	enterrer

REGULAR **VERBS**

to call	called	called	appeler
to care	cared	cared	prendre soin de/tenir à
to cause	caused	caused	causer
to challenge	challenged	challenged	défier
to change	changed	changed	échanger
to charge	charged	charged	débiter/facturer
to chase	chased	chased	poursuivre/pourchasser
to cheat	cheated	cheated	tricher
to check	checked	checked	contrôler
to chew	chewed	chewed	mâcher/mastiquer
to claim	claimed	claimed	réclamer
to clean	cleaned	cleaned	nettoyer
to clear	cleared	cleared	éclaircir/expliquer
to close	closed	closed	fermer
to collect	collected	collected	recueillir/collecter
to command	commanded	commanded	commander
to communicate	communicated	communicated	communiquer
to compare	compared	compared	comparer
to compete	competed	competed	rivaliser
to complain	complained	complained	se plaindre
to complete	completed	completed	compléter/finir
to concentrate	concentrated	concentrated	concentrer/se concentrer
to confess	confessed	confessed	confesser/avouer
to confuse	confused	confused	embrouiller
to connect	connected	connected	connecter
to consider	considered	considered	examiner/envisager
to contain	contained	contained	contenir
to continue	continued	continued	continuer
to copy	copied	copied	copier
to correct	corrected	corrected	corriger
to count	counted	counted	compter
to cover	covered	covered	couvrir
to crash	crashed	crashed	s'écraser/s'effondrer
to cross	crossed	crossed	traverser
to cry	cried	cried	pleurer/crier
to damage	damaged	damaged	abîmer
to dance	danced	danced	danser
to dare	dared	dared	oser
to decide	decided	decided	décider
to delay	delayed	delayed	retarder/différer

REGULAR **VERBS**

to describe	described	described	décrire
to deserve	deserved	deserved	mériter
to destroy	destroyed	destroyed	détruire
to develop	developed	developed	développer/créer
to discover	discovered	discovered	découvrir
to dislike	disliked	disliked	ne pas aimer
to divide	divided	divided	diviser/partager
to double	doubled	doubled	doubler
to doubt	doubted	doubted	douter
to dress	dressed	dressed	s'habiller/habiller
to earn	earned	earned	gagner (argent)
to embarrass	embarrassed	embarrassed	embarrasser
to employ	employed	employed	employer/utiliser
to enjoy	enjoyed	enjoyed	savourer/jouir de
to enter	entered	entered	entrer
to excite	excited	excited	sortir
to excuse	excused	excused	excuser/pardonner
to expand	expanded	expanded	étendre/développer
to explain	explained	explained	expliquer
to expect	expected	expected	s'attendre à
to fail	failed	failed	échouer
to fear	feared	feared	craindre
to fill	filled	filled	remplir
to fix	fixed	fixed	réparer/arranger
to fold	folded	folded	plier
to follow	followed	followed	suivre
to glue	glued	glued	coller
to guarantee	guaranteed	guaranteed	garantir/assurer
to guess	guessed	guessed	supposer/deviner
to guide	guided	guided	guider
to happen	happened	happened	survenir/se produire
to hate	hated	hated	détester
to heat	heated	heated	chauffer/échauffer
to help	helped	helped	aider
to hope	hoped	hoped	espérer
to hug	hugged	hugged	étreindre
to hunt	hunted	hunted	chasser

REGULAR **VERBS**

to ignore	ignored	ignored	ignorer
to imagine	imagined	imagined	imaginer
to improve	improved	improved	améliorer
to include	included	included	inclure
to increase	increased	increased	augmenter
to influence	influenced	influenced	influencer
to inform	informed	informed	informer
to intend	intended	intended	avoir l'intention de
to interfere	interfered	interfered	interférer
to interrupt	interrupted	interrupted	interrompre
to introduce	introduced	introduced	présenter/introduire
to invite	invited	invited	inviter
to irritate	irritated	irritated	irriter
to join	joined	joined	joindre/adhérer
to joke	joked	joked	plaisanter
to judge	judged	judged	juger
to jump	jumped	jumped	sauter
to kick	kicked	kicked	renoncer à/donner un coup de pied
to kill	killed	killed	tuer
to kiss	kissed	kissed	embrasser
to knock	knocked	knocked	frapper/assommer
to land	landed	landed	atterrir
to last	lasted	lasted	durer
to laugh	laughed	laughed	rire
to launch	launched	launched	lancer
to learn	learned	learned	apprendre
to lie	lied	lied	mentir
to like	liked	liked	aimer
to listen	listened	listened	écouter
to live	lived	lived	vivre
to load	loaded	loaded	charger
to lock	locked	locked	fermer
to look	looked	looked	regarder
to love	loved	loved	aimer (amour)
to manage	managed	managed	gérer
to marry	married	married	épouser

REGULAR **VERBS**

to match	matched	matched	égaliser/harmoniser
to miss	missed	missed	manquer/regretter
to mix	mixed	mixed	mélanger
to move	moved	moved	déplacer/émouvoir
to multiply	multiplied	multiplied	multiplier
to need	needed	needed	avoir besoin de
to notice	noticed	noticed	remarquer
to observe	observed	observed	observer
to offend	offended	offended	offenser
to offer	offered	offered	offrir
to open	opened	opened	ouvrir
to order	ordered	ordered	commander/passer une commande
to own	owned	owned	posséder
to paint	painted	painted	peindre
to park	parked	parked	se garer
to pass	passed	passed	passer/réussir
to pick	picked	picked	choisir/cueillir
to plan	planned	planned	planifier
to play	played	played	jouer
to please	pleased	pleased	plaire/satisfaire
to pour	poured	poured	verser
to practise	practised	practised	pratiquer/exercer
to pray	prayed	prayed	prier
to prefer	preferred	preferred	préférer
to prepare	prepared	prepared	préparer
to present	presented	presented	présenter
to press	pressed	pressed	appuyer
to pretend	pretended	pretended	prétendre/feindre
to print	printed	printed	imprimer
to produce	produced	produced	produire
to promise	promised	promised	promettre
to protect	protected	protected	protéger
to provide	provided	provided	fournir
to pull	pulled	pulled	tirer
to punish	punished	punished	punir
to push	pushed	pushed	pousser

REGULAR **VERBS**

to queue	queued	queued	faire la queue
to reach	reached	reached	atteindre
to receive	received	received	recevoir
to recognise	recognised	recognised	reconnaître
to reduce	reduced	reduced	réduire
to refuse	refused	refused	refuser
to regret	regretted	regretted	regretter/se repentir
to relax	relaxed	relaxed	se détendre
to remember	remembered	remembered	se souvenir
to remove	removed	removed	enlever/retirer
to repeat	repeated	repeated	répéter
to request	requested	requested	demander/requérir
to return	returned	returned	retourner/renvoyer
to risk	risked	risked	risquer
to rob	robbed	robbed	voler/dérober
to satisfy	satisfied	satisfied	satisfaire
to save	saved	saved	sauver
to scream	screamed	screamed	hurler
to search	searched	searched	rechercher
to separate	separated	separated	séparer
to serve	served	served	servir
to share	shared	shared	partager
to sign	signed	signed	signer
to smell	smelled	smelled	sentir (odorat)
to smile	smiled	smiled	sourir
to smoke	smoked	smoked	fumer
to spell	spelled	spelled	épeler
to spill	spilled	spilled	répandre/éparpiller
to spoil	spoiled	spoiled	gâcher/gâter
to start	started	started	commencer
to stay	stayed	stayed	rester/séjourner
to stop	stopped	stopped	arrêter/cesser
to suffer	suffered	suffered	souffrir
to suggest	suggested	suggested	suggérer
to suit	suited	suited	adapter
to support	supported	supported	soutenir
to suppose	supposed	supposed	supposer
to surprise	surprised	surprised	surprendre
to surround	surrounded	surrounded	entourer/encercler

REGULAR **VERBS**

to switch	switched	switched	échanger/se transformer
to talk	talked	talked	parler
to taste	tasted	tasted	goûter
to tempt	tempted	tempted	tenter/séduire
to test	tested	tested	essayer/tester
to thank	thanked	thanked	remercier
to tie	tied	tied	lier
to touch	touched	touched	toucher
to travel	travelled	travelled	voyager
to treat	treated	treated	traiter/régaler
to trust	trusted	trusted	faire confiance
to try	tried	tried	essayer
to turn	turned	turned	tourner
to type	typed	typed	taper à la machine
to undress	undressed	undressed	déshabiller/se déshabiller
to unite	united	united	unir
to unlock	unlocked	unlocked	débloquer
to use	used	used	utiliser
to vanish	vanished	vanished	disparaître
to visit	visited	visited	rendre visite
to wait	waited	waited	attendre/servir
to walk	walked	walked	marcher
to want	wanted	wanted	vouloir
to warn	warned	warned	avertir d'un danger
to wash	washed	washed	laver
to waste	wasted	wasted	gaspiller
to welcome	welcomed	welcomed	accueillir
to wish	wished	wished	désirer/souhaiter
to work	worked	worked	travailler
to worry	worried	worried	inquiéter
to yawn	yawned	yawned	bâiller

IRREGULAR **VERBS**

infinitive	past simple	past participle	signification
to be	was,were	been	être
to beat	beat	beaten	battre/frapper
to become	became	become	devenir
to begin	began	begun	commencer
to bend	bent	bent	plier/courber
to bet	bet	bet	parier
to bite	bit	bitten	mordre
to blow	blew	blown	souffler
to break	broke	broken	casser
to bring	brought	brought	apporter
to build	built	built	construire
to burn	burnt (burned)	burnt (burned)	brûler
to buy	bought	bought	acheter
to catch	caught	caught	attraper
to choose	chose	chosen	choisir
to come	came	come	venir
to cost	cost	cost	coûter
to cut	cut	cut	couper
to dig	dug	dug	creuser
to do	did	done	faire
to draw	drew	drawn	dessiner
to drive	drove	driven	conduire/guider
to drink	drank	drunk	boire
to eat	ate	eaten	manger
to fall	fell	fallen	tomber
to feel	felt	felt	ressentir/éprouver
to fight	fought	fought	combattre
to find	found	found	trouver
to fly	flew	flown	voler (ciel)
to forget	forgot	forgotten	oublier
to forgive	forgave	forgiven	pardonner
to freeze	froze	frozen	geler/congeler
to get	got	got	obtenir
to give	gave	given	donner

IRREGULAR **VERBS**

to go	went	gone	aller
to grow	grew	grown	grandir/croître
to hang	hung	hung	suspendre
to have	had	had	avoir
to hear	heard	heard	entendre
to hide	hid	hidden	cacher/dissimuler
to hit	hit	hit	heurter/toucher
to hold	held	held	tenir/détenir/conserver
to hurt	hurt	hurt	faire mal
to keep	kept	kept	garder
to know	knew	known	savoir/connaître
to lay	laid	laid	poser
to lead	led	led	conduire/guider
to leave	left	left	partir
to lend	lent	lent	prêter
to let	let	let	laisser
to lose	lost	lost	perdre
to make	made	made	faire/créer
to mean	meant	meant	signifier/vouloir dire
to meet	met	met	rencontrer
to pay	paid	paid	payer
to put	put	put	mettre
to read	read	read	lire
to ride	rode	ridden	monter (cheval/vélo/moto)
to ring	rang	rung	sonner
to rise	rose	risen	surgir/monter
to run	ran	run	courir
to say	said	said	dire
to see	saw	seen	voir
to sell	sold	sold	vendre
to send	sent	sent	envoyer
to show	showed	shown	montrer
to shut	shut	shut	fermer
to sing	sang	sung	chanter

IRREGULAR **VERBS**

to sleep	slept	slept	dormir
to speak	spoke	spoken	parler
to spend	spent	spent	dépenser/passer
to stand	stood	stood	être debout
to swim	swam	swum	nager
to take	took	taken	prendre
to teach	taught	taught	enseigner
to tear	tore	torn	déchirer
to tell	told	told	dire/raconter
to think	thought	thought	penser
to throw	threw	thrown	jeter
to understand	understood	understood	comprendre
to wake	woke	woken	réveiller/se réveiller
to wear	wore	worn	porter (vêtement)
to win	won	won	gagner (jeu/bataille)
to write	wrote	written	écrire

INDEX

ENGLISH IN USE

FINAL PART

block **notes**